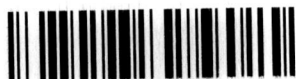

宋 范 曄 撰
唐 李 賢等注

後漢書

第一〇册

卷八二至卷九〇（傳九）

中華書局

後漢書卷八十二上

方術列傳第七十二上

仲尼稱易有君子之道四焉，曰「卜筮者尚其占」。〔一〕占也者，先王所以定禍福，決嫌疑，幽贊於神明，遂知來物者也。〔二〕若夫陰陽推步之學，往往見於墳記矣。〔三〕然神經怪牒，玉策金繩，關扃於明靈之府，封縢於瑤壇之上者，靡得而闚也。至乃河洛之文，龜龍之圖，〔四〕箕子之術，〔五〕師曠之書，〔六〕緯候之部，〔七〕鈐決之符，〔八〕皆所以探抽冥賾，參驗人區，時有可聞者焉。〔九〕其流又有風角、遁甲、七政、元氣、六日七分、逢占、日者、挺專、須臾、孤虛之術，〔一〇〕及望雲省氣，推處祥妖，時亦有以效於事也。〔一一〕而斯道隱遠，玄奥難原，故聖人不語怪神，罕言性命。〔一二〕或開末而抑其端，〔一三〕或曲辭以章其義，〔一四〕所謂「民可使由之，不可使知之」。〔一五〕

〔一〕易繫辭曰：「以言者尚其辭，以動者尚其變，以制器者尚其象，以卜筮者尚其占。」

〔二〕易說卦曰：「聖人之作易也，幽贊於神明而生蓍。」繫辭曰：「無有遠近幽深，遂知來物。」

〔三〕左傳曰：「履端於始，舉正於中，歸餘於終。」尚書曰「歷象日月星辰」也。

〔四〕尚書中候曰：「堯沈璧於洛，玄龜負書，背中赤文朱字，止壇。舜禮壇于河畔，沈璧，禮畢，至于下昃，黃龍負卷舒圖，出水壇畔。」

〔五〕箕子說洪範五行陰陽之術也。

〔六〕占災異之書也。今書七志有師曠六篇。

〔七〕緯，七經緯也。候，尚書中候也。

〔八〕兵法有玉鈐篇及玄女六韜要決，曰：「太公對武王曰：『主將有陰符，有大勝得敵之符，符長一尺；有破軍禽敵之符，符長九寸；有降城得邑之符，符長八寸；有却敵執遠之符，符長七寸；有交兵驚中堅守之符，符長六寸；有請粮食益兵之符，符長五寸；有敗軍亡將之符，符長四寸；有失亡吏卒之符，符長三寸。諸奉使行符稽留，若符事聞，聞符所告者皆誅。』」

〔九〕小爾雅曰：「賾，深也。區，域也。」

〔一〇〕風角、六日七分，解並見郎顗傳。遁甲，推六甲之陰而隱遁也，今書七志有遁甲經。七政，日、月、五星之政也。元氣者，謂開闢陰陽之書也。河圖曰：「元氣闓陽爲天。」前書班固曰：「東方朔之逢占、覆射。」音義云：「逢人所問而占之也。」日者，卜筮掌日之術也，史記司馬季主爲日者。挺專，折竹卜也。楚辭曰：「索瓊茅以筳專。」注云：「筳，八段竹也。楚人名結草折竹曰專。」挺音大寧反。須臾，陰陽吉凶立成之法也。今書七志有武王須臾一卷。孤虛者，孤謂六甲之孤辰，若甲子旬中，戌亥無干，是爲孤也，對孤爲虛。前書藝文志有風后孤虛二十卷。

〔一一〕望雲，解見明帝紀。省氣者，觀城郭人畜氣以占之也。

〔一二〕論語曰：「子不語怪力亂神。」又曰：「子罕言利與命與仁。」

〔一三〕論語曰：「孔子有疾，子路請禱。子曰：『丘之禱久矣。』」鄭玄注云：「明素恭肅於鬼神，且順子路之言也。」

〔一四〕易曰「探賾索隱，鉤深致遠，定天下之吉凶，成天下之亹亹者，莫善於蓍龜」也。

〔一五〕論語孔子之言也。鄭玄注云：「由，從也。言王者設教，務使人從之，若皆知其本末，則愚者或輕而不行。」

漢自武帝頗好方術，天下懷協道蓺之士，莫不負策抵掌，順風而屆焉。〔一〕後王莽矯用符命，及光武尤信讖言，士之赴趣時宜者，皆騁馳穿鑿，爭談之也。故王梁、孫咸名應圖籙，越登槐鼎之任，〔二〕鄭興、賈逵以附同稱顯，桓譚、尹敏以乖忤淪敗，〔三〕自是習爲內學，尚奇文，貴異數，不乏於時矣。〔四〕是以通儒碩生，忿其姦妄不經，奏議慷慨，以爲宜見藏擯。〔五〕子長亦云：「觀陰陽之書，使人拘而多忌。」蓋爲此也。〔六〕

〔一〕前書武帝時（李）少翁、欒大等並以方術見。少翁拜文成將軍，欒大拜五利將軍，貴震天下，而海上燕、齊之士，莫不搤腕而自言有禁方矣。抵，側擊也。

〔二〕光武以赤伏符文拜梁爲大司空，又以讖文拜孫咸爲大司馬，見景丹傳。

〔三〕各見本傳。

〔四〕內學謂圖讖之書也。其事祕密，故稱內。

〔五〕謂桓譚、賈逵、張衡之流也。各見本傳。

〔六〕司馬遷字子長，其父太史公論六家之要曰：「觀陰陽之術，太詳而衆忌，使人拘而多畏。」見史記也。

夫物之所偏，未能無蔽，雖云大道，其礙或同。〔一〕若乃詩之失愚，書之失誣，然則數術之失，至於詭俗乎？如令溫柔敦厚而不愚，斯深於詩者也；疏通知遠而不誣，斯深於書者也；〔二〕極數知變而不詭俗，斯深於數術者也。〔三〕故曰：「苟非其人，道不虛行。」〔四〕意者多迷其統，取遣頗偏，甚有雖流宕過誕亦失也。〔五〕

〔一〕礙音五愛反。

〔二〕禮記曰：「其爲人也，溫柔敦厚，詩教也；疏通知遠，書教也。詩之失愚，書之失誣。」鄭玄注「詩敦厚，近愚；書知遠，近誣」也。

〔三〕易曰：「極數知來之謂占。」又曰：「知變化之道者，其知神之所爲乎？」

〔四〕易繫辭之文也。

〔五〕取遣謂信與不信也。陰陽之術，或信或不信，各有所執，故偏頗也。以爲甚有者雖流宕失中，過稱虛誕者，亦爲失也。

中世張衡爲陰陽之宗，郎顗咎徵最密，餘亦班班名家焉。〔一〕其徒亦有雅才偉德，未必體極藝能。今蓋糾其推變尤長，可以弘補時事，因合表之云。〔二〕

〔一〕謂襄楷、蔡邕、楊厚等也。

〔二〕表，顯也。

任文公，巴郡閬中人也。〔一〕父文孫，明曉天官風角祕要。文公少修父術，州辟從事。哀帝時，有言越嶲太守欲反，刺史大懼，遣文公等五從事檢行郡界，潛伺虛實。共止傳舍，時暴風卒至，文公遽趣白諸從事促去，當有逆變來害人者，因起駕速驅。諸從事未能自發，郡果使兵殺之，文公獨得免。

〔一〕閬中，今隆州縣。

後爲治中從事。時天大旱，白刺史曰：「五月一日，當有大水，其變已至，不可防救，宜令吏人豫爲其備。」刺史不聽，文公獨儲大船，百姓或聞，頗有爲防者。到其日旱烈，文公急命促載，使白刺史，刺史笑之。日將中，天北雲起，須臾大雨，至晡時，湔水涌起十餘丈，〔一〕突壞廬舍，所害數千人。文公遂以占術馳名。辟司空掾。平帝即位，稱疾歸家。

〔一〕酈元水經注云「湔水出綿道玉壘山」，在今益州。湔音子延反。

王莽篡後，文公推數，〔一〕知當大亂，乃課家人負物百斤，環舍趨走，日數十，時人莫知其故。後兵寇並起，其逃亡者少能自脫，惟文公大小負糧捷步，〔二〕悉得完免。遂奔子公山，十餘年不被兵革。

〔一〕推歷運之數也。

〔二〕捷，健也。

公孫述時，蜀武擔石折。〔一〕文公曰：「噫！西州智士死，我乃當之。」自是常會聚子孫，設酒食。後三月果卒。故益部爲之語曰：「任文公，智無雙。」

〔一〕武擔，山，在今益州成都縣北百二十步。楊雄蜀王本紀云：「武都丈夫化爲女子，顏色美絕，蓋山精也。蜀王納以爲妃，無幾物故，乃發卒之武都擔土，葬於成都郭中，號曰武擔。以石作鏡一枚表其墓。」華陽國志曰：「王哀念之，遣五丁之武都擔土爲妃作冢，蓋地數畝，高七丈。其石俗今名爲石笋。」

郭憲字子橫，汝南宋人也。〔一〕少師事東海王仲子。時王莽爲大司馬，召仲子，仲子欲往。憲諫曰：「禮有來學，無有往教之義。〔二〕今君賤道畏貴，竊所不取。」仲子曰：「王公至重，不敢違之。」憲曰：「今正臨講業，且當訖事。」仲子從之，日晏乃往。莽問：「君來何遲？」仲子具以憲言對，莽陰奇之。及後篡位，拜憲郎中，賜以衣服。憲受衣焚之，逃于東海之濱。莽深忿恚，討逐不知所在。

〔一〕續漢志汝南郡有宋公國，周名郪丘，漢改爲新郪，章帝建初四年，徙宋公於此。

〔二〕禮記曰：「禮聞來學，不聞往教。」

光武即位，求天下有道之人，乃徵憲拜博士。再遷，建武七年，代張堪爲光祿勳。從駕南郊。憲在位，忽回向東北，含酒三潠。〔一〕執法奏爲不敬。〔二〕詔問其故。憲對曰：「齊國失火，故以此厭之。」後齊果上火災，與郊同日。

〔一〕埤蒼曰：「潠，噴也。」音巽。

〔二〕執法，糺劾之官也。

八年，車駕西征隗囂，憲諫曰：「天下初定，車駕未可以動。」憲乃當車拔佩刀以斷車靷。〔一〕帝不從，遂上隴。其後潁川兵起，乃回駕而還。帝歎曰：「恨不用子橫之言。」

〔一〕靷在馬胷，音胤。

時匈奴數犯塞，帝患之，乃召百僚廷議。憲以爲天下疲敝，不宜動衆。諫爭不合，乃伏地稱眩瞀，不復言。〔一〕帝令兩郎扶下殿，憲亦不拜。帝曰：「常聞『關東觥觥郭子橫』，竟不虛也。」〔二〕憲遂以病辭退，卒於家。

〔一〕瞀，亂也。

〔二〕觥觥，剛直之貌，音古橫反。

許楊字偉君，汝南平輿人也。少好術數。王莽輔政，召爲郎，稍遷酒泉都尉。及莽篡位，楊乃變姓名爲巫醫，逃匿它界。莽敗，方還鄉里。

汝南舊有鴻郤陂，〔一〕成帝時，丞相翟方進奏毀敗之。建武中，太守鄧晨欲修復其功，聞楊曉水脈，召與議之。楊曰：「昔成帝用方進之言，〔二〕尋而自夢上天，天帝怒曰：『何故敗我濯龍淵？』是後民失其利，多致飢困。時有謠歌曰：『敗我陂者翟子威，飴我大豆，亨我芋魁。〔三〕反乎覆，陂當復。』昔大禹決江疏河以利天下，明府今興立廢業，富國安民，童謠之言，將有徵於此。誠願以死效力。」晨大悅，因署楊爲都水掾，使典其事。楊因高下形埶，起塘四百餘里，數年乃立。〔四〕百姓得其便，累歲大稔。

〔一〕陂在今豫州汝陽縣東。
〔二〕前書翟方進奏壞鴻郤陂。
〔三〕方進字子威。芋魁，芋根也。前書「飴」作「飯」，「亨」作「羹」。
〔四〕塘，堤堰水也。

初，豪右大姓因緣陂役，競欲辜較在所，楊一無聽，遂共譖楊受取賕賂。晨遂收楊下獄，而械輒自解。獄吏恐，遽白晨。晨驚曰：「果濫矣。太守聞忠信可以感靈，今其效乎！」即夜出楊，遣歸。時天大陰晦，道中若有火光照之，時人異焉。後以病卒。晨於都(官)〔宮〕

爲楊起廟，圖畫形像，百姓思其功績，皆祭祀之。

高獲字敬公，汝南新息人也。爲人尼首方面。〔一〕少遊學京師，與光武有舊。師事司徒歐陽歙。歙下獄當斷，獲冠鐵冠，帶鈇鑕，詣闕請歙。帝雖不赦，而引見之。謂曰：「敬公，朕欲用子爲吏，宜改常性。」獲對曰：「臣受性於父母，不可改之於陛下。」出便辭去。

〔一〕尼首，首象尼丘山，中下四方高也。

三公爭辟不應。後太守鮑昱請獲，既至門，令主簿就迎，主簿（曰）但使騎吏迎之，獲聞之，卽去。昱遣追請獲，獲顧曰：「府君但爲主簿所欺，不足與談。」遂不留。時郡境大旱。獲素善天文，曉遁甲，能役使鬼神。昱自往問何以致雨，獲曰：「急罷三部督郵，〔一〕明府當自北出，到三十里亭，雨可致也。」昱從之，果得大雨。每行縣，輒軾其閭。〔二〕獲遂遠遁江南，卒於石城。〔三〕石城人思之，共爲立祠。

〔一〕續漢書曰：「監屬縣有三部，每部督郵書掾一人。」

〔二〕軾，所以禮之。禮記曰「軾視馬尾」也。

〔三〕石城在今蘇州西南。

王喬者，河東人也。顯宗世，爲葉令。喬有神術，每月朔望，常自縣詣臺朝。帝怪其來數，而不見車騎，密令太史伺望之。言其臨至，輒有雙鳧從東南飛來。於是候鳧至，舉羅張之，但得一隻舄焉。乃詔尚方詠視，〔一〕則四年中所賜尚書官屬履也。每當朝時，葉門下鼓不擊自鳴，聞於京師。後天下玉棺於堂前，吏人推排，終不搖動。喬曰：「天帝獨召我邪？」乃沐浴服飾寢其中，蓋便立覆。宿昔葬於城東，土自成墳。其夕，縣中牛皆流汗喘乏，而人無知者。百姓乃爲立廟，號葉君祠。牧守每班錄，皆先謁拜之。〔二〕吏人祈禱，無不如應。若有違犯，亦立能爲祟。帝乃迎取其鼓，置都亭下，略無復聲焉。或云此即古仙人王子喬也。〔三〕

〔一〕說文曰，詠亦視也。音眞吝反。

〔二〕王喬墓在今葉縣東。

〔三〕劉向列仙傳曰：「王子喬，周靈王太子晉也。好吹笙，作鳳鳴。遊伊洛閒，道士浮丘公接上嵩山。〔二〕〔三〕十餘年後，來於山上，告桓良曰：『告我家，七月七日待我緱氏山頭。』果乘白鶴駐山顚，望之不得到，舉手謝時人而去。」

謝夷吾字堯卿，會稽山陰人也。少爲郡吏，學風角占候。太守第五倫擢爲督郵。時烏程長有臧釁，倫使收案其罪。夷吾到縣，無所驗，但望閤伏哭而還。一縣驚怪，不知所爲。及還，白倫曰：「竊以占候，知長當死。近三十日，遠不過六十日，遊魂假息，非刑所加，故不收之。」倫聽其言，至月餘，果有驛馬齎長印綬，上言暴卒。倫以此益禮信之。〔一〕

〔一〕謝承書曰「倫甚崇其道德，轉署主簿，使子從受春秋，夷吾待之如師弟子之禮。時或遊戲，不肯讀書，便白倫行罰，遂成其業」也。

舉孝廉，爲壽張令，〔一〕稍遷荆州刺史，〔二〕遷鉅鹿太守。所在愛育人物，有善績。及倫作司徒，令班固爲文薦夷吾曰：「臣聞堯登稷、契，政隆太平；舜用臯陶，政致雍熙。殷、周雖有高宗、昌、發之君，猶賴傅說、呂望之策，故能克崇其業，允協大中。〔三〕竊見鉅鹿太守會稽謝夷吾，出自東州，厥土塗泥，而英姿挺特，奇偉秀出。才兼四科，行包九德，〔四〕仁足濟時，知周萬物。加以少膺儒雅，韜含六籍，推考星度，綜校圖錄，探賾聖祕，觀變歷徵，占天知地，與神合契，據其道德，以經王務。昔爲陪隸，與臣從事，奮忠毅之操，躬史魚之節，董臣嚴綱，勖臣懦弱，〔五〕得以免戾，寔賴厥勳。及其應選作宰，惠敷百里，降福彌異，流化若神，爰牧荆州，威行邦國。奉法作政，有周、召之風；居儉履約，紹公儀之操。〔六〕尋功簡能，爲外臺之表；聽聲察實，爲九伯之冠。〔七〕遷守鉅鹿，政合時雍。德量績謀，有伊、呂、管、晏之任；闡弘道奧，同史蘇、京房之倫。〔八〕雖密勿在公，而身出心隱，不殉名以求譽，不馳騖以要寵，念存遜遁，演志箕山。方之古賢，實有倫序；採之於今，超焉絕俗。誠社稷之元龜，大漢之棟甍。〔九〕宜當拔擢，使登鼎司，上令三辰順軌於歷象，下使五品咸訓于嘉時，〔一〇〕必致休徵克昌之慶，非徒循法奉職而已。臣以頑駑，器非其疇，〔一一〕尸祿負乘，夕惕若厲。〔一二〕願乞骸骨，更授夷吾，上以光七曜之明，下以厭率土之望，庶令微臣塞咎免悔。」

〔一〕謝承書曰：「縣人女子張雨，早喪父母，年五十，不肯嫁，留養孤弟二人，教其學問，各得通經。雨皆爲娉娶，皆成善士。夷吾薦於州府，使各選舉，表復雨門戶。永平十五年，蝗發泰山，流徙郡國，荐食五穀，過壽張界，飛逝不集。」

〔二〕謝承書曰：「夷吾雅性明遠，能決斷罪疑。行部始到南陽縣，遇孝章皇帝巡狩，駕幸魯陽，有詔勑荆州刺史入傳錄見囚徒，誡長吏『勿廢舊儀，朕將覽焉』。上臨西廂南面，夷吾處東廂，分帷隔中央。夷吾所決正一縣三百餘事，事與上合。而朝廷歎息曰：『諸州刺史盡如此者，朕不憂天下。』常以勵羣臣。」

〔三〕尚書洪範曰：「皇建其有極。」孔安國注云：「皇，大；極，中也。」

〔四〕四科，見文苑傳。尚書咎繇陳九德，曰「寬而栗，愿而恭，亂而敬，柔而立，擾而毅，直而溫，簡而廉，剛而塞，強而義」也。

〔五〕董，督也。勗，勵也。

〔六〕史記公儀休相魯，拔園葵，去織婦，不與人爭利。

〔七〕左傳曰：「五侯九伯。」杜預注云：「九州之伯也。」

〔八〕左傳史蘇，晉太史，善筮者。京房字君明，善陰陽占候，見前書。

〔九〕尚書曰：「格人元龜，罔敢知吉。」元，大也。蕘亦棟也。

〔一〇〕五品，五常之教也，謂父義，母慈，兄友，弟恭，子孝也。訓，順也。

〔一一〕疇，類也。

〔一二〕易曰：「負且乘，致寇至。」又曰：「夕惕若厲。」言君子終日乾乾，至于夕，猶怵惕戒懼，若危厲。

後以行春乘柴車，從兩吏，〔一〕冀州刺史上其儀序失中，有損國典，左轉下邳令。豫剋死日，如期果卒。勑其子曰：「漢末當亂，必有發掘露骸之禍。」使懸棺下葬，墓不起墳。〔二〕

〔一〕柴車，賤車也。

〔二〕墓謂塋域。墳謂築土。

時博士勃海郭鳳亦好圖讖，善說災異，吉凶占應。先自知死期，豫令弟子市棺斂具，至其日而終。〔一〕

〔一〕棺音古亂反。

楊由字哀侯，蜀郡成都人也。少習易，并七政、元氣、風雲占候。爲郡文學掾。時有大雀夜集於庫樓上，太守廉范以問由。由對曰：「此占郡內當有小兵，然不爲害。」後二十餘日，廣柔縣蠻夷反，殺傷長吏，〔一〕郡發庫兵擊之。又有風吹削哺，〔二〕太守以問由。由對曰：「方當有薦木實者，其色黃赤。」頃之，五官掾獻橘數包。

〔一〕廣柔縣屬蜀郡，故城在今茂州汶川縣西。

〔二〕「哺」當作「柿」，音孚廢反。顏氏家訓曰：「削則札也。左傳曰『削而投之』是也。史家假借爲『肝肺』字，今俗或作『脯』，或作爲『反哺』之『哺』，學士因云『是屏障之名』，非也。風角書曰『庶人之風揚塵轉削』，若是屏障，何由可轉。」

由嘗從人飲，勑御者曰：「酒若三行，便宜嚴駕。」既而趣去。後主人舍有鬭相殺者，人請問何以知之。由曰：「向社中木上有鳩鬭，此兵賊之象也。」其言多驗。著書十餘篇，名曰其平。終于家。

李南字孝山，丹陽句容人也。〔一〕少篤學，明於風角。和帝永元中，太守馬棱坐盜賊事被徵，當詣廷尉，吏民不寧，南特通謁賀。棱意有恨，謂曰：「太守不德，今當卽罪，而君反相賀邪？」南曰：「旦有善風，明日中時應有吉問，故來稱慶。」旦日，稜延望景晏，以爲無徵；至晡，乃有驛使齎詔書原停稜事。南問其遲留之狀。使者曰：「向度宛陵浦里𣿰，〔二〕馬踠足，是以不得速。」〔三〕稜乃服焉。後舉有道，辟公府，病不行，終於家。

〔一〕句容，今潤州縣也。近句曲山有所容，因名焉。

〔二〕宛陵，縣，屬丹陽郡。𣿰，以舟濟水也。

〔三〕踠，屈損也。

南女亦曉家術，爲由拳縣人妻。晨詣爨室，卒有暴風，婦便上堂從姑求歸，辭其二親。姑不許，乃跪而泣曰：「家世傳術，疾風卒起，先吹竈突及井，此禍爲婦女主爨者，妾將亡之應。」因著其亡日。乃聽還家，如期病卒。

李郃字孟節，漢中南鄭人也。父頡，以儒學稱，官至博士。郃襲父業，遊太學，通五經。善河洛風星，外質朴，人莫之識。縣召署幕門候吏。和帝即位，分遣使者，皆微服單行，各至州縣，觀採風謠。使者二人當到益部，投郃候舍。時夏夕露坐，郃因仰觀，問曰：「二君發京師時，寧知朝廷遣二使邪？」二人默然，驚相

視曰：「不聞也。」問何以知之。郃指星示云：「有二使星向益州分野，故知之耳。」〔一〕

〔一〕前書音義，參，益州之分野也。

後三年，其使者一人拜漢中太守，郃猶爲吏，太守奇其隱德，召署戶曹史。時大將軍竇憲納妻，天下郡國皆有禮慶，郡亦遣使。郃進諫曰：「竇將軍椒房之親，不修禮德，而專權驕恣，危亡之禍可翹足而待，願明府一心王室，勿與交通。」太守固遣之，郃不能止，請求自行，許之。郃遂所在留遲，以觀其變。行至扶風，而憲就國自殺，支黨悉伏其誅，凡交通憲者，皆爲免官，唯漢中太守不豫焉。

郃歲中舉孝廉，五遷尚書令，又拜太常。元初四年，代袁敞爲司空，數陳得失，有忠臣節。在位四年，坐請託事免。

安帝崩，北鄉侯立，復爲司徒。及北鄉侯病，郃陰與少府河南陶範、步兵校尉趙直謀立順帝，會孫程等事先成，故郃功不顯。明年，坐吏民疾病，仍有災異，賜策免。將作大匠翟酺上郃「潛圖大計，以安社稷」，於是錄陰謀之功，封郃涉都侯，辭讓不受。年八十餘，卒於家。門人上黨馮胄獨制服，心喪三年，時人異之。〔一〕

〔一〕家語曰「仲尼既葬，弟子皆家于墓，行心喪之禮。三年喪畢，或去或留」也。

胄字世威，奉世之後也。〔二〕常慕周伯況、閔仲叔之爲人，隱處山澤，不應徵辟。

〔一〕奉代字子明，宣帝時爲前將軍，見前書也。

郃子固，已見前傳。弟子歷，字季子。清白有節，博學善交，與鄭玄、陳紀等相結。爲新城長，政貴無爲。亦好方術。時天下旱，縣界特雨。官至奉車都尉。

段翳字元章，廣漢新都人也。習易經，明風角。時有就其學者，雖未至，必豫知其姓名。嘗告守津吏曰：「某日當有諸生二人，荷擔問翳舍處者，幸爲告之。」後竟如其言。又有一生來學，積年，自謂略究要術，辭歸鄉里。翳爲合膏藥，幷以簡書封於筩中，告生曰：「有急發視之。」生到葭萌，與吏爭度，津吏檛破從者頭。生開筩得書，言到葭萌，與吏鬬頭破者，以此膏裹之。生用其言，創者卽愈。生歎服，乃還卒業。翳遂隱居竄跡，終于家。

廖扶字文起，〔一〕汝南平輿人也。習韓詩、歐陽尚書，教授常數百人。父爲北地太守，永初中，坐羌沒郡下獄死。扶感父以法喪身，憚爲吏。及服終而歎曰：「老子有言：『名與身孰親？』吾豈爲名乎！」遂絕志世外。專精經典，尤明天文、讖緯，風角、推步之術。州郡公府辟召皆不應。就問災異，亦無所對。

〔一〕廖，音力弔反，又音力救反。

扶逆知歲荒，乃聚穀數千斛，悉用給宗族姻親，又斂葬遭疫死亡不能自收者。常居先人冢側，未曾入城市。太守謁煥，〔一〕先爲諸生，從扶學，後臨郡，未到，先遣吏脩門人之禮，又欲擢扶子弟，固不肯，當時人因號爲北郭先生。年八十，終于家。

〔一〕謁姓也。

二子，孟舉、偉舉，並知名。

折像字伯式，廣漢雒人也。其先張江者，封折侯，曾孫國爲鬱林太守，徙廣漢，因封氏焉。國生像。

國有貲財二億，家僮八百人。像幼有仁心，不殺昆蟲，不折萌牙。能通京氏易，好黃老言。及國卒，感多藏厚亡之義，〔一〕乃散金帛資產，周施親疎。或諫像曰：「君三男兩女，孫息盈前，當增益產業，何爲坐自殫竭乎？」像曰：「昔鬬子文有言：『我乃逃禍，非避富也。』〔二〕吾門戶殖財日久，盈滿之咎，道家所忌。〔三〕今世將衰，子又不才。不仁而富，謂之不幸。〔四〕牆隙而高，其崩必疾也。」智者聞之咸服焉。

〔一〕老子曰「多藏必厚亡」也。

〔二〕國語曰：「楚成王每出子文之祿，必逃，王止而後復。人謂子文曰：『人生求富而子逃之，何也？』子文曰：『夫從政者，以庇人也。人多曠者，而我取富，是勤人以自封也，死無日矣。我逃死，不逃富。』」

〔三〕老子曰：「持而盈之，不如其已。金玉滿堂，莫之能守。」

〔四〕左傳曰：「善人富謂之幸，淫人富謂之殃。」

自知亡日，召賓客九族飲食辭訣，忽然而終。時年八十四。家無餘資，諸子衰劣如其言云。

樊英字季齊，南陽魯陽人也。少受業三輔，習京氏易，兼明五經。又善風角、星筭、河洛七緯，推步災異。〔一〕隱於壺山之陽，〔二〕受業者四方而至。州郡前後禮請不應；公卿舉賢良方正、有道，皆不行。

〔一〕七緯者，易緯稽覽圖、乾鑿度、坤靈圖、通卦驗、是類謀、辨終備也；書緯琁機鈐、考靈耀、刑德放、帝命驗、運期授也；詩緯推度災、記歷樞、含神務也；禮緯含文嘉、稽命徵、斗威儀也；樂緯動聲儀、稽耀嘉、汁圖徵也；孝經緯援神契、鉤命決也；春秋緯演孔圖、元命包、文耀鉤、運斗樞、感精符、合誠圖、考異郵、保乾圖、漢含孳、佑助期、握誠圖、潛潭巴、說題辭也。

〔二〕山在今鄧州新城縣北，即張衡南都賦云「天封大狐」是也。

嘗有暴風從西方起，英謂學者曰：「成都市火甚盛。」因含水西向漱之，乃令記其日時。客後有從蜀都來，云「是日大火，有黑雲卒從東起，須臾大雨，火遂得滅」。於是天下稱其術蓺。

安帝初，徵爲博士。至建光元年，復詔公車賜策書，徵英及同郡孔喬、〔一〕李昺、〔二〕北海郎宗、〔三〕陳留楊倫、〔四〕東平王輔六人，〔五〕唯郎宗、楊倫到洛陽，英等四人並不至。

〔一〕謝承書曰「喬字子松，宛人也，學古文尚書、春秋左氏傳。常幽居修志，銳意典籍，至乃歷年身不出門，鄉里莫得瞻見。公車徵不行，卒於家」也。

〔二〕謝承書曰「昺字子然，鄮人也，篤行好學，不羨榮祿。習魯詩、京氏易。室家相待如賓。州郡前後禮請不應。舉茂才，除召陵令，不到官。公車徵不行，卒」也。

〔三〕謝承書曰：「宗字仲綏，安丘人也，善京氏易、風角、星筭，推步吉凶。常負笈荷擔賣卜給食，痹服閒行，人莫得知。安帝詔公車徵，策文曰：『郎宗、李昺、孔喬等前比徵命，未肯降意。恐主者玩弄，禮意不備，使難進易退之人龍潛不屈其身。各致嘉禮，遣詣公車，將以補察國政，輔朕之不逮。』青州被詔書，遣宗詣公車，對策陳災異，而爲諸儒之表。拜議郎，除吳令。到官一月，時卒暴風，宗占以爲京師有大火，定火發時，果如宗言。諸公聞之，表上，博士徵。宗恥以占事就徵，文書未到，夜懸印綬置廳上遁去，終於家。子顗，自有傳。」

〔四〕見儒林傳。

〔五〕謝承書曰：「輔字公助，平陸人也。學公羊傳、援神契。常隱居野廬，以道自娛。辟公府，舉有道，對策拜郎中。陳災異，甄吉凶有驗，拜議郎，以病遜。安帝公車徵，不行，卒於家。」

永建二年，順帝策書備禮，玄纁徵之，復固辭疾篤。乃詔切責郡縣，駕載上道。英不得已，到京，稱病不肯起。乃強輿入殿，猶不以禮屈。帝怒，謂英曰：「朕能生君，能殺君；能貴君，能賤君；能富君，能貧君。君何以慢朕命？」英曰：「臣受命於天。生盡其命，天也；死不得其命，亦天也。陛下焉能生臣，焉能殺臣！臣見暴君如見仇讎，立其朝猶不肯，可得而貴乎？雖在布衣之列，環堵之中，〔一〕晏然自得，不易萬乘之尊，又可得而賤乎？陛下焉能貴臣，焉能賤臣！臣非禮之祿，雖萬鍾不受；若申其志，雖簞食不厭也。〔二〕陛下焉能富臣，焉能貧臣！」帝不能屈，而敬其名，使出就太醫養疾，月致羊酒。

〔一〕環堵，面一堵也。莊子曰「原憲居環堵之中」也。

〔二〕簞，笥也。論語曰，顏回在陋巷之中，一簞食，一瓢飲。

至四年三月，天子乃爲英設壇席，令公車令導，尚書奉引，賜几杖，待以師傅之禮，延問得失。英不敢辭，拜五官中郎將。數月，英稱疾篤，詔以爲光祿大夫，賜告歸。令在所送穀千斛，常以八月致牛一頭，酒三斛；如有不幸，祠以中牢。英辭位不受，有詔譬旨勿聽。

英初被詔命，僉以爲必不降志，及後應對，又無奇謨深策，談者以爲失望。〔一〕初，河南張楷與英俱徵，既而謂英曰：「天下有二道，出與處也。吾前以子之出，能輔是君也，濟斯人也。而子始以不訾之身，怒萬乘之主；及其享受爵祿，又不聞匡救之術，進退無所據矣。」

〔一〕謝承書曰「南郡王逸素與英善，因與其書，多引古譬喻，勸使就聘。英順逸議，談者失望」也。

英既善術，朝廷每有災異，詔輒下問變復之效，所言多驗。〔一〕

〔一〕變災異復於常也。

初，英著易章句，世名樊氏學，以圖緯教授。潁川陳寔少從英學。嘗有疾，妻遣婢拜問，英下牀荅拜。寔怪而問之。英曰：「妻，齊也，共奉祭祀，禮無不荅。」〔一〕其恭謹若是。年七十餘，卒於家。

〔一〕禮記曰：「凡非弔喪非見國君，無不荅拜。」

孫陵，靈帝時以諂事宦人爲司徒。

陳郡郤巡學傳英業，官至侍中。

論曰：漢世之所謂名士者，其風流可知矣。雖弛張趣舍，時有未純，於刻情修容，依倚道藝，以就其聲價，非所能通物方，弘時務也。〔一〕及徵樊英、楊厚，朝廷若待神明，至竟無它異。英名最高，毁最甚。李固、朱穆等以爲處士純盜虛名，無益於用，故其所以然也。然而後進希之以成名，世主禮之以得衆，原其無用亦所以爲用，則其有用或歸於無用矣。何以言之？夫煥乎文章，時或乖用；本乎禮樂，適末或疎。〔二〕及其陶搢紳，藻心性，使由之而不知者，豈非道邈用表，乖之數跡乎？〔三〕而或者忽不踐之地，賒無用之功，〔四〕至乃誚謨遠術，賤斥國華，〔五〕以爲力詐可以救淪敝，文律足以致寧平，智盡於猜察，道足於法令，雖濟萬世，其將與夷狄同也。〔六〕孟軻有言曰：「以夏變夷，不聞變夷於夏。」況有未濟者乎！

校勘記

〔一〕易曰：「方以類聚，物以羣分。」

〔二〕文章雖美，時敝則不用也。禮樂誠貴，代末則廢。

〔三〕言文章禮樂，其道邈遠，出於常用之表，不可以數跡求也。

〔四〕莊子曰：「惠子謂莊子曰：『子言無用。』莊子曰：『知無用而始可與言用矣。夫地非不廣且大也，人之所用容足耳。然則側足而塹之，致黃泉，人尚有用乎？』惠子曰：『無用。』莊子曰：『然則無用之爲用也亦明矣。』」塹猶掘也。

〔五〕遠術謂禮樂，國華謂懷道隱逸之士也。

〔六〕前書大人賦曰：「雖濟萬代，不足以喜。」

二七〇四頁二行　背中赤文朱字　按：集解引惠棟説，謂案中候握河紀作「背甲赤文成字」。

二七〇五頁一一行　(李)少翁　校補謂案前書郊祀志拜文成將軍者齊人少翁，史不言何姓，「李」字衍。今據刪。按：殿本作「李少君」，誤。

二七〇六頁五行　甚有雖流宕過誕亦失　按：刊誤謂案此不成文理，注亦不明，蓋非范本眞。

二七〇七頁一行　父文孫　集解引惠棟説，謂案華陽國志，文公爲文孫弟。今按：父名「文孫」，子不當名「文公」，必有誤。

二七〇七頁三行　文公遽趣白諸從事促去　按：汲本、殿本「趣」作「起」。

二七〇七頁一〇行　湔水出綿道玉壘山　按：王先謙謂「綿道」當作「綿虒道」。

二七〇七頁一一行　日數十　按：刊誤謂舊本有一「到」字，不合刊去。

二七〇九頁二行　忽回向東北　按：殿本「回」作「面」。

二七一〇頁一行　許楊　按：校補引柳從辰説，謂御覽七十二引謝承書及本書，「楊」均作「陽」。

二七一〇頁六行　反乎覆陂當復　按：殿本考證王會汾謂案前書翟方進傳，此下有「誰云者兩黃鵠」六字。

二七一〇頁一五行　晨於都(官)〔宮〕爲楊起廟　據汲本、殿本改。

二七一二頁二行　高獲字敬公　按：集解引汪文臺説，謂御覽十一引謝承書作「周獲」。

二七二一頁六行　主簿（曰）但使騎吏迎之　據刊誤刪。

二七二三頁二行　〔二〕〔三〕十餘年後　據殿本改。按：御覽三九、六六二引，並作「三十餘年」。

二七二三頁八行　政隆太平　按：下云「政致雍熙」，刊誤謂案文勢不當駢用兩「政」字，蓋本是「治」，避唐諱作「化」，後人不知，誤改爲「政」。

二七二六頁一行　楊由字哀侯　按：古人名與字相應，「哀」疑「衷」之譌。

二七二六頁六行　哺當作柿　「柿」原作「柹」，逕據殿本、集解本改。按：校補謂木杮之「杮」本从朩，果柿之「柿」本从市，俗作「柹」，从朿，今皆譌作「柿」，从市，俗遂皆寫从朿，辯之不勝辯矣。

二七二九頁一行　奉代字子明　按：汲本、殿本「代」作「世」，此避唐諱，未回改也。

二七三〇頁八行　其先張江者封折侯　按：集解引惠棟說，謂華陽國志云江爲武威太守，封南陽折侯，因氏焉。案南陽有析縣，前漢屬宏農，酈元音持益反，顏籀音先歷反，字從木，不從手。

二七三一頁六行　善人富謂之幸　集解引惠棟說，謂左傳「幸」作「賞」。今按：賞與殃韻，作「幸」非也。

二七三二頁九行　樊英字季齊　按：集解引惠棟說，謂「季齊」一作「季高」，見抱朴子。

二七三四頁二行　孫陵靈帝時以諂事宦人爲司徒　按：集解引錢大昭說，謂案靈帝紀，陵爲太尉，非司徒。

後漢書卷八十二下

方術列傳第七十二下

唐檀字子產，豫章南昌人也。少遊太學，習京氏易、韓詩、顏氏春秋，尤好灾異星占。後還鄉里，教授常百餘人。

元初七年，郡界有芝草生，太守劉祇欲上言之，以問檀。檀對曰：「方今外戚豪盛，陽道微弱，斯豈嘉瑞乎？」祇乃止。永寧元年，南昌有婦人生四子，祇復問檀變異之應。檀以爲京師當有兵氣，其禍發於蕭牆。〔一〕至延光四年，中黃門孫程揚兵殿省，〔二〕誅皇后兄車騎將軍閻顯等，立濟陰王爲天子，果如所占。

〔一〕論語孔子曰：「吾恐季孫之憂，不在顓臾而在蕭牆之內。」蕭，肅也。謂屏牆也。言人臣至屏，無不肅敬。

〔二〕揚，舉也。

永建五年，舉孝廉，除郎中。是時白虹貫日，檀因上便宜三事，陳其咎徵。書奏，弃官去。著書二十八篇，名爲唐子。卒於家。

公沙穆字文乂，北海膠東人也。家貧賤。自爲兒童不好戲弄，長習韓詩、公羊春秋，尤銳思河洛推步之術。居建成山中，依林阻爲室，獨宿無侶。時暴風震雷，有聲於外呼穆者三，穆不與語。有頃，呼者自牖而入，音狀甚怪，穆誦經自若，終亦無它妖異，時人奇之。後遂隱居東萊山，學者自遠而至。

有富人王仲，致產千金。謂穆曰：「方今之世，以貨自通，吾奉百萬與子爲資，何如？」對曰：「來意厚矣。夫富貴在天，得之有命，以貨求位，吾不忍也。」〔一〕

〔一〕謝承書曰「穆嘗養猪，猪有病，使人賣之於市。語之(言)〔云〕『如售，當告買者言病，賤取其直；不可言無病，欺人取貴價』也。賣猪者到市卽售，亦不言病，其直過價。穆怪之，問其故。齎半直追以還買猪人。告語(言)〔云〕『猪實病，欲賤賣，不圖賣者人相欺，乃取貴直。』買者言賣買私約，亦復辭錢不取。穆終不受錢而去」也。

後舉孝廉，以高第爲主事，遷繒相。〔一〕時繒侯劉敞，東海恭王之後也，所爲多不法，廢嫡立庶，傲很放恣。穆到官，謁曰：「臣始除之日，京師咸謂臣曰『繒有惡侯』，以弔小相。明侯何因得此醜聲之甚也？幸承先人之支體，傳茅土之重，不戰戰兢兢，而違越法度，故朝廷使臣爲輔。願改往修來，自求多福。」乃上沒敞所侵官民田地，廢其庶子，還立嫡嗣。其蒼頭兒客犯法，皆收考之。因苦辭諫敞。敞涕泣爲謝，多從其所規。

〔一〕繒，縣，屬琅邪郡，故城在今沂州承縣東北也。

遷弘農令。縣界有螟蟲食稼，百姓惶懼。穆乃設壇謝曰：「百姓有過，罪穆之由，請以身禱。」於是暴雨，既霽而螟蟲自銷，百姓稱曰神明。永壽元年，霖雨大水，三輔以東莫不湮沒。穆明曉占候，乃豫告令百姓徙居高地，故弘農人獨得免害。

遷遼東屬國都尉，善得吏人歡心。年六十六卒官。六子皆知名。〔一〕

〔一〕謝承書曰「穆子孚，字允慈。亦爲善士，舉孝廉，尚書侍郎，召陵令，上谷太守」也。

許曼者，汝南平輿人也。祖父峻，字季山，善卜占之術，多有顯驗，時人方之前世京房。自云少嘗篤病，三年不愈，乃謁太山請命，〔一〕行遇道士張巨君，授以方術。所著易林，至今行於世。

〔一〕太山主人生死，故詣請命也。

曼少傳峻學。桓帝時，隴西太守馮緄始拜郡，開綬笥，有兩赤蛇分南北走。緄令曼筮之。卦成，曼曰：「三歲之後，君當爲邊將，官有東名，當東北行三千里。復五年，更爲大將軍，南征。」延熹元年，緄出爲遼東太守，討鮮卑，至五年，復拜車騎將軍，擊武陵蠻賊，皆如占。其餘多此類云。

趙彥者，琅邪人也。少有術學。延熹三年，琅邪賊勞丙與太山賊叔孫無忌殺都尉，攻沒琅邪屬縣，殘害吏民。朝廷以南陽宗資爲討寇中郎將，杖鉞將兵，督州郡合討無忌。彥爲陳孤虛之法，以賊屯在莒，莒有五陽之地，〔一〕宜發五陽郡兵，〔二〕從孤擊虛以討之。資具以狀上，詔書遣五陽兵到。彥推遁甲，教以時進兵，一戰破賊，燔燒屯塢，徐兗二州一時平夷。

〔一〕謂城陽、南武陽、開陽、陽都、安陽，並近莒。

〔二〕郡名有「陽」，謂山陽、廣陽、漢陽、南陽、丹陽郡之類也。

樊志張者，漢中南鄭人也。博學多通，隱身不仕。嘗遊隴西，時破羌將軍段熲出征西羌，請見志張。其夕，熲軍爲羌所圍數重，因留軍中，三日不得去。夜謂熲曰：「東南角無復羌，宜乘虛引出，住百里，還師攻之，可以全勝。」頒從之，果以破賊。於是以狀表聞。又說其人既有梓愼、焦、董之識，〔一〕宜翼聖朝，咨詢奇異。於是有詔特徵，會病終。

〔一〕焦延壽，董仲舒。

單颺字武宣，山陽湖陸人也。以孤特清苦自立，善明天官、筭術。舉孝廉，稍遷太史令，侍中。出爲漢中太守，公事免。後拜尙書，卒於官。

初，熹平末，黃龍見譙，光祿大夫橋玄問颺：「此何祥也？」颺曰：「其國當有王者興。不及五十年，龍當復見，此其應也。」魏郡人殷登密記之。至建安二十五年春，黃龍復見譙，其冬，魏受禪。

韓說字叔儒，會稽山陰人也。博通五經，尤善圖緯之學。舉孝廉。與議郎蔡邕友善。數陳災眚，及奏賦、頌、連珠。稍遷侍中。光和元年十月，說言於靈帝，云其晦日必食，乞百官嚴裝。帝從之，果如所言。中平二年二月，又上封事，剋期宮中有災。至日南宮大火。

遷說江夏太守，公事免。年七十，卒於家。

董扶字茂安，廣漢綿竹人也。少遊太學，與鄉人任安齊名，俱事同郡楊厚，學圖讖。還家講授，弟子自遠而至。前後宰府十辟，公車三徵，再舉賢良方正、博士、有道，皆稱疾不就。

靈帝時，大將軍何進薦扶，徵拜侍中，甚見器重。扶私謂太常劉焉曰：「京師將亂，益州分野有天子氣。」焉信之，遂求出爲益州牧，扶亦爲蜀郡屬國都尉，相與入蜀。去後一歲，帝崩，天下大亂，乃去官還家。年八十二卒。

後劉備稱天子於蜀，皆如扶言。蜀丞相諸葛亮問廣漢秦密，董扶及任安所長。密曰「董扶褒秋毫之善，貶纖介之惡。任安記人之善，忘人之過」云。〔一〕

〔一〕蜀志曰：「密字子勑，廣漢綿竹人也。少有才學，州郡辟命，稱疾不往。或謂密曰：『足下欲自比巢、許、四皓，何故揚文藻，見瓌穎乎？』密荅曰：『僕文不能盡言，言不能盡意，何文藻之有揚乎？虎生而文炳，鳳生而五色，豈以采自飾畫哉，性自然也。』先主既定益州，廣漢太守夏寯請密爲師友祭酒，領五官掾，稱曰仲父。密稱疾，臥在第舍，尋拜左中郎將，長水校尉。吳使張溫大敬服密之文辯，遷大司農而卒。」

郭玉者，廣漢雒人也。初，有老父不知何出，常漁釣於涪水，因號涪翁。乞食人閒，見有疾者，時下針石，輒應時而效，乃著針經、診脈法傳於世。〔一〕弟子程高尋求積年，翁乃授之。高亦隱跡不仕。玉少師事高，學方診六微之技，陰陽隱側之術。和帝時，爲太醫丞，多有效應。帝奇之，仍試令嬖臣美手腕者與女子雜處帷中，使玉各診一手，問所疾苦。玉曰：「左陽右陰，脉有男女，狀若異人。臣疑其故。」帝歎息稱善。

〔一〕診，候也，音直忍反。

玉仁愛不矜，雖貧賤廝養，必盡其心力，而醫療貴人，時或不愈。帝乃令貴人羸服變處，一針卽差。召玉詰問其狀。對曰：「醫之爲言意也。腠理至微，〔二〕隨氣用巧，針石之閒，毫芒卽乖。神存於心手之際，可得解而不可得言也。夫貴者處尊高以臨臣，臣懷怖懾以承之。其爲療也，有四難焉：自用意而不任臣，一難也；將身不謹，二難也；骨節不彊，不能使藥，三難也；好逸惡勞，四難也。針有分寸，時有破漏，〔三〕重以恐懼之心，加以裁慎之志，臣意且猶不盡，何有於病哉！此其所爲不愈也。」帝善其對。年老卒官。

〔二〕腠理，皮膚之閒也。韓子曰，扁鵲見晉桓侯，曰「君有病，在腠理」也。

〔三〕分寸，淺深之度。破漏，日有衝破者也。

華佗字元化，〔一〕沛國譙人也，一名旉。〔二〕遊學徐土，兼通數經。曉養性之術，年且百歲而猶有壯容，時人以為仙。沛相陳珪舉孝廉，太尉黃琬辟，皆不就。

〔一〕佗音徒何反。

〔二〕音孚。

精於方藥，處齊不過數種，〔一〕心識分銖，不假稱量。針灸不過數處。若疾發結於內，針藥所不能及者，乃令先以酒服麻沸散，既醉無所覺，因刳破腹背，抽割積聚。若在腸胃，則斷截湔洗，除去疾穢，既而縫合，傅以神膏，四五日創愈，一月之閒皆平復。〔二〕

〔一〕齊音才計反。

〔二〕佗別傳曰：「人有見山陽太守廣陵劉景宗，說數見華佗，見其療病平脉之候，其驗若神。琅邪劉勳為河內太守，有女年幾二十，左脚膝裏上有瘡，癢而不痛。創發數十日愈，愈已復發，如此七八年。迎佗使視，佗曰：『易療之。當得稻糠色犬一頭，好馬二匹。』以繩繫犬頸，使走馬牽犬。馬極輒易，計馬走犬三十餘里，犬不能行，復令步人拖曳，計向五十餘里。乃以藥飲女，女即安臥不知人。因取犬斷腹近後脚之前，所斷之處，向創口令去二三寸，停之須臾，有若蛇者從創中出，便以鐵錐橫貫蛇頭，蛇在皮中搖動良久，須臾不動，牽出，長三尺所，純是蛇，但有眼處而無童子，又逆鱗耳。以膏散著創中，七日愈。又有人苦頭眩，頭不得舉，目不得視，積年。佗使悉解衣倒懸，令頭去地一二寸，濡布拭身體，令周帀，候視諸脉，盡出五色。佗令弟子數人以鈹刀決脉五色血盡，視赤血出乃下，以膏摩，被覆，汗出周帀，飲以亭歷犬血散，立愈。又有婦人長病經年，世謂寒熱注病者也。冬十一月中，佗令坐石槽中，（且）〔旦〕用寒水汲灌，云當滿百。始七八灌，戰欲死，灌者懼，欲止，佗令滿數。至將八十灌，熱氣乃蒸出，囂囂高二三尺。滿百灌，佗乃然火溫牀，厚覆良久，汗洽出著粉，汗燥便愈。又有人病腹中半切痛，十餘日中，須眉墮落。佗曰：『是脾半腐，可刳腹養療也。』佗便飲藥令臥，破腹視，脾半腐壞。刮去惡肉，以膏傅創，飲之藥，百日平復」也。

佗嘗行道，見有病咽塞者，〔一〕因語之曰：「向來道隅有賣餅人，萍齏甚酸，〔二〕可取三升飲之，病自當去。」即如佗言，立吐一蛇，乃懸於車而候佗。時佗小兒戲於門中，逆見，自相謂曰：「客車邊有物，必是逢我翁也。」及客進，顧視壁北，懸蛇以十數，乃知其奇。〔三〕

〔一〕咽，喉也。

〔二〕詩義疏曰：「蘋，瀆水上浮萍（者）。麤大（者）謂之蘋，小者爲萍。季春始生，可糝蒸爲茹，又可苦酒淹就酒也。」魏志及本草並作「蒜齏」也。

〔三〕魏志曰「故甘陵相夫人有身六月，腹痛不安。佗視脉，曰：『胎已死。』使人手摸知所在，在左則男，在右則女。云『在左』。於是爲湯下之，果下男形，即愈。縣吏尹代苦四支煩，口中乾，不欲聞人聲，小便不利。佗曰：『試作熱食，得汗即愈，不汗後三日死。』即作熱食，而不汗出。佗曰：『藏氣已絕於內，當啼泣而絕。』果如佗言。府吏倪尋、李延共止，俱頭痛身熱，所苦正同。佗曰：『尋當下之，延當發汗。』或難其異。佗曰：『尋外實，延內實，故療之宜殊。』即各與藥，明旦並起」者也。

又有一郡守篤病久，佗以爲盛怒則差。乃多受其貨而不加功。無何弃去，又留書罵之。太守果大怒，令人追殺佗，不及，因瞋恚，吐黑血數升而愈。

又有疾者，詣佗求療，佗曰：「君病根深，應當剖破腹。然君壽亦不過十年，病不能相殺也。」病者不堪其苦，必欲除之，佗遂下療，應時愈，十年竟死。

廣陵太守陳登忽患匈中煩懣，面赤，不食。佗脉之，曰：「府君胃中有蟲，欲成內疽，腥物所爲也。」卽作湯二升，再服，須臾，吐出三升許蟲，頭赤而動，半身猶是生魚膾，所苦便愈。佗曰：「此病後三朞當發，遇良醫可救。」登至期疾動，時佗不在，遂死。

曹操聞而召佗，常在左右。操積苦頭風眩，佗針，隨手而差。

有李將軍者，妻病，呼佗視脉。佗曰：「傷身而胎不去。」將軍言閒實傷身，胎已去矣。佗曰：「案脉，胎未去也。」將軍以爲不然。妻稍差，百餘日復動，更呼佗。佗曰：「脉理如前，是兩胎。先生者去，血多，故後兒不得出也。胎旣已死，血脉不復歸，必燥著母脊。」乃爲下針，幷令進湯。婦因欲產而不通。佗曰：「死胎枯燥，埶不自生。」使人探之，果得死胎，人形可識，但其色已黑。佗之絕技，皆此類也。〔一〕

〔一〕佗別傳曰「有人病腳躄不能行，佗切脈，便使解衣，點背數十處，相去一寸或五寸，從邪不相當，言灸此各七壯，灸創愈即行也。後灸愈，灸處夾脊一寸上下，行端直均調如引繩」也。

爲人性惡，難得意，且恥以醫見業，又去家思歸，乃就操求還取方，因託妻疾，數期不反。操累書呼之，又勑郡縣發遣，佗恃能厭事，猶不肯至。操大怒，使人廉之，〔一〕知妻詐疾，乃收付獄訊，考驗首服。荀彧請曰：「佗方術實工，人命所懸，宜加全宥。」操不從，竟殺之。佗臨死，出一卷書與獄吏，曰：「此可以活人。」吏畏法不敢受，佗不強與，索火燒之。

〔一〕廉，察也。

初，軍吏李成苦欬，晝夜不寐。佗以爲腸癰，與散兩錢服之，卽吐二升膿血，於此漸愈。乃戒之曰：「後十八歲，疾當發動，若不得此藥，不可差也。」復分散與之。後五六歲，有里人如成先病，請藥甚急，成愍而與之，乃故往譙更從佗求，適值見收，意不忍言。後十八年，成病發，無藥而死。

廣陵吳普、彭城樊阿皆從佗學。普依準佗療，多所全濟。佗語普曰：「人體欲得勞動，但不當使極耳。動搖則穀氣得銷，血脈流通，病不得生，譬猶戶樞，終不朽也。是以古之仙者爲導引之事，熊經鴟顧，〔一〕引挽腰體，動諸關節，以求難老。吾有一術，名五禽之戲：一曰虎，二曰鹿，三曰熊，四曰猨，五曰鳥。〔二〕亦以除疾，兼利蹏足，以當導引。體有不快，起作一禽之戲，怡而汗出，因以著粉，身體輕便而欲食。」普施行之，年九十餘，耳目聰明，齒牙完堅。

〔一〕熊經，若熊之攀枝自懸也。鴟顧，身不動而迴顧也。莊子曰：「吐故納新，熊經鳥申，此導引之士，養形之人也。」

〔二〕佗別傳曰：「吳普從佗學，微得其方。魏明帝呼之，使爲禽戲，普以年老，手足不能相及，粗以其法語諸醫。普今年將九十，耳不聾，目不冥，牙齒完堅，飲食無損。」

阿善針術。凡醫咸言背及匈藏之閒不可妄針，針之不可過四分，而阿針背入一二寸，巨闕匈藏乃五六寸，而病皆瘳。阿從佗求方可服食益於人者，佗授以漆葉青黏散：〔一〕漆葉屑一斗，青黏十四兩，以是爲率。言久服，去三蟲，利五藏，輕體，使人頭不白。阿從其言，壽百餘歲。漆葉處所而有。青黏生於豐、沛、彭城及朝歌閒。

〔一〕佗別傳曰：「青黏者，一名地節，一名黃芝，主理五藏，益精氣，本出於迷入山者，見仙人服之，以告佗。佗以爲佳，語阿，阿又秘之。近者人見阿之壽，而氣力強盛，怪之，遂責所服食，因醉亂，誤道之。法一施，人多服者，皆有大驗。」本字書無「黏」字，相傳音女廉反，然今人無識此者，甚可恨惜。

漢世異術之士甚衆，雖云不經，而亦有不可誣，故簡其美者列于傳末：

泠壽光、唐虞、魯女生三人者，皆與華佗同時。壽光年可百五六十歲，行容成公御婦人法，〔一〕常屈頸鷮息，〔二〕須髮盡白，而色理如三四十時，死於江陵。唐虞道赤眉、張步家居

里落，若與相及，死於鄉里不其縣。魯女生數説顯宗時事，甚明了，議者疑其時人也。董卓亂後，莫知所在。〔三〕

〔一〕列仙傳曰：「容成公者，能善補導之事，取精於玄牝。其要谷神不死，守生養氣者也。髮白復黑，齒落復生。」御婦人之術，謂握固不瀉，還精補腦也。

〔二〕鶡音居妖反。毛詩曰：「有集唯鶡。」毛萇注曰：「鶡，雉也。」山海經曰：「女几之山多白鶡。」郭璞曰：「似雉長尾，走且鳴也。」

〔三〕漢武內傳曰「魯女生，長樂人。初餌胡麻及朮，絶穀八十餘年，日少壯，色如桃花，日能行三百里，走及麞鹿。傳世見之，云三百餘年。後采藥嵩高山，見一女人，曰：『我三天太上侍官也。』以五岳眞形〔圖〕與之，并告其施行。女生道成，一旦與知友故人别，云入華山。去後五十年，先相識者逢女生華山廟前，乘白鹿，從玉女三十人，并令謝其鄉里親故人」也。

徐登者，閩中人也。〔一〕本女子，化爲丈夫。善爲巫術。又趙炳，字公阿，東陽人，能爲越方。〔二〕時遭兵亂，疾疫大起，二人遇於烏傷溪水之上，〔三〕遂結言約，共以其術療病。各相謂曰：「今既同志，且可各試所能。」登乃禁溪水，水爲不流，炳復次禁枯樹，樹即生荑，〔四〕二人相視而笑，共行其道焉。

〔一〕閩中地，今泉州也。

〔二〕東陽，今婺州也。抱朴子曰：「道士趙炳，以氣禁人，人不能起。禁虎，虎伏地，低頭閉目，便可執縛。以大釘釘柱，入尺許，以氣吹之，釘即躍出射去，如弩箭之發。」異苑云：「趙侯以盆盛水，吹氣作禁，魚龍立見。」越方，善禁呪也。

〔三〕酈元注水經曰：「吳寧溪出吳寧縣，經烏傷，謂之烏傷溪。」在今婺州義烏縣東也。

〔四〕易曰：「枯楊生荑。」王弼注云：「荑者，楊之秀也。」

登年長，炳師事之。貴尚清儉，禮神唯以東流水爲酌，削桑皮爲脯。但行禁架，所療皆除。〔一〕

〔一〕禁架即禁術也。

後登物故，炳東入章安，〔一〕百姓未之知也。炳乃故升茅屋，梧鼎而爨，主人見之驚懅，〔二〕炳笑不應，既而爨孰，屋無損異。又嘗臨水求度，船人不和之，〔三〕炳乃張蓋坐其中，長嘯呼風，亂流而濟。於是百姓神服，從者如歸。章安令惡其惑衆，收殺之。人爲立祠室於永康，至今蚊蚋不能入也。〔四〕

〔一〕縣名，屬會稽郡。本名回浦，光武改爲章安。故城在今台州臨海縣東南。

〔二〕梧，支也。懅，忙也。

〔三〕和猶許也。俗本作「知」者誤也。

〔四〕炳故祠在今婺州永康縣東，俗呼爲趙侯祠，至今蚊蚋不入祠所。江南猶傳趙侯禁法以療疾云。

費長房者，汝南人也。曾爲市掾。市中有老翁賣藥，懸一壺於肆頭，及市罷，輒跳入壺中。市人莫之見，唯長房於樓上覩之，異焉，因往再拜奉酒脯。翁知長房之意其神也，謂之曰：「子明日可更來。」長房旦日復詣翁，翁乃與俱入壺中。唯見玉堂嚴麗，旨酒甘肴盈衍其中，共飲畢而出。翁約不聽與人言之。後乃就樓上候長房曰：「我神仙之人，以過見責，今事畢當去，子寧能相隨乎？樓下有少酒，與卿爲別。」長房使人取之，不能勝，又令十人扛之，猶不舉。〔一〕翁聞，笑而下樓，以一指提之而上。視器如一升許，而二人飲之終日不盡。

〔一〕説文曰：「兩人對舉爲扛。」音江。

長房遂欲求道，而顧家人爲憂。〔二〕翁乃斷一青竹，度與長房身齊，使懸之舍後。家人見之，卽長房形也，以爲縊死，大小驚號，遂殯葬之。長房立其傍，而莫之見也。於是遂隨從入深山，踐荆棘於羣虎之中。留使獨處，長房不恐。又臥於空室，以朽索懸萬斤石於心上，衆蛇競來齧索且斷，長房亦不移。翁還，撫之曰：「子可教也。」復使食糞，糞中有三蟲，臭穢特甚，長房意惡之。翁曰：「子幾得道，恨於此不成，如何！」

〔一〕顧，念也。

長房辭歸，翁與一竹杖，曰：「騎此任所之，則自至矣。既至，可以杖投葛陂中也。」〔一〕又爲作一符，曰：「以此主地上鬼神。」長房乘杖，須臾來歸，自謂去家適經旬日，而已十餘年矣。卽以杖投陂，顧視則龍也。家人謂其久死，不信之。長房曰：「往日所葬，但竹杖耳。」乃發冢剖棺，杖猶存焉。遂能醫療衆病，鞭笞百鬼，及驅使社公。或在它坐，獨自恚怒，人問其故，曰：「吾責鬼魅之犯法者耳。」

〔一〕陂在今豫州新蔡縣西北。

汝南歲歲常有魅，僞作太守章服，詣府門椎鼓者，郡中患之。時魅適來，而逢長房謁府君，惶懼不得退，便前解衣冠，叩頭乞活。長房呵之云：「便於中庭正汝故形！」卽成老鼈，大如車輪，頸長一丈。長房復令就太守服罪，付其一札，以勑葛陂君。魅叩頭流涕，持札植於陂邊，以頸繞之而死。

後東海君來見葛陂君，因淫其夫人，於是長房劾繫之三年，而東海大旱。長房至海上，見其人請雨，乃謂之曰：「東海君有罪，吾前繫於葛陂，今方出之使作雨也。」於是雨立注。

長房曾與人共行，見一書生黃巾被裘，無鞍騎馬，下而叩頭。長房曰：「還它馬，赦汝死罪。」人問其故，長房曰：「此狸也，盜社公馬耳。」又嘗坐客，而使至宛市鮓，須臾還，乃飯。或一日之閒，人見其在千里之外者數處焉。

後失其符，爲衆鬼所殺。

薊子訓者，不知所由來也。建安中，客在濟陰宛句。〔一〕有神異之道。嘗抱鄰家嬰兒，故失手墯地而死，其父母驚號怨痛，不可忍聞，而子訓唯謝以過誤，終無它說，遂埋藏之。後月餘，子訓乃抱兒歸焉。父母大恐，曰：「死生異路，雖思我兒，乞不用復見也。」兒識父母，軒渠笑悅，欲往就之，母不覺攬取，乃實兒也。雖大喜慶，心猶有疑，乃竊發視死兒，但見衣被，方乃信焉。於是子訓流名京師，士大夫皆承風向慕之。

〔一〕今曹州縣。句音劬。

後乃駕驢車，與諸生俱詣許下。道過滎陽，止主人舍，而所駕之驢忽然卒僵，蛆蟲流出，主遽白之。子訓曰：「乃爾乎？」方安坐飯，食畢，徐出以杖扣之，驢應聲奮起，行步如初，即復進道。其追逐觀者常有千數。既到京師，公卿以下候之者，坐上恆數百人，皆爲設酒脯，終日不匱。

後因遁去，遂不知所止。初去之日，唯見白雲騰起，從旦至暮，如是數十處。時有百歲翁，自說童兒時見子訓賣藥於會稽市，顏色不異於今。後人復於長安東霸城見之，與一老公共摩挲銅人，〔一〕相謂曰：「適見鑄此，已近五百歲矣。」〔二〕顧視見人而去，猶駕昔所乘驢車也。見者呼之曰：「薊先生小住。」並行應之，〔三〕視若遲徐，而走馬不及，於是而絕。

〔一〕酈元水經注曰，魏文帝黃初元年，徙長安金狄，重不可致，因留霸城南。

〔二〕史記秦始皇二十六年，於咸陽鑄金人十二，重各千斤，至此四百二十餘年。

〔三〕並猶且也，音蒲朗反。

劉根者，潁川人也。隱居嵩山中。諸好事者自遠而至，就根學道，太守史祈以根爲妖妄，乃收執詣郡，數之曰：「汝有何術，而誣惑百姓？若果有神，可顯一驗事。不爾，立死矣。」根曰：「實無它異，頗能令人見鬼耳。」祈曰：「促召之，使太守目覩，爾乃爲明。」根於是左顧而嘯，有頃，祈之亡父祖近親數十人，皆反縛在前，向根叩頭曰：「小兒無狀，分當萬坐。」顧而叱祈曰：「汝爲子孫，不能有益先人，而反累辱亡靈！可叩頭爲吾陳謝。」祈驚懼悲哀，頓首流血，請自甘罪坐。根嘿而不應，忽然俱去，不知在所。

左慈字元放，廬江人也。少有神道。嘗在司空曹操坐，操從容顧衆賓曰：「今日高會，珍羞略備，所少吳松江鱸魚耳。」〔一〕放於下坐應曰：「此可得也。」因求銅盤貯水，以竹竿餌釣於盤中，須臾引一鱸魚出。操大拊掌笑，會者皆驚。操曰：「一魚不周坐席，可更得乎？」放乃更餌鉤沈之，須臾復引出，皆長三尺餘，生鮮可愛。操使目前鱠之，周浹會者。操又謂曰：「既已得魚，恨無蜀中生薑耳。」放曰：「亦可得也。」操恐其近卽所取，因曰：「吾前遣人到蜀買錦，可過勑使者，增市二端。」語頃，卽得薑還，并獲操使報命。後操使蜀反，驗問增錦之狀及時日早晚，若符契焉。

〔一〕松江在今蘇州東南，首受太湖。神仙傳云：「松江出好鱸魚，味異它處。」

後操出近郊，士大夫從者百許人，慈乃爲齎酒一升，脯一斤，手自斟酌，百官莫不醉飽。操怪之，使尋其故，行視諸鑪，悉亡其酒脯矣。〔二〕操懷不喜，〔三〕因坐上收，欲殺之，慈乃卻入壁中，霍然不知所在。或見於市者，又捕之，而市人皆變形與慈同，莫知誰是。後人逢慈於陽城山頭，因復逐之，遂入走羊羣。操知不可得，乃令就羊中告之曰：「不復相殺，本試君術耳。」忽有一老羝屈前兩膝，人立而言曰：「遽如許。」〔三〕卽競往赴之，而羣羊數百皆變爲

瓺，並屈前膝人立，云「遽如許」，遂莫知所取焉。〔四〕

〔一〕鑪，酒肆也。

〔二〕喜音許吏反。

〔三〕言何遽如許爲事。

〔四〕魏文帝典論論郤儉等事曰「潁川郤儉能辟穀，餌伏苓，甘陵甘始名善行氣，老有少容，廬江左慈知補導之術，並爲軍吏。初，儉至之所，伏苓價暴貴數倍。議郎安平李覃學其辟穀，食伏苓，飲寒水，水寒中泄利，殆至殞命。後始來，衆人無不鴟視狼顧，呼吸吐納。軍祭酒弘農董芬爲之過差，氣閉不通，良久乃蘇。左慈到，又競受其補導之術。至寺人嚴峻往從問受，奄豎眞無事於斯術也。人之逐聲，乃至於是」也。

計子勳者，不知何郡縣人，皆謂數百歲，行來於人閒。一旦忽言日中當死，主人與之葛衣，子勳服而正寢，至日中果死。

上成公者，（恣）〔密〕縣人也。其初行久而不還，後歸，語其家云：「我已得仙。」因辭家而去。家人見其舉步稍高，良久乃沒云。陳寔、韓韶同見其事。

以誑幻人。

解奴辜、張貂者，亦不知是何郡國人也。皆能隱淪，出入不由門戶。奴辜能變易物形，

又河南有麴聖卿，善爲丹書符劾，厭殺鬼神而使命之。

又有編盲意，亦與鬼物交通。〔一〕

〔一〕編，姓也。盲意，名。

初，章帝時有壽光侯者，〔一〕能劾百鬼衆魅，令自縛見形。其鄉人有婦爲魅所病，侯爲劾之，得大蛇數丈，死於門外。又有神樹，人止者輒死，鳥過者必墜，侯復劾之，樹盛夏枯落，見大蛇長七八丈，懸死其閒。帝聞而徵之。乃試問之：「吾殿下夜半後，常有數人絳衣被髮，持火相隨，豈能劾之乎？」侯曰：「此小怪，易銷耳。」帝僞使三人爲之，侯劾三人，登時仆地無氣。帝大驚曰：「非魅也，朕相試耳。」解之而蘇。

〔一〕壽，姓也。風俗通曰：「壽於姚，吳大夫。」

甘始、東郭延年、〔一〕封君達三人者，皆方士也。率能行容成御婦人術，或飲小便，或自倒懸，愛嗇精氣，不極視大言。甘始、元放、延年皆爲操所錄，問其術而行之。〔二〕君達號「青牛師」。〔三〕凡此數人，皆百餘歲及二百歲也。

〔一〕漢武內傳曰：「延年字公游。」

〔二〕曹植辯道論曰：「甘始者，老而有少容，自諸術士咸共歸之。然始辭繁寡實，頗切怪言。余嘗辟左右獨與之言，問其所行。溫顏以誘之，美辭以導之。始語余：『吾本師姓韓字雅。嘗與師於南海作金，前後數四，投數萬斤金於海。』又言：『諸梁時，西域胡來獻香罽䙱帶割玉刀，時悔不取也。』又言：『車師之西國，兒生劈背出脾，欲其食少而怒行也。』又言：『取鯉魚五寸一雙，令其一著藥投沸膏中，有藥奮尾鼓鰓，遊行沈浮，有若處淵，其一者已孰而可噉。』余時問言：『寧可試不？』言：『是藥去此踰萬里，當出塞，始不自行不能得也。』言不盡於此，頗難悉載，故粗舉其巨怪者。始若遭秦始皇、漢武帝，則復徐市、欒大之徒也。」

〔三〕漢武帝內傳曰：「封君達，隴西人。初服黃連五十餘年，入鳥舉山，服水銀百餘年，還鄉里，如二十者。常乘青牛，故號『青牛道士』。聞有病死者，識與不識，便以要閒竹管中藥與服，或下針，應手皆愈。不以姓名語人。聞魯女生得五岳圖，連年請求，女生未見授。幷告節度。二百餘歲乃入玄丘山去。」

王眞、郝孟節者，皆上黨人也。王眞年且百歲，視之面有光澤，似未五十者。自云：「周流登五岳名山，悉能行胎息胎食之方，嗽舌下泉咽之，不絕房室。」〔一〕孟節能含棗核，不食可至五年十年。又能結氣不息，身不動搖，狀若死人，可至百日半年。亦有室家。爲人質謹不妄言，似士君子。曹操使領諸方士焉。

〔一〕漢武內傳曰：「王眞字叔經，上黨人。習閉氣而吞之，名曰『胎息』；習嗽舌下泉而咽之，名曰『胎食』。眞行之，斷穀二百餘日，肉色光美，力並數人。」抱朴子曰：「胎息者，能不以鼻口噓噏，如在胎之中。」嗽音朔。

北海王和平，性好道術，自以當仙。濟南孫邕少事之，從至京師。會和平病歿，邕因葬之東陶。有書百餘卷，藥數囊，悉以送之。後弟子夏榮言其尸解，邕乃恨不取其寶書仙藥焉。〔一〕

〔一〕尸解者，言將登仙，假託爲尸以解化也。

贊曰：幽貺罕徵，明數難校。不探精遠，曷感靈效？如或遷訛，實乖玄奧。

校勘記

二七三〇頁七行　語之(言)〔云〕　據校補說改。下「告語(言)〔云〕」同。

二七三〇頁九行　不圖賣者人相欺　刊誤謂案文多一「人」字。今按：上文言「買猪人」，則此當云「賣猪人」，疑「者」本作「猪」，版刻譌脫犭旁耳。

二七三一頁六行　六子皆知名　按：集解引沈欽韓說，謂「六」當作「五」，羣輔錄云穆之五子，並有令名，京師號曰「公沙五龍，天下無雙」。

二七三四頁二行　俱事同郡楊厚　按：「楊」原譌「揚」，逕改正。

二七三四頁八行　諸葛亮問廣漢秦密　按：集解引錢大昕說，謂蜀志「密」作「宓」。宓字子勑，當取謐宓之宓，世俗借用堂密字。

二七三五頁一行　郭玉者廣漢雒人也　按：集解引惠棟說，謂華陽國志云新都人。

二七三五頁五行　左陽右陰　按：汲本、殿本作「左陰右陽」。

二七三六頁六行　針灸不過數處　按：「灸」原譌「炙」，逕據集解本改正。

二七三七頁四行　(且)〔旦〕用寒水汲灌　刊誤謂案文「且」當作「旦」。按：魏志華佗傳注引作「平旦用寒水汲灌」，劉說是，今據改正。

二七三七頁八行　蓱齏甚酸　按：「齏」原作「虀」，依注文改。

二七三七頁一三行　蘋澹水上浮蓱(者)麤大〔者〕謂之蘋　據汲本改。

二七三八頁五行　應當剖破腹　按：汲本「應」作「因」。
二七三九頁六行　佗不強與　按：殿本作「佗亦不強」，與魏志同。
二七三九頁一三行　普依準佗療　按：刊誤謂「療」下當有一「病」字。
二七四〇頁七行　漆葉屑一斗　按：集解引錢大昕說，謂「斗」當依魏志作「升」，漢隸斗字與升字相似，故易混耳。
二七四一頁八行　以五岳眞形〔圖〕與之　據集解引惠棟說補。
二七四二頁一一行　趙炳　集解引惠棟說，謂搜神記及水經注皆作「趙昞」。按：炳昞同字。
二七四二頁一〇行　梧鼎而爨　按：集解引惠棟說，謂水經注「梧鼎」作「支鼎」。
二七四五頁一行　而使至宛市鮓　刊誤謂「使」當作「往」。今按：「使」字疑衍。
二七四六頁五行　魏文帝黃初元年　按：殿本考證謂三國志注作「明帝景初元年」。集解引惠棟說，謂案搜神記，乃正始中事也。
二七四七頁二行　放於下坐　按：刊誤謂「放」當作「慈」，下同。
二七四七頁二行　以竹竿餌鈎於盤中　按：刊誤謂案文多一「竹」字。
二七四七頁三行　操大拊掌笑　按：刊誤謂案文當作「拊掌大笑」。
二七四七頁四行　皆長三尺餘　按：校補引柳從辰說，謂「三尺」疑「三寸」之誤。松江四腮鱸魚長者不盈五寸，李時珍本草亦云長數寸，安得皆長三尺餘乎？銅盆注水而引出三尺餘大魚，於說亦窒。

二七四七頁六行　後操使蜀反　按：刊誤謂案文「使」下少一「自」字。

二七四七頁一三行　遂入走羊羣　按：刊誤謂「入走」當作「走入」。

二七四八頁一一行　（恣）〔密〕縣人也　據刊誤改。

二七四九頁六行　有壽光侯者　按：集解引錢大昕說，謂壽光國名，光武封更始子鯉爲壽光侯，又北海王普初封壽光侯是也。此侯失其姓名，故舉其爵，下云「侯爲劾之」，「侯復劾之」，可證注以壽爲姓之誤。

二七五〇頁六行　吾本師姓韓字雅　按：集解引錢大昕說，謂裴松之注魏志引辯道論云「姓韓字世雄」。

二七五〇頁一三行　連年請求女生未見授　刊誤謂案文當云「連年請於女生，求見授」。補校謂「女生」二字連下爲文，但「未」字譌耳，或卽「末」字也。今按：錢熙祚校本漢武內傳附錄邵載之續談助鈔內傳「未」作「後」。

後漢書卷八十三

逸民列傳第七十三

易稱「遯之時義大矣哉」。又曰：「不事王侯，高尚其事。」是以堯稱則天，不屈潁陽之高；〔一〕武盡美矣，終全孤竹之絜。〔二〕自茲以降，風流彌繁，長往之軌未殊，而感致之數匪一。或隱居以求其志，或回避以全其道，〔三〕或靜己以鎮其躁，〔四〕或去危以圖其安，〔五〕或垢俗以動其槩，〔六〕或疵物以激其清。〔七〕然觀其甘心畎畝之中，憔悴江海之上，〔八〕豈必親魚鳥樂林草哉，亦云性分所至而已。〔九〕故蒙恥之賓，屢黜不去其國；〔一〇〕蹈海之節，千乘莫移其情。〔一一〕適使矯易去就，則不能相爲矣。〔一二〕彼雖硜硜有類沽名者，〔一三〕然而蟬蛻囂埃之中，自致寰區之外，異夫飾智巧以逐浮利者乎！荀卿有言曰，「志意脩則驕富貴，道義重則輕王公」也。〔一四〕

〔一〕潁陽謂巢、許也。

〔二〕孤竹謂夷、齊也。

〔三〕論語孔子曰：「隱居以求其志，行義以達其道。」求志謂長沮、桀溺，全道若薛方詭對王莽也。

〔四〕謂逢萌之類也。

〔五〕四皓之類也。

〔六〕謂申徒狄、鮑焦之流也。

〔七〕梁鴻、嚴光之流。

〔八〕莊子曰：「舜以天下讓北人無擇。無擇曰：『異哉，后之爲人也！居於畎畝之中而遊堯之門，不若是而已。』」又曰：「就藪澤，處閑曠，此江海之士，避代之人，閑暇者之所好也。」

〔九〕分音符問反。

〔10〕列女傳曰：「柳下惠死，其妻誄之曰：『蒙恥救人，德彌大兮。雖遇三黜，終不蔽兮。』」

〔11〕史記曰，魯連謂新垣衍曰：「秦卽爲帝，則魯連蹈東海死耳。」魯連下聊城，田單爵之，魯連逃隱於海上也。

〔12〕人各有所尙，不能改其志。孔子聞長沮、桀溺之言，乃告子路曰：「天下有道，丘不與易也。」

〔13〕論語曰：「孔子擊磬於衞，有荷蕢而過孔氏之門者。曰：『有心哉！擊磬乎？』既而曰：『鄙哉！硜硜乎，莫己知也。』」又「子貢曰：『有美玉於斯，藴櫝而藏諸？求善價而沽諸？』孔子曰：『沽之哉！沽之哉！我待價者也。』」沽謂衒賣也。

〔14〕荀卿子之文也。

漢室中微，王莽篡位，士之蘊藉義憤甚矣。是時裂冠毀冕，相攜持而去之者，蓋不可勝數。〔一〕楊雄曰：「鴻飛冥冥，弋者何篡焉。」言其違患之遠也。〔二〕光武側席幽人，求之若不及，〔三〕旌帛蒲車之所徵賁，相望於巖中矣。〔四〕若薛方、逢萌聘而不肯至，〔五〕嚴光、周黨、王霸至而不能屈。羣方咸遂，志士懷仁，斯固所謂「舉逸民天下歸心」者乎！〔六〕肅宗亦禮鄭均而徵高鳳，以成其節。自後帝德稍衰，邪孽當朝，處子耿介，羞與卿相等列，至乃抗憤而不顧，多失其中行焉。蓋錄其絕塵不反，〔七〕同夫作者，列之此篇。〔八〕

〔一〕左傳曰：「王使詹桓伯辭於晉曰：『伯父若裂冠毀冕，拔本塞原。』」毛詩序曰：「百姓莫不相攜持而去之。」

〔二〕「篡」字諸本或作「慕」，法言作「篡」。宋衷曰：「篡，取也。鴻高飛冥冥薄天，雖有弋人，何施巧而取也。喻賢者隱處，不離暴亂之害也。」然今人謂以計數取物爲篡，篡亦取也。

〔三〕國語曰：「越王夫人去笄側席而坐。」韋昭注云：「側猶特也。禮，憂者側席而坐。」前書公孫弘贊曰：「上方欲用文武，求之如弗及。」

〔四〕毛詩序曰：「干旄，美好善也。」其詩曰：「孑孑干旌，在浚之城。」易賁卦六五曰：「賁于丘園，束帛戔戔。」蒲車，以蒲裹輪，取其安也。前書武帝以蒲車徵魯申公也。

〔五〕前書薛方字子容。

〔六〕論語文也。

〔七〕莊子曰：「顏回問於仲尼曰：『夫子步亦步，夫子趨亦趨，夫子馳亦馳，夫子奔(轍)〔軼〕絕塵，則回瞠若乎後矣。』」司馬彪注云：「言不可及也。」韓詩外傳曰：「山林之士，往而不能反。」

〔八〕論語曰：「賢者避代，其次避地，其次避色，其次避言。」子曰：「作者七人矣。」

野王二老者，不知何許人也。初，光武貳於更始，會關中擾亂，遣前將軍鄧禹西征，送之於道。既反，因於野王獵，路見二老者即禽。〔一〕光武問曰：「禽何向？」並舉手西指，言「此中多虎，臣每即禽，虎亦即臣，大王勿往也」。光武曰：「苟有其備，虎亦何患。」父曰：「何大王之謬邪！昔湯即桀於鳴條，而大城於亳；〔二〕武王亦即紂於牧野，而大城於郟鄏。〔三〕彼二王者，其備非不深也。是以即人者，人亦即之，雖有其備，庸可忽乎！」光武悟其旨，顧左右曰：「此隱者也。」將用之，辭而去，莫知所在。

〔一〕即，就也。易曰「即鹿無虞」也。

〔二〕帝王紀曰：「案孟子，桀卒於鳴條，乃在東夷之地。或言陳留平丘今有鳴條亭也。唯（是）〔孔〕安國注尚書云，鳴條在安邑西。考三說之驗，孔爲近之。」

〔三〕杜預注左傳曰：「今河南也。河南縣西有郟鄏陌。」

向長字子平，〔一〕河內朝歌人也。隱居不仕，性尚中和，好通老、易。貧無資食，好事者更饋焉，受之取足而反其餘。王莽大司空王邑辟之，連年乃至，欲薦之於莽，固辭乃止。潛隱於家。讀易至損、益卦，喟然歎曰：「吾已知富不如貧，貴不如賤，但未知死何如生耳。」〔一〕建武中，男女娶嫁既畢，敕斷家事勿相關，當如我死也。於是遂肆意，與同好北海禽慶〔二〕俱遊五嶽名山，竟不知所終。

〔一〕高士傳「向」字作「尚」。

〔二〕易損卦曰：「二簋可用享。損益盈虛，與時偕行。」益卦曰「損上益下，人說無疆」也。

〔三〕前書慶字子夏。

逢萌字子康，北海都昌人也。家貧，給事縣爲亭長。時尉行過亭，萌候迎拜謁，既而擲楯歎曰：〔一〕「大丈夫安能爲人役哉！」遂去之長安學，通春秋經。時王莽殺其子宇，〔二〕萌謂友人曰：「三綱絕矣！〔三〕不去，禍將及人。」即解冠挂東都城門，〔四〕歸，將家屬浮海，客於遼東。

〔一〕亭長主捕盜賊，故執楯也。

〔二〕前書莽隔絕平帝外家衞氏，宇恐帝大後見怨，以爲莽不可諫而好鬼神，即夜持血灑莽第門。吏發覺之，莽執宇送獄，飲藥而死。

〔三〕謂君臣、夫婦、父子。

〔四〕漢宮殿名：「東都門今名靑門也。」前書音義曰：「長安東郭城北頭第一門。」

萌素明陰陽，知莽將敗，有頃，乃首戴瓦盎，〔一〕哭於市曰：「新乎新乎！」〔二〕因遂潛藏。

〔一〕盎，盆也。

〔二〕王莽爲新都侯，及篡，號新室，故哭之。

及光武卽位，乃之琅邪勞山，〔一〕養志脩道，人皆化其德。

〔一〕在今萊州卽墨縣東南，有大勞、小勞山。

北海太守素聞其高，遣吏奉謁致禮，萌不荅。太守懷恨而使捕之。吏叩頭曰：「子康大賢，天下共聞，所在之處，人敬如父，往必不獲，祇自毀辱。」太守怒，收之繫獄，更發它吏。行至勞山，人果相率以兵弩捍禦，吏被傷流血，奔而還。後詔書徵萌，託以老耄，迷路東西，語使者云：「朝廷所以徵我者，以其有益於政，尙不知方面所在，安能濟時乎？」卽便駕歸。連徵不起，以壽終。

初，萌與同郡徐房、平原李子雲、王君公相友善，並曉陰陽，懷德穢行。房與子雲養徒各千人，君公遭亂獨不去，儈牛自隱。〔一〕時人謂之論曰：「避世牆東王君公。」〔二〕

〔一〕儈謂平會兩家賣買之價。

〔三〕嵇康高士傳曰「君公明易，爲郎。數言事不用，乃自汙與官婢通，免歸。詐狂儈牛，口無二價」也。

周黨字伯況，太原廣武人也。家產千金。少孤，爲宗人所養，而遇之不以理，及長，又不還其財。黨詣鄉縣訟，主乃歸之。既而散與宗族，悉免遣奴婢，遂至長安遊學。初，鄉佐嘗眾中辱黨，黨久懷之。〔一〕後讀春秋，聞復讎之義，〔二〕便輟講而還，與鄉佐相聞，期剋鬬日。既交刃，而黨爲鄉佐所傷，困頓。鄉佐服其義，輿歸養之，數日方蘇，既悟而去。自此勑身脩志，州里稱其高。

〔一〕續漢志鄉佐主收賦稅者。

〔二〕春秋經書「紀侯大去其國」。公羊傳曰：「大去者何？滅也。孰滅之？齊滅之。曷爲不言齊滅之？爲襄公諱也。齊襄公九世祖哀公亨於周，紀侯譖之也，故襄公讎於紀。九世猶可復讎乎？雖百世可也。」

及王莽竊位，託疾杜門。自後賊暴從橫，殘滅郡縣，唯至廣武，過城不入。

建武中，徵爲議郎，以病去職，遂將妻子居黽池。復被徵，不得已，乃著短布單衣，穀皮綃頭，待見尚書。〔一〕及光武引見，黨伏而不謁，自陳願守所志，帝乃許焉。

〔一〕以穀樹皮爲綃頭也。綃頭，解見向栩傳。黨服此〔詣〕尙書，以待見也。

博士范升奏毁黨曰：「臣聞堯不須許由、巢父，而建號天下；周不待伯夷、叔齊，而王道以成。伏見太原周黨、東海王良、山陽王成等，蒙受厚恩，使者三聘，乃肯就車。及陛見帝廷，黨不以禮屈，伏而不謁，偃蹇驕悍，同時俱逝。黨等文不能演義，武不能死君，釣采華名，庶幾三公之位。臣願與坐雲臺之下，考試圖國之道。不如臣言，伏虛妄之罪。而敢私竊虛名，誇上求高，皆大不敬。」書奏，天子以示公卿。詔曰：「自古明王聖主必有不賓之士。伯夷、叔齊不食周粟，太原周黨不受朕祿，亦各有志焉。其賜帛四十匹。」黨遂隱居黽池，著書上下篇而終。邑人賢而祠之。

初，黨與同郡譚賢伯升、鴈門殷謨君長，俱守節不仕王莽世。建武中，徵並不到。

王霸字儒仲，太原廣武人也。少有清節。及王莽篡位，弃冠帶，絕交宦。建武中，徵到尙書，拜稱名，不稱臣。有司問其故。霸曰：「天子有所不臣，諸侯有所不友。」〔一〕司徒侯霸讓位於霸。閻陽毁之曰：「太原俗黨，儒仲頗有其風。」遂止。〔二〕以病歸。隱居守志，茅屋蓬戶。連徵不至，以壽終。

〔一〕禮記曰：「儒有上不臣天子，下不事諸侯。」

〔二〕皇甫謐高士傳曰「故梁令閻陽」也。前書曰：「太原多晉公族子孫，以詐力相傾，矜夸功名，報仇過直。漢興，號爲難化，常擇嚴猛將，或任殺伐爲威。父兄被誅，子弟怨憤，至告訐刺史、二千石。」

嚴光字子陵，一名遵，會稽餘姚人也。少有高名，與光武同遊學。及光武卽位，乃變名姓，隱身不見。帝思其賢，乃令以物色訪之。〔一〕後齊國上言：「有一男子，披羊裘釣澤中。」帝疑其光，乃備安車玄纁，遣使聘之。三反而後至。舍於北軍，給牀褥，太官朝夕進膳。

〔一〕以其形貌求之。

司徒侯霸與光素舊，遣使奉書。〔一〕使人因謂光曰：「公聞先生至，區區欲卽詣造，迫於典司，是以不獲。願因日暮，自屈語言。」光不荅，乃投札與之，口授曰：「君房足下：位至鼎足，甚善。懷仁輔義天下悅，阿諛順旨要領絕。」霸得書，封奏之。帝笑曰：「狂奴故態也。」車駕卽日幸其館。光臥不起，帝卽其臥所，撫光腹曰：「咄咄子陵，不可相助爲理邪？」光又眠不應，良久，乃張目熟視，曰：「昔唐堯著德，巢父洗耳。士故有志，何至相迫乎！」帝曰：「子陵，我竟不能下汝邪？」於是升輿歎息而去。

〔一〕皇甫謐高士傳曰：「霸使西曹屬侯子道奉書，光不起，於牀上箕踞抱膝發書讀訖，問子道曰：『君房素癡，今爲三公，寧小差否？』子道曰：『位已鼎足，不癡也。』光曰：『遣卿來何言？』子道傳霸言。光曰：『卿言不癡，是非癡語也？天子徵我三乃來。人主尚不見，當見人臣乎？』子道求報。光曰：『我手不能書。』乃口授之。使者嫌少，可更足。光曰：『買菜乎？求益也？』」

復引光入，論道舊故，相對累日。帝從容問光曰：「朕何如昔時？」對曰：「陛下差增於往。」因共偃臥，光以足加帝腹上。明日，太史奏客星犯御坐甚急。帝笑曰：「朕故人嚴子陵共臥耳。」

除爲諫議大夫，不屈，乃耕於富春山，〔一〕後人名其釣處爲嚴陵瀨焉。〔二〕建武十七年，復特徵，不至。年八十，終於家。帝傷惜之，詔下郡縣賜錢百萬、穀千斛。

〔一〕今杭州富陽縣也。本漢富春縣，避晉簡文帝鄭太后諱，改曰富陽。

〔二〕顧野王輿地志曰：「七里瀨在東陽江下，與嚴陵瀨相接，有嚴山。桐廬縣南有嚴子陵漁釣處，今山邊有石，上平，可坐十人，臨水，名爲嚴陵釣壇」也。

井丹字大春，扶風郿人也。少受業太學，通五經，善談論，故京師爲之語曰：「五經紛綸井大春。」〔一〕性清高，未嘗修刺候人。

〔一〕紛綸猶浩博也。

建武末，沛王輔等五王居北宮，皆好賓客，更遣請丹，不能致。信陽侯陰就，光烈皇后弟也，以外戚貴盛，乃詭說五王，求錢千萬，約能致丹，而別使人要劫之。丹不得已，既至，就故爲設麥飯葱葉之食，丹推去之，曰：「以君侯能供甘旨，故來相過，何其薄乎？」更置盛饌，乃食。及就起，左右進輦。丹笑曰：「吾聞桀駕人車，豈此邪？」〔一〕坐中皆失色。就不得已而令去輦。自是隱閉不關人事，以壽終。

〔一〕帝王紀曰：「桀以人駕車。」

梁鴻字伯鸞，扶風平陵人也。父讓，王莽時爲城門校尉，封脩遠伯，使奉少昊後，寓於北地而卒。〔一〕鴻時尚幼，以遭亂世，因卷席而葬。

〔一〕前書莽改允吾爲脩遠。少昊，金天氏之號，次黃帝者。北地，今寧州也。

後受業太學，家貧而尚節介，博覽無不通，而不爲章句。學畢，乃牧豕於上林苑中。曾誤遺火延及它舍，鴻乃尋訪燒者，問所去失，〔一〕悉以豕償之。其主猶以爲少。鴻曰：「無它財，願以身居作。」主人許之。因爲執勤，不懈朝夕。鄰家耆老見鴻非恆人，乃共責讓主人，而稱鴻長者。於是始敬異焉，悉還其豕。鴻不受而去，歸鄉里。

〔一〕去，亡也。

埶家慕其高節，多欲女之，〔一〕鴻並絕不娶。同縣孟氏有女，狀肥醜而黑，力舉石臼，擇對不嫁，至年三十。父母問其故。女曰：「欲得賢如梁伯鸞者。」鴻聞而娉之。女求作布衣、麻屨，織作筐緝績之具。及嫁，始以裝飾入門。七日而鴻不荅。妻乃跪牀下請曰：「竊聞夫子高義，簡斥數婦，〔二〕妾亦偃蹇數夫矣。今而見擇，敢不請罪。」鴻曰：「吾欲裘褐之人，可與俱隱深山者爾。今乃衣綺縞，傅粉墨，豈鴻所願哉？」妻曰：「以觀夫子之志耳。妾自有隱居之服。」乃更爲椎髻，著布衣，操作而前。鴻大喜曰：「此眞梁鴻妻也。能奉我矣！」字之曰德曜，〔名〕孟光。

〔一〕以女妻人曰女，音尼慮反。

〔二〕斥，遠也。

居有頃，妻曰：「常聞夫子欲隱居避患，今何爲默默？無乃欲低頭就之乎？」鴻曰：「諾。」乃共入霸陵山中，以耕織爲業，詠詩書，彈琴以自娛。仰慕前世高士，而爲四皓以來二十四人作頌。

因東出關，過京師，作五噫之歌曰：「陟彼北芒兮，噫！顧覽帝京兮，噫！宮室崔嵬兮，噫！人之劬勞兮，噫！遼遼未央兮，噫！」肅宗聞而非之，求鴻不得。乃易姓運期，名燿，字侯光，與妻子居齊魯之閒。

有頃，又去適吳。將行，作詩曰：「逝舊邦兮遐征，將遙集兮東南。心惙怛兮傷悴，志菲菲兮升降。〔一〕欲乘策兮縱邁，疾吾俗兮作讒。競舉枉兮措直，咸先佞兮唌唌。〔二〕（聊）固靡慙兮獨建，冀異州兮尚賢。〔三〕聊逍搖兮遨嬉，纘仲尼兮周流。儻云覩兮我悅，遂舍車兮即浮。〔四〕過季札兮延陵，求魯連兮海隅。雖不察兮光貌，幸神靈兮與休。〔五〕惟季春兮華阜，麥含含兮方秀。哀茂時兮逾邁，愍芳香兮日臭。〔六〕悼吾心兮不獲，長委結兮焉究！〔七〕口囂囂兮余訕，嗟恇恇兮誰留？」〔八〕

〔一〕爾雅注：「惙怛，憂也。菲菲，高下不定也。」惙音丁劣反。降音下江反。詩曰：「我心則降。」

〔二〕論語曰：「舉直措諸枉則人服，舉枉措諸直則人不服。」唌音延，讒言捷急之皃。

〔三〕建，立也。言己無慙於獨立，所以適吳者，冀異州之人貴尚賢德。

〔四〕舍其車而就舟船。

〔五〕光貌，光儀也。言雖不察見季札及魯連，然冀幸其神靈與之同美也。

〔六〕茂，盛也。臭，敗也。

〔七〕委結，懷恨也。究，窮也。

〔八〕訕，謗也。鄭玄注禮記曰：「恇恇，恐也。」

遂至吳，依大家皐伯通，居廡下，〔一〕爲人賃舂。每歸，妻爲具食，不敢於鴻前仰視，舉案齊眉。伯通察而異之，曰：「彼傭能使其妻敬之如此，非凡人也。」乃方舍之於家。鴻潛閉著書十餘篇。疾且困，告主人曰：「昔延陵季子葬子於嬴博之閒，不歸鄉里，愼勿令我子持喪歸去。」及卒，伯通等爲求葬地於吳要離冢傍。咸曰：「要離烈士，而伯鸞清高，可令相近。」〔二〕葬畢，妻子歸扶風。

〔一〕說文曰：「廡，堂下周屋也。」釋名：「大屋曰廡。」

〔二〕要離，刺吳王僚子慶忌者，冢在今蘇州吳縣西。伯鸞墓在其北。

初，鴻友人京兆高恢，少好老子，隱於華陰山中。及鴻東遊思恢，作詩曰：「鳥嚶嚶兮友之期，〔一〕念高子兮僕懷思，想念恢兮爰集茲。」二人遂不復相見。恢亦高抗，終身不仕。〔二〕

〔一〕毛詩曰：「伐木丁丁，鳥鳴嚶嚶。出自幽谷，遷于喬木。嚶其鳴矣，求其友聲。」

〔二〕高士傳曰：「恢字伯通。」

高鳳字文通，南陽葉人也。少爲書生，家以農畝爲業，而專精誦讀，晝夜不息。妻嘗之田，曝麥於庭，令鳳護鷄。時天暴雨，而鳳持竿誦經，不覺潦水流麥。妻還怪問，鳳方悟之。其後遂爲名儒，乃教授業於西唐山中。〔一〕

〔一〕山在今唐州湖陽縣西北。酈元注水經云，即高鳳所隱之西唐山也。

鄰里有爭財者，持兵而鬬，鳳往解之，不已，乃脫巾叩頭，固請曰：「仁義遜讓，柰何弃之！」於是爭者懷感，投兵謝罪。

鳳年老，執志不倦，名聲著聞。太守連召請，恐不得免，自言本巫家，不應爲吏，又詐與寡嫂訟田，遂不仕。建初中，將作大匠任隗舉鳳直言，到公車，託病逃歸。推其財產，悉與孤兄子。隱身漁釣，終於家。

論曰：先大夫宣侯〔一〕嘗以講道餘隙，寓乎逸士之篇。至高文通傳，輟而有感，以爲隱者也，因著其行事而論之曰：「古者隱逸，其風尚矣。潁陽洗耳，耻聞禪讓；〔二〕孤竹長飢，羞食周粟。〔三〕或高棲以違行，或疾物以矯情，雖軌迹異區，其去就一也。若伊人者，志陵青雲之上，身晦泥汙之下，心名且猶不顯，況怨累之爲哉！與夫委體淵沙，鳴弦揆日者，不其遠乎！」〔四〕

〔一〕沈約宋書曰：「范泰字伯倫。祖汪。父甯，宋高祖受命，拜金紫光祿大夫，加散騎常侍，領國子祭酒，多所陳諫。

泰博覽篇籍，好爲文章，愛獎後生，孜孜無倦。薨謚宣侯。」即曅之父也。

〔二〕許由隱於潁陽，聞堯欲禪，乃臨潁而洗耳。

〔三〕伯夷、叔齊，孤竹君之子，不食周粟。

〔四〕委體泉沙謂屈原懷沙礫而自沈也。鳴弦揆日謂嵇康臨刑顧日景而彈琴也。論者以事迹相明，故引康爲喻。

臺佟字孝威，〔一〕魏郡鄴人也。隱於武安山，〔二〕鑿穴爲居，采藥自業。建初中，州辟不就。刺史行部，乃使從事致謁。佟載病往謝。刺史乃執贄見佟曰：〔三〕「孝威居身如是，甚苦，如何？」佟曰：「佟幸得保終性命，存神養和。如明使君奉宣詔書，夕惕庶事，反不苦邪？」遂去，隱逸，終不見。

〔一〕佟音大冬反。

〔二〕武安縣之山也。

〔三〕嵇康高士傳曰：「刺史執棗栗之贄往。」

韓康字伯休，一名恬休，京兆霸陵人。家世著姓。常采藥名山，賣於長安市，口不二價，三十餘年。時有女子從康買藥，康守價不移。女子怒曰：「公是韓伯休那？〔一〕乃不二價乎？」康歎曰：「我本欲避名，今小女子皆知有我，何用藥爲？」乃遯入霸陵山中。博士公車連徵不至。桓帝乃備玄纁之禮，以安車聘之。使者奉詔造康，康不得已，乃許諾。辭安車，自乘柴車，冒晨先使者發。至亭，亭長以韓徵君當過，方發人牛脩道橋。及見康柴車幅巾，以爲田叟也，使奪其牛。康卽釋駕與之。有頃，使者至，奪牛翁乃徵君也。使者欲奏殺亭長。康曰：「此自老子與之，亭長何罪！」乃止。康因〔中〕道逃遯，以壽終。

〔一〕那，語餘聲也，音乃賀反。

矯愼字仲彥，〔一〕扶風茂陵人也。少好黃老，隱遯山谷，因穴爲室，仰慕松、喬導引之術。與馬融、蘇章鄉里並時，融以才博顯名，章以廉直稱，然皆推先於愼。

〔一〕風俗通曰：「晉大夫矯父之後也。」

汝南吳蒼甚重之，因遺書以觀其志曰：「仲彥足下：勤處隱約，雖乘雲行泥，棲宿不同，每有西風，何嘗不歎！〔二〕蓋聞黃老之言，乘虛入冥，藏身遠遯，亦有理國養人，施於爲政。〔三〕至如登山絕迹，神不著其證，人不覩其驗。吾欲先生從其可者，於意何如？昔伊尹不懷道以待堯舜之君。〔三〕方今明明，四海開闢，巢許無爲箕山，夷齊悔入首陽。足下審能騎龍弄鳳，翔嬉雲閒者，〔四〕亦非狐兔燕雀所敢謀也。」慎不荅。年七十餘，竟不肯娶。後忽歸家，自言死日，及期果卒。後人有見慎於敦煌者，故前世異之，或云神僊焉。

〔一〕汝南在扶風之東。

〔二〕老子曰：「致虛極，守靜篤。」又曰：「窈兮冥兮，其中有精。」又曰：「理大國若亨小鮮。」又曰「非所以愛人治國」也。

〔三〕孟子曰，湯使人以幣聘伊尹。伊尹曰：「我何以湯之幣〔聘〕爲哉？」既而幡然改曰：「與我（豈若）處畎畝之中，由是以樂堯舜之道，吾豈若使是君爲堯舜之君〔哉〕？豈若使是人爲堯舜之人哉？」

〔四〕列僊傳曰：「簫史，秦繆公時。善吹簫，公女弄玉好之，以妻之，遂教弄玉作鳳鳴。居數十年，吹鳳皇聲，鳳來止其屋。爲作鳳臺，夫婦止（在）〔其〕上。一旦皆隨鳳皇飛去。」又曰「陶安公，六安冶師。數行火，火一旦散上，紫色衝天。須臾赤雀止冶上，曰：『安公，安公，冶與天通。七月七日，迎汝以赤龍。』至時，安公騎之而去」也。

慎同郡馬瑤，隱於汧山，以兔罝爲事。〔一〕所居俗化，百姓美之，號馬牧先生焉。

〔一〕罝，兔網也。毛詩序曰：「兔罝，后妃之化也。關雎之化行，則莫不好德，賢人衆多。」故（慎）〔瑤〕以爲事焉。

戴良字叔鸞，汝南慎陽人也。曾祖父遵，字子高，平帝時，爲侍御史。王莽篡位，稱病歸鄉里。家富，好給施，尚俠氣，食客常三四百人。時人爲之語曰：「關東大豪戴子高。」

良少誕節，母憙驢鳴，〔一〕良常學之以娛樂焉。及母卒，兄伯鸞居廬啜粥，非禮不行，良獨食肉飲酒，哀至乃哭，而二人俱有毀容。或問良曰：「子之居喪，禮乎？」良曰：「然。禮所以制情佚也，情苟不佚，何禮之論！夫食旨不甘，故致毀容之實。若味不存口，食之可也。」論者不能奪之。

〔一〕憙音虛記反。

良才既高達，而論議尚奇，多駭流俗。同郡謝季孝問曰：「子自視天下孰可爲比？」良曰：「我若仲尼長東魯，大禹出西羌，〔一〕獨步天下，誰與爲偶！」

〔一〕帝王紀曰：「夏禹生於石紐，長於西羌，西夷之人也。」

舉孝廉，不就。再辟司空府，彌年不到，州郡迫之，乃遯辭詣府，〔一〕悉將妻子，既行在道，因逃入江夏山中。優遊不仕，以壽終。

〔一〕遯，遜也。

初，良五女並賢，每有求姻，輒便許嫁，疎裳布被，竹笥木屐以遣之。五女能遵其訓，皆有隱者之風焉。

法眞字高卿，〔一〕扶風郿人，南郡太守雄之子也。好學而無常家，博通內外圖典，爲關西大儒。弟子自遠方至者，陳留范冉等數百人。

〔一〕高一作喬。

性恬靜寡欲，不交人閒事。太守請見之，眞乃幅巾詣謁。太守曰：「昔魯哀公雖爲不肖，而仲尼稱臣。太守虛薄，欲以功曹相屈，光贊本朝，何如？」眞曰：「以明府見待有禮，故敢自同賓末。若欲吏之，眞將在北山之北，南山之南矣。」太守戄然，不敢復言。〔一〕

〔一〕戄音紀具反。

辟公府，舉賢良，皆不就。同郡田弱薦眞曰：「處士法眞，體兼四業，〔一〕學窮典奧，幽居恬泊，樂以忘憂，將蹈老氏之高蹤，不爲玄纁屈也。臣願聖朝就加袞職，〔二〕必能唱清廟之歌，致來儀之鳳矣。」〔三〕會順帝西巡，弱又薦之。帝虛心欲致，前後四徵。眞曰：「吾既不能遯形遠世，豈飲洗耳之水哉？」遂深自隱絕，終不降屈。友人郭正稱之曰：「法眞名可得聞，身難得而見，逃名而名我隨，避名而名我追，可謂百世之師者矣！」乃共刊石頌之，號曰玄德先生。年八十九，中平五年，以壽終。

〔一〕謂詩、書、禮、樂也。

〔二〕毛詩曰：「袞職有闕。」謂三公也。

〔三〕詩淸廟曰：「於穆淸廟，肅雍顯相，濟濟多士，秉文之德。」尙書曰：「簫韶九成，鳳皇來儀。」

漢陰老父者，不知何許人也。桓帝延熹中，幸竟陵，過雲夢，臨沔水，百姓莫不觀者，有老父獨耕不輟。尙書郎南陽張溫異之，使問曰：「人皆來觀，老父獨不輟，何也？」老父笑而不對。溫下道百步，自與言。老父曰：「我野人耳，不達斯語。請問天下亂而立天子邪？理而立天子邪？立天子以父天下邪？役天下以奉天子邪？昔聖王宰世，茅茨采椽，而萬人以寧。〔一〕今子之君，勞人自縱，逸遊無忌。吾爲子羞之，子何忍欲人觀之乎！」溫大慙。問其姓名，不告而去。

〔一〕韓子曰：「堯舜采椽不刮，茅茨不剪。」

陳留老父者，不知何許人也。桓帝世，黨錮事起，守外黃令陳留張升去官歸鄉里，道逢友人，共班草而言。〔一〕升曰：「吾聞趙殺鳴犢，仲尼臨河而反；覆巢竭淵，龍鳳逝而不至。〔二〕今宦豎日亂，陷害忠良，賢人君子其去朝乎？夫德之不建，人之無援，〔三〕將性命之不免，柰何？」因相抱而泣。老父趨而過之，植其杖，太息言曰：「吁！二大夫何泣之悲也？夫龍不隱鱗，鳳不藏羽，網羅高縣，去將安所？雖泣何及乎！」〔四〕二人欲與之語，不顧而去，莫知所終。

〔一〕班，布也。

〔二〕解在獨行傳。

〔三〕左傳曰，臧文仲聞六與蓼滅，曰：「皐陶廷堅不祀忽諸。德之不建，人之無援，哀哉！」

〔四〕毛詩曰：「啜其泣矣，何嗟及矣。」言雖泣而無所及也。

龐公者，南郡襄陽人也。居峴山之南，〔一〕未嘗入城府。夫妻相敬如賓。荆州刺史劉表數延請，不能屈，乃就候之。謂曰：「夫保全一身，孰若保全天下乎？」龐公笑曰：「鴻鵠巢於高林之上，暮而得所栖；黿鼉穴於深淵之下，夕而得所宿。夫趣舍行止，亦人之巢穴也。且各得其栖宿而已，天下非所保也。」因釋耕於壟上，而妻子耘於前。表指而問曰：「先生苦居畎畝而不肯官祿，後世何以遺子孫乎？」〔二〕龐公曰：「世人皆遺之以危，今獨遺之以安，雖

所遺不同，未爲無所遺也。」表歎息而去。後遂攜其妻子登鹿門山，因采藥不反。〔三〕

〔一〕峴山在今襄陽縣東。襄陽記曰：「諸葛孔明每至德公家，獨拜牀下，德公初不令止。司馬德操嘗詣德公，值其渡沔上先人墓，德操徑入其堂，呼德公妻子，使速作黍，徐元直向云當來就我與德公談。其妻子皆羅拜於堂下，奔走共設。須臾德公還，直入相就，不知何者是客也。德操年小德公十歲，兄事之，呼作龐公，故俗人遂謂龐公是德公名，非也。」

〔二〕襄陽記曰：「德公子字山人，亦有令名，娶諸葛孔明姊，爲魏黃門吏部郎。子渙，晉太康中爲牂柯太守。」

〔三〕襄陽記曰：「鹿門山舊名蘇嶺山，建武中，襄陽侯習郁立神祠於山，刻二石鹿，夾神道口，俗因謂之鹿門廟，遂以廟名山也。」

贊曰：江海冥滅，山林長往。遠性風疎，逸情雲上。道就虛全，事違塵枉。〔一〕

〔一〕遠，遠也。

校勘記

二七五五頁七行 亦云性分所至而已 按：文選「性分」作「介性」。

二七五六頁一七行 弋者何篡焉 按：校補謂文選「者」作「人」。案袁本、茶陵本仍作「者」，見文選考異。

二七五七頁四行 蓋錄其絕塵不反 按：文選「反」作「及」。

二七五七頁一四行　夫子奔(轍)〔軼〕絕塵　據汲本改。

二七五八頁八行　桀卒於鳴條　按：校補謂「桀」當作「舜」。注引書事辯鳴條地所在，不妨及舜事，此淺人妄改耳。

二七五八頁八行　唯(是)〔孔〕安國注尙書云　據汲本、殿本改。

二七五九頁八行　逢萌字子康　舊目「逢」作「逄」，汲本同。刊誤謂案萌北海人，則當是「逄」，非「逢」也。今按：逄，薄江切，姓，出北海，見廣韻。又按：萌字汲本、殿本皆作「子慶」，此作「子康」，乃避淸河孝王諱改。東觀記同。

二七五九頁一〇行　不去禍將及人　按：校補謂上言「不去」，則下不合言「及人」，「人」當作「我」，否則衍字。

二七五九頁一〇行　卽解冠挂東都城門　按：校補謂言掛冠，則是萌時已拜官矣，傳疑有脫誤。

二七六〇頁一五行　時人謂之論曰　刊誤謂「謂」當作「爲」，「論」當作「語」。王先謙謂爲謂古通，不須改，「論」亦不勞改作「語」。今按：御覽一八七引作「時人語曰」。

二七六一頁一三行　乃著短布單衣穀皮綃頭待見尙書　按：集解引惠棟說，謂「尙書」二字衍文，范因舊史失删耳。東觀記云「建武中徵，黨著短布單衣穀皮幓頭待見。尙書欲令更服，黨曰：『本以是徵之，安可復更。』遂以見」也。

二七六二頁一行　黨服此〔詣〕尙書以待見也　據刊誤補。

二七六二頁一〇行　王霸字儒仲　按：校補引柳從辰說，謂今聚珍本東觀記及御覽五百一引本書「儒」作「孺」。惟唐書宰相世系表仍作「儒」。

二七六三頁一一行　不可相助爲理邪　按：集解引惠棟說，謂御覽引作「何不出相助爲治邪」。

二七六五頁四行　麥飯葱葉之食　按：「飯」原譌「飲」，逕據汲本、殿本改正。又按：集解引惠棟說，謂御覽引「葉」作「菜」。

二七六五頁八行　梁鴻字伯鸞　按：集解引沈欽韓說，謂列女傳「伯鸞」作「伯淳」。

二七六五頁八行　父讓　按：集解引惠棟說，謂王莽傳「讓」作「護」，趙咨傳注亦作「護」，護讓字相似，疑傳寫譌也。

二七六六頁三行　同縣孟氏有女　按：校補引柳從辰說，謂東觀記亦作孟氏女，獨袁紀作「趙氏有女」。

二七六六頁九行　字之曰德曜〔名〕孟光　惠棟補注引田藝衡說，謂多一「孟」字。張森楷校勘記謂本傳作孟氏女，復名「孟光」，則「孟孟光」矣，非詞也，據此可見孟光確姓趙氏。今按：御覽五百二及袁紀均無「名」字，不成文理，疑本作「字之曰德曜，名光」，後人習見「孟光」字，妄改「名」字爲「孟」字耳　今據汲本、殿本補一「名」字，而錄田、張兩家說備考。

二七六七頁七行　麥含含兮方秀　按：東觀記作「麥含金兮方秀」，類聚卷三引東觀記同。

二七六九頁二行　乃敎授業於西唐山中　按：刊誤謂「敎授業」不成文理，明衍一「業」字，若存「業」，則可去「敎」字。

二七七〇頁五行　采藥自業　汲本、殿本「業」作「給」。按：御覽五百一、元龜八百九並作「業」。

二七七二頁六行　康因〔中〕道逃遯　御覽五百一「因」下有「中」字，惠棟謂當從御覽增。今據補。

二七七二頁七行　我何以湯之幣〔聘〕爲哉　據汲本、殿本補。

二七七二頁七行　與我（豈若）處畎畝之中　據汲本、殿本删。

二七七二頁八行　吾豈若使是君爲堯舜之君〔哉〕　據汲本、殿本補。

二七七二頁一〇行　夫婦止（在）〔其〕上　據汲本、殿本改。

二七七二頁一三行　故（愼）〔瑤〕以爲事焉　據殿本、集解本改。

二七七三頁一三行　疎裳布被　按：何焯校本「疎」改「練」。

二七七四頁八行　同郡田弱　汲本、殿本「弱」作「羽」，下同。按：集解引惠棟說，謂通鑑作「田弱」。

二七七五頁三行　漢陰老父　集解引惠棟說，謂御覽作「漢濱」。按：本書舊目亦作「漢濱」。

二七七五頁七行　子何忍欲人觀之乎　按：御覽五百二引作「又何忍與人觀之乎」。

二七七六頁二行　二大夫何泣之悲也　汲本「大」作「丈」。按：御覽五百一引作「丈」，元龜八百九卷作「大」。

二七七六頁一二行　先生苦居畎畝而不肯官祿　按：刊誤謂「苦」上當補一「良」字。

後漢書卷八十四

列女傳第七十四

詩書之言女德尚矣。〔一〕若夫賢妃助國君之政，哲婦隆家人之道，高士弘清淳之風，貞女亮明白之節，則其徽美未殊也，而世典咸漏焉。故自中興以後，綜其成事，述爲列女篇。如馬、鄧、梁后別見前紀，梁嫕、李姬各附家傳，〔二〕若斯之類，並不兼書。餘但搜次才行尤高秀者，不必專在一操而已。

〔一〕詩謂「關雎，后妃之德也」。書稱「釐降二女于嬀汭，嬪于虞」。尚，遠也。

〔二〕嫕，梁竦女。李姬，李固女也。

勃海鮑宣妻者，桓氏之女也，字少君。宣嘗就少君父學，父奇其清苦，故以女妻之，裝送資賄甚盛。宣不悅，謂妻曰：「少君生富驕，習美飾，而吾實貧賤，不敢當禮。」妻曰：「大人以先生脩德守約，故使賤妾侍執巾櫛。既奉承君子，唯命是從。」宣笑曰：「能如是，是吾志也。」妻乃悉歸侍御服飾，更著短布裳，與宣共挽鹿車歸鄉里。拜姑禮畢，提甕出汲。脩行婦道，鄉邦稱之。

宣，哀帝時官至司隸校尉。子永，中興初爲魯郡太守。永子昱從容問少君曰：「太夫人寧復識挽鹿車時不？」對曰：「先姑有言：〔一〕『存不忘亡，安不忘危。』〔二〕吾焉敢忘乎！」永、昱已見前傳。

〔一〕爾雅曰：「舅姑在則曰君舅、君姑，沒則曰先舅、先姑。」

〔二〕易繫辭之言也。

太原王霸妻者，不知何氏之女也。霸少立高節，光武時，連徵不仕。霸已見逸人傳。妻亦美志行。初，霸與同郡令狐子伯爲友，後子伯爲楚相，而其子爲郡功曹。子伯乃令子奉書於霸，車馬服從，雍容如也。霸子時方耕於野，聞賓至，投耒而歸，〔一〕見令狐子，沮怍不能仰視。〔二〕霸目之，有愧容，客去而久臥不起。妻怪問其故，始不肯告，妻請罪，而後言曰：「吾與子伯素不相若，向見其子容服甚光，舉措有適，而我兒曹蓬髮歷齒，未知禮則，〔三〕

見客而有慙色。父子恩深，不覺自失耳。」妻曰：「君少修清節，不顧榮祿。今子伯之貴孰與君之高？柰何忘宿志而慚兒女子乎！」霸屈起而笑曰：〔四〕「有是哉！」遂共終身隱遯。

〔一〕鄭玄注禮記云：「耒，耜之上曲者也。說文曰：『耒，手耕曲木。』」

〔二〕沮，喪也。怍，慙也。

〔三〕曹，輩也。

〔四〕屈音渠勿反。

廣漢姜詩妻者，同郡龐盛之女也。詩事母至孝，妻奉順尤篤。母好飲江水，水去舍六七里，妻常泝流而汲。後值風，不時得還，母渴，詩責而遣之。妻乃寄止鄰舍，晝夜紡績，市珍羞，使鄰母以意自遺其姑。如是者久之，姑怪問鄰母，鄰母具對。姑感慙呼還，恩養愈謹。其子後因遠汲溺死，妻恐姑哀傷，不敢言，而託以行學不在。姑嗜魚鱠，又不能獨食，夫婦常力作供鱠，呼鄰母共之。舍側忽有涌泉，味如江水，每旦輒出雙鯉魚，常以供二母之膳。赤眉散賊經詩里，弛兵而過，曰：「驚大孝必觸鬼神。」時歲荒，賊乃遺詩米肉，受而埋之，比落蒙其安全。〔一〕

〔一〕比，近也。落，藩也。

永平三年，察孝廉，顯宗詔曰：「大孝入朝，凡諸舉者一聽平之。」由是皆拜郎中。詩尋除江陽令，卒于官。所居治，鄉人爲立祀。

沛郡周郁妻者，同郡趙孝之女也，字阿。少習儀訓，閑於婦道，而郁驕淫輕躁，多行無禮。郁父偉謂阿曰：「新婦賢者女，當以道匡夫。郁之不改，新婦過也。」阿拜而受命，退謂左右曰：「我無樊衞二姬之行，〔一〕故君以責我。我言而不用，君必謂我不奉教令，則罪在我矣。若言而見用，是爲子違父而從婦，則罪在彼矣。生如此，亦何聊哉！」乃自殺。莫不傷之。

〔一〕列女傳曰，楚莊王好田獵，樊姬故不食鮮禽以諫王。齊桓公好音樂，衞姬不聽五音以諫公。並解具文苑傳也。

扶風曹世叔妻者，同郡班彪之女也，名昭，字惠班，一名姬。博學高才。世叔早卒，有節行法度。兄固著漢書，其八表及天文志未及竟而卒，和帝詔昭就東觀臧書閣踵而成之。〔一〕帝數召入宮，令皇后諸貴人師事焉，號曰大家。每有貢獻異物，輒詔大家作賦頌。及鄧太后臨朝，與聞政事。以出入之勤，特封子成關內侯，官至齊相。時漢書始出，多未能通者，同郡馬融伏於閣下，從昭受讀，後又詔融兄續繼昭成之。〔二〕

〔一〕踵，繼也。

〔二〕融兄名續，見馬援傳。

永初中，太后兄大將軍鄧騭以母憂，上書乞身，太后不欲許，以問昭。昭因上疏曰：「伏惟皇太后陛下，躬盛德之美，隆唐虞之政，闢四門而開四聰，采狂夫之瞽言，納芻蕘之謀慮。〔一〕妾昭得以愚朽，身當盛明，敢不披露肝膽，以効萬一。妾聞謙讓之風，德莫大焉，故典墳述美，神祇降福。〔二〕昔夷齊去國，天下服其廉高；〔三〕太伯違邠，孔子稱爲三讓。〔四〕所以光昭令德，揚名于後者也。論語曰：『能以禮讓爲國，於從政乎何有。』〔五〕由是言之，推讓之誠，其致遠矣。今四舅深執忠孝，引身自退，〔六〕而以方垂未靜，拒而不許；如後有毫毛加於今日，〔七〕誠恐推讓之名不可再得。緣見逮及，故敢昧死竭其愚情。自知言不足采，以示蟲螘之赤心。」太后從而許之。於是騭等各還里第焉。

〔一〕前書曰：「狂夫之言，明主擇焉。」詩曰：「先人有言，詢于芻蕘。」

〔二〕易曰：「謙尊而光。」又曰：「鬼神害盈而福謙。」左傳曰：「謙讓者，德之基也。」

〔三〕孟子曰：「聞伯夷之風者，貪夫廉，懦夫有立志。」

〔四〕周太王有疾，太伯欲讓季歷，託採藥於吳。時已居周，此言邠者，蓋本其始而言之也。

〔五〕論語孔子之言也。何有言若無有。

〔六〕四舅謂騭、悝、弘、閶也。

〔七〕謂有纖微之過，則推讓之美失也。

作女誡七篇，有助內訓。其辭曰：

鄙人愚暗，受性不敏，蒙先君之餘寵，賴母師之典訓。〔一〕年十有四，執箕帚於曹氏，〔二〕于今四十餘載矣。戰戰兢兢，常懼黜辱，以增父母之羞，以益中外之累。〔三〕夙夜劬心，勤不告勞，而今而後，乃知免耳。吾性疏頑，教道無素，〔四〕恆恐子穀負辱清朝。〔五〕聖恩橫加，猥賜金紫，〔六〕實非鄙人庶幾所望也。男能自謀矣，吾不復以爲憂也。但傷諸女方當適人，而不漸訓誨，不聞婦禮，懼失容它門，取恥宗族。吾今疾在沈滯，性命無常，念汝曹如此，每用惆悵。閒作女誡七章，願諸女各寫一通，庶有補益，裨助汝身。去矣，其勗勉之！〔七〕

〔一〕母，傅母也。師，女師也。左傳曰：「宋伯姬卒，待姆也。」毛詩曰：「言告師氏，言告言歸。」

〔二〕前書呂公謂高祖曰：「臣有息女，願爲箕帚妾。」言執箕帚主賤役，以事舅姑。

〔三〕中，內也。

〔四〕素，先也。

〔五〕三輔決錄曰：「齊相子穀，頗隨時俗。」注云：「曹成，壽之子也。司徒掾察孝廉，爲長垣長。母爲太后師，徵拜中散大夫。」子穀卽成之字也。

〔六〕漢官儀曰「二千石金印紫綬」也。

〔七〕去矣猶言從今已往。

卑弱第一：古者生女三日，臥之牀下，弄之瓦塼，而齋告焉。〔一〕臥之牀下，明其卑弱，主下人也。弄之瓦塼，明其習勞，主執勤也。齋告先君，明當主繼祭祀也。〔二〕三者蓋女人之常道，禮法之典教矣。謙讓恭敬，先人後己，有善莫名，〔三〕有惡莫辭，忍辱含垢，常若畏懼，是謂卑弱下人也。晚寢早作，勿憚夙夜，〔四〕執務私事，不辭劇易，〔五〕所作必成，手迹整理，是謂執勤也。正色端操，以事夫主，清靜自守，無好戲笑，絜齊酒食，以供祖宗，〔六〕是謂繼祭祀也。三者苟備，而患名稱之不聞，黜辱之在身，未之見也。三者苟失之，何名稱之可聞，黜辱之可遠哉！

〔一〕詩小雅曰：「乃生女子，載寢之地，載弄之瓦。」毛萇注云：「瓦，紡塼也。」箋云：「臥之於地，卑之也。紡塼，習其所有事也。」

〔二〕毛詩傳曰：「采蘋，大夫妻能循法度也。能循法度，則可以承先祖供祭祀矣。」「于以采蘋，南澗之濱。于以采藻，于彼行潦。于以盛之，惟筐及筥。于以湘之，惟錡及釜。于以（大）〔奠〕之，宗室牖（戶）〔下〕。誰其尸之？有齊季女。」

〔三〕不自名己之善也。

〔四〕作，起也。

〔五〕劇猶難也。

〔六〕絜，清也，謂食也。左傳曰「絜粢豐盛」也。

夫婦第二：夫婦之道，參配陰陽，通達神明，信天地之弘義，人倫之大節也。是以禮貴男女之際，詩著關雎之義。〔一〕由斯言之，不可不重也。夫不賢，則無以御婦；婦不賢，則無以事夫。夫不御婦，則威儀廢缺；婦不事夫，則義理墮闕。〔二〕方斯二事，其用一也。察今之君子，徒知妻婦之不可不御，威儀之不可不整，故訓其男，檢以書傳，殊不知夫主之不可不事，禮義之不可不存也。但教男而不教女，不亦蔽於彼此之數乎！禮，八歲始教之書，十五而至於學矣。〔三〕獨不可依此以爲則哉！

〔一〕禮記曰：「昏禮者，將合二姓之好，上以事宗廟，而下以繼後世也，故君子重之。」詩關雎，樂得賢女，以配君子也。

〔二〕墮音許規反。墮，廢也。

〔三〕禮記曰：「八歲入小學。」

敬愼第三：陰陽殊性，男女異行。陽以剛爲德，陰以柔爲用，男以彊爲貴，女以弱爲美。故鄙諺有云：「生男如狼，猶恐其尫；生女如鼠，猶恐其虎。」然則修身莫若敬，避彊莫若順。故曰敬順之道，婦人之大禮也。夫敬非它，持久之謂也。夫順非它，寬裕之謂也。持久者，知止足也。寬裕者，尙恭下也。夫婦之好，終身不離。房室周旋，遂生媟黷。媟黷既生，語言過矣。語言既過，縱恣必作。縱恣既作，則侮夫之心生矣。此由於不知止足者也。夫事有曲直，言有是非。直者不能不爭，曲者不能不訟。訟爭既施，則有忿怒之事矣。此由於不尙恭下者也。侮夫不節，譴呵從之；忿怒不止，楚撻從之。夫爲夫婦者，義以和親，恩以好合，楚撻既行，何義之存？譴呵既宣，何恩之有？恩義俱廢，夫婦離矣。

婦行第四：女有四行，一曰婦德，二曰婦言，三曰婦容，四曰婦功。〔一〕夫云婦德，不必才明絕異也；婦言，不必辯口利辭也；婦容，不必顏色美麗也；婦功，不必工巧過人也。清閑貞靜，守節整齊，行己有恥，動靜有法，是謂婦德。擇辭而說，不道惡語，時然後言，不厭於人，是謂婦言。盥浣塵穢，服飾鮮絜，沐浴以時，身不垢辱，是謂婦容。專心紡績，不好戲笑，絜齊酒食，以奉賓客，是謂婦功。此四者，女人之大德，而不可乏之者也。然爲之甚易，唯在存心耳。古人有言：「仁遠乎哉？我欲仁，而仁斯至矣。」〔二〕此之謂也。

〔一〕禮記文也。

〔二〕論語孔子之言也。

專心第五：禮，夫有再娶之義，〔一〕婦無二適之文，故曰夫者天也。〔二〕天固不可逃，夫固不可離也。行違神祇，天則罰之；禮義有愆，夫則薄之。故女憲曰：「得意一人，是謂永畢；失意一人，是謂永訖。」由斯言之，夫不可不求其心。然所求者，亦非謂佞媚苟親也，固莫若專心正色。禮義居絜，耳無塗聽，目無邪視，出無冶容，入無廢飾，無聚會羣輩，無看視門戶，此則謂專心正色矣。若夫動靜輕脫，視聽陝輸，〔三〕入則亂髮壞形，出則窈窕作態，〔四〕說所不當道，觀所不當視，此謂不能專心正色矣。

〔一〕儀禮曰：「父在為母，何以朞？至尊在，不敢伸也。父必三年而後娶，達子志也。」

〔二〕儀禮曰：「夫者，妻之天也。婦人不二斬者，猶曰不二天也。」

〔三〕陝輸，不定貌也。

〔四〕窈窕，妖冶之貌也。

曲從第六：夫得意一人，是謂永畢；失意一人，是謂永訖。欲人定志專心之言也。舅姑之心，豈當可失哉？物有以恩自離者，亦有以義自破者也。夫雖云愛，舅姑云非，此所謂以義自破者也。然則舅姑之心柰何？固莫尚於曲從矣。姑云不爾而是，固宜從令；〔一〕姑云爾而非，猶宜順命。勿得違戾是非，爭分曲直。此則所謂曲從矣。故

女憲曰：「婦如影響，焉不可賞。」〔二〕

〔一〕不爾猶不然也。

〔二〕影響言順從也。

和叔妹第七：婦人之得意於夫主，由舅姑之愛己也；舅姑之愛己，由叔妹之譽己也。由此言之，我臧否譽毀，一由叔妹，叔妹之心，復不可失也。皆莫知叔妹之不可失，而不能和之以求親，其蔽也哉！自非聖人，鮮能無過。故顏子貴於能改，仲尼嘉其不貳，〔一〕而況婦人者也！雖以賢女之行，聰哲之性，其能備乎！是故室人和則謗掩，外內離則惡揚。此必然之埶也。易曰：「二人同心，其利斷金。同心之言，其臭如蘭。」此之謂也。〔二〕夫嫂妹者，體敵而尊，恩疏而義親。若淑媛謙順之人，〔三〕則能依義以篤好，崇恩以結援，使徽美顯章，而瑕過隱塞，舅姑矜善，而夫主嘉美，聲譽曜于邑鄰，休光延於父母。若夫惷愚之人，於嫂則託名以自高，於妹則因寵以驕盈。驕盈既施，何和之有！恩義既乖，何譽之臻！是以美隱而過宣，姑忿而夫慍，毀訾布於中外，恥辱集于厥身，進增父母之羞，退益君子之累。〔四〕斯乃榮辱之本，而顯否之基也。可不慎哉！然則求叔妹之心，固莫尚於謙順矣。謙則德之柄，〔五〕順則婦之行。凡斯二者，足以和矣。詩云：「在彼無惡，在此無射。」其斯之謂也。〔六〕

〔一〕論語孔子曰：「顏回不貳過。」易曰「顏氏之子，其殆庶幾乎！有不善未嘗不知，知之未嘗復行也。」
〔二〕金，物之堅者。若二人同心，則其利可以斷之。二人既同心，其芳馨如蘭也。古人通謂氣爲臭也。
〔三〕淑，善也。美女曰媛也。
〔四〕君子謂夫也。詩曰：「未見君子，憂心忡忡。」
〔五〕易繫辭之文也。
〔六〕韓詩周頌之言也。射，厭也。射音亦。毛詩「射」作「斁」也。

馬融善之，令妻女習焉。

昭女妹曹豐生，〔一〕亦有才惠，爲書以難之，辭有可觀。

〔一〕昭壻之妹也。

昭年七十餘卒，皇太后素服舉哀，使者監護喪事。所著賦、頌、銘、誄、問、注、哀辭、書、論、上疏、遺令，凡十六篇。子婦丁氏爲撰集之，又作大家讚焉。

河南樂羊子之妻者，不知何氏之女也。羊子嘗行路，得遺金一餅，還以與妻。妻曰：「妾聞志士不飲盜泉之水，〔一〕廉者不受嗟來之食，〔二〕況拾遺求利，以汚其行乎！」羊子大慙，乃捐金於野，而遠尋師學。一年來歸，妻跪問其故。羊子曰：「久行懷思，無它異也。」妻乃引刀趣機而言曰：「此織生自蠶繭，成於機杼，一（絲）〔⿱絲廾〕而累，以至於寸，累寸不已，遂成丈匹。今若斷斯織也，則捐失成功，稽廢時月。夫子積學，當日知其所亡，〔三〕以就懿德。若中道而歸，何異斷斯織乎？」羊子感其言，復還終業，遂七年不反。妻常躬勤養姑，又遠饋羊子。

〔一〕論語撰考讖曰：「水名盜泉，仲尼不漱。」

〔二〕解見文苑傳也。

〔三〕論語孔子曰：「君子日知其所亡，月無忘其所能。」亡，無也。

嘗有它舍雞謬入園中，姑盜殺而食之，妻對雞不餐而泣。姑怪問其故。妻曰：「自傷居貧，使食有它肉。」姑竟棄之。

後盜欲有犯妻者，乃先劫其姑。妻聞，操刀而出。盜人曰：「釋汝刀從我者可全，不從我者，則殺汝姑。」妻仰天而歎，舉刀刎頸而死。盜亦不殺其姑。太守聞之，卽捕殺賊盜，而賜妻縑帛，以禮葬之，號曰「貞義」。

漢中程文矩妻者，同郡李法之姊也，字穆姜。有二男，而前妻四子。文矩爲安衆令，喪於官。〔一〕四子以母非所生，憎毁日積，而穆姜慈愛溫仁，撫字益隆，衣食資供皆兼倍所生。或謂母曰：「四子不孝甚矣，何不別居以遠之？」對曰：「吾方以義相導，使其自遷善也。」及前妻長子興遇疾困篤，母惻隱自然，親調藥膳，恩情篤密。興疾久乃瘳，於是呼三弟謂曰：「繼母慈仁，出自天受。吾兄弟不識恩養，禽獸其心。雖母道益隆，我曹過惡亦已深矣！」遂將三弟詣南鄭獄，陳母之德，狀己之過，乞就刑辟。縣言之於郡，郡守表異其母，蠲除家徭，遣散四子，許以脩革，自後訓導愈明，並爲良士。

〔一〕安衆，縣，屬南陽郡。

穆姜年八十餘卒。臨終勑諸子曰：「吾弟伯度，智達士也。所論薄葬，其義至矣。又臨亡遺令，賢聖法也。〔一〕令汝曹遵承，勿與俗同，增吾之累。」諸子奉行焉。

〔一〕前書孝文帝、楊王孫、龔勝臨亡，並有遺令。

孝女曹娥者，會稽上虞人也。父盱，能絃歌，爲巫祝。漢安二年五月五日，於縣江泝濤（迎）婆娑〔迎〕神，溺死，不得屍骸。娥年十四，乃沿江號哭，晝夜不絕聲，旬有七日，遂投江而死。〔一〕至元嘉元年，縣長度尚改葬娥於江南道傍，爲立碑焉。〔二〕

〔一〕娥投衣於水，祝曰：「父屍所在衣當沈。」衣隨流至一處而沈，娥遂隨衣而沒。「衣」字或作「瓜」。見項原列女傳也。

〔二〕會稽典錄曰：「上虞長度尙弟子邯鄲淳，字子禮。時甫弱冠，而有異才。尙先使魏朗作曹娥碑，文成未出，會朗見尙，尙與之飲宴，而子禮方至督酒。尙問朗碑文成未？朗辭不才，因試使子禮爲之，操筆而成，無所點定。朗嗟歎不暇，遂毁其草。其後蔡邕又題八字曰：『黃絹幼婦，外孫齏臼。』」

吳許升妻者，呂氏之女也，字榮。升少爲博徒，不理操行，榮嘗躬勤家業，以奉養其姑。數勸升修學，每有不善，輒流涕進規。榮父積忿疾升，乃呼榮欲改嫁之。榮歎曰：「命之所遭，義無離貳！」終不肯歸。升感激自厲，乃尋師遠學，遂以成名。尋被本州辟命，行至壽春，道爲盜所害。刺史尹耀捕盜得之。榮迎喪於路，聞而詣州，請甘心讎人。耀聽之。榮乃手斷其頭，以祭升靈。後郡遭寇賊，賊欲犯之，榮踰垣走，賊拔刀追之。賊曰：「從我則生，不從我則死。」榮曰：「義不以身受辱寇虜也！」遂殺之。是日疾風暴雨，靁電晦冥，賊惶懼叩頭謝罪，乃殯葬之。

汝南袁隗妻者，扶風馬融之女也，字倫。隗已見前傳。倫少有才辯。融家世豐豪，裝遣甚盛。及初成禮，隗問之曰：「婦奉箕箒而已，何乃過珍麗乎？」對曰：「慈親垂愛，不敢逆命。君若欲慕鮑宣、梁鴻之高者，妾亦請從少君、孟光之事矣。」隗又曰：「弟先兄舉，世以爲笑。今處姊未適，先行可乎？」對曰：「妾姊高行殊邈，未遭良匹，不似鄙薄，苟然而已。」又問曰：「南郡君學窮道奧，文爲辭宗，〔一〕而所在之職，輒以貨財爲損，何邪？」對曰：「孔子大聖，不免武叔之毀；子路至賢，猶有伯寮之愬。〔二〕家君獲此，固其宜耳。」隗默然不能屈，帳外聽者爲慙。隗既寵貴當時，倫亦有名於世。年六十餘卒。

〔一〕融爲南郡太守。

〔二〕論語曰，叔孫武叔毀仲尼，子貢曰：「無以爲也。它人之賢者猶丘陵焉，猶可踰也。仲尼如日月也，無得而踰焉。」公伯寮愬子路於季孫。孔子曰：「道之將行也與？命也。道之將廢也與？命也。公伯寮其如命何！」

倫妹芝，亦有才義。少喪親長而追感，乃作申情賦云。

酒泉龐淯母者，趙氏之女也，字娥。父爲同縣人所殺，而娥兄弟三人，時俱病物故，讎乃喜而自賀，以爲莫己報也。娥陰懷感憤，乃潛備刀兵，常帷車以候讎家。十餘年不能得。

後遇於都亭，刺殺之。因詣縣自首。曰：「父仇已報，請就刑戮。」（福）祿〔福〕長尹嘉義之，解印綬欲與俱亡。娥不肯去。曰：「怨塞身死，妾之明分；結罪理獄，君之常理。何敢苟生，以枉公法！」後遇赦得免。州郡表其閭。太常張奐嘉歎，以束帛禮之。

沛劉長卿妻者，同郡桓鸞之女也。鸞已見前傳。生一男五歲而長卿卒，妻防遠嫌疑，不肯歸寧。兒年十五，晚又夭歿。妻慮不免，乃豫刑其耳以自誓。宗婦相與愍之，共謂曰：「若家殊無它意；假令有之，猶可因姑姊妹以表其誠，何貴義輕身之甚哉！」對曰：「昔我先君五更，學爲儒宗，尊爲帝師。五更已來，歷代不替，男以忠孝顯，女以貞順稱。詩云：『無忝爾祖，聿脩厥德。』是以豫自刑翦，以明我情。」沛相王吉上奏高行，顯其門閭，號曰「行義桓釐」，〔一〕縣邑有祀必膰焉。〔二〕

〔一〕寡婦曰釐。

〔二〕膰，祭餘肉也。尊敬之，故有祭祀必致其餘也。左傳曰：「天子有事膰焉。」

安定皇甫規妻者，不知何氏女也。規初喪室家，後更娶之。妻善屬文，能草書，時爲規荅書記，衆人怪其工。及規卒時，妻年猶盛，而容色美。後董卓爲相國，承其名，娉以軿輜百乘，馬二十匹，奴婢錢帛充路。妻乃輕服詣卓門，跪自陳請，辭甚酸愴。卓使傅奴侍者悉拔刀圍之，而謂曰：「孤之威教，欲令四海風靡，何有不行於一婦人乎！」妻知不免，乃立罵卓曰：「君羌胡之種，毒害天下猶未足邪！妾之先人，清德奕世。皇甫氏文武上才，爲漢忠臣。君親非其趣使走吏乎？敢欲行非禮於爾君夫人邪！」卓乃引車庭中，以其頭縣軛，鞭撲交下。〔一〕妻謂持杖者曰：「何不重乎？速盡爲惠。」遂死車下。後人圖畫，號曰「禮宗」云。

〔一〕周禮考工記曰：「軛長六尺。」鄭衆曰：「謂轅端壓牛領者。」

南陽陰瑜妻者，潁川荀爽之女也，名采，字女荀。聰敏有才藝。年十七，適陰氏。十九產一女，而瑜卒。采時尚豐少，常慮爲家所逼，自防禦甚固。後同郡郭奕喪妻，爽以采許之，〔二〕因詐稱病篤，召采。既不得已而歸，懷刃自誓。爽令傅婢執奪其刃，扶抱載之，猶憂致憤激，敕衞甚嚴。女既到郭氏，乃僞爲歡悅之色，謂左右曰：「我本立志與陰氏同穴，而不免逼迫，遂至於此，素情不遂，柰何？」乃命使建四燈，盛裝飾，請奕入相見，共談，言辭不輟。(亦)〔奕〕敬憚之，遂不敢逼，至曙而出。采因敕令左右辨浴。既入室而掩戶，權令侍人避之，以粉書屏上曰：「尸還陰。」「陰」字未及成，懼有來者，遂以衣帶自縊。左右翫之不爲意，比視，已絕，時人傷焉。

〔一〕魏書奕字伯益，(壽)〔嘉〕之子也，爲太子文學，早卒。

犍爲盛道妻者，同郡趙氏之女也，字媛姜。建安五年，益部亂，道聚衆起兵，事敗，夫妻執繫，當死。媛姜夜中告道曰：「法有常刑，必無生望，君可速潛逃，建立門戶，妾自留獄，代君塞咎。」道依違未從。媛姜使解道桎梏，爲齎粮貨。子翔時年五歲，使道攜持而走。媛姜代道持夜，應對不失。度道已遠，乃以實告吏，應時見殺。道父子會赦得歸。道感其義，終身不娶焉。

孝女叔先雄者，犍爲人也。父泥和，永建初爲縣功曹。縣長遣泥和拜檄謁巴郡太守，乘船墮湍水物故，尸喪不歸。雄感念怨痛，號泣晝夜，心不圖存，常有自沈之計。所生男女二人，並數歲，雄乃各作囊，盛珠環以繫兒，數爲訣別之辭。家人每防閑之，經百許日後稍懈，雄因乘小船，於父墮處慟哭，遂自投水死。弟賢，其夕夢雄告之：「郤後六日，當共父同出。」至期伺之，果與父相持，浮於江上。郡縣表言，爲雄立碑，圖象其形焉。

陳留董祀妻者，同郡蔡邕之女也，名琰，字文姬。〔一〕博學有才辯，又妙於音律。〔二〕適河東衞仲道。夫亡無子，歸寧于家。興平中，天下喪亂，文姬爲胡騎所獲，沒於南匈奴左賢王，在胡中十二年，生二子。曹操素與邕善，痛其無嗣，乃遣使者以金璧贖之，而重嫁於祀。

〔一〕列女後傳，琰字昭姬也。

〔二〕劉昭幼童傳曰：「邕夜鼓琴，絃絕。琰曰：『第二絃。』邕曰：『偶得之耳。』故斷一絃問之，琰曰：『第四絃。』並不差謬。」

祀爲屯田都尉，犯法當死，文姬詣曹操請之。時公卿名士及遠方使驛坐者滿堂，操謂賓客曰：「蔡伯喈女在外，今爲諸君見之。」及文姬進，蓬首徒行，叩頭請罪，音辭清辯，旨甚酸哀，衆皆爲改容。操曰：「誠實相矜，然文狀已去，柰何？」文姬曰：「明公廐馬萬匹，虎士成林，何惜疾足一騎，而不濟垂死之命乎！」操感其言，乃追原祀罪。時且寒，賜以頭巾履襪。操因問曰：「聞夫人家先多墳籍，猶能憶識之不？」文姬曰：「昔亡父賜書四千許卷，流離塗炭，罔有存者。今所誦憶，裁四百餘篇耳。」操曰：「今當使十吏就夫人寫之。」文姬曰：「妾聞男女之別，禮不親授。〔一〕乞給紙筆，眞草唯命。」於是繕書送之，文無遺誤。

〔一〕禮記曰：「男女不親授。」

後感傷亂離，追懷悲憤，作詩二章。其辭曰：

漢季失權柄，董卓亂天常。志欲圖篡弒，先害諸賢良。逼迫遷舊邦，擁主以自彊。
海內興義師，欲共討不祥。卓衆來東下，金甲耀日光。平土人脆弱，來兵皆胡羌。獵
野圍城邑，所向悉破亡。斬截無孑遺，尸骸相撐拒。〔一〕馬邊縣男頭，馬後載婦女。長
驅西入關，迥路險且阻。還顧邈冥冥，肝脾爲爛腐。所略有萬計，不得令屯聚。或有
骨肉俱，欲言不敢語。失意機微閒，輒言斃降虜。要當以亭刃，我曹不活汝。豈復惜
性命，不堪其詈罵。或便加棰杖，毒痛參并下。旦則號泣行，夜則悲吟坐。欲死不能
得，欲生無一可。彼蒼者何辜，乃遭此厄禍！邊荒與華異，人俗少義理。處所多霜雪，
胡風春夏起。翩翩吹我衣，肅肅入我耳。感時念父母，哀歎無窮已。有客從外來，聞
之常歡喜。迎問其消息，輒復非鄉里。邂逅徼時願，骨肉來迎己。己得自解免，當復

棄兒子。天屬綴人心，念別無會期。存亡永乖隔，不忍與之辭。兒前抱我頸，問母欲何之。「人言母當去，豈復有還時。阿母常仁惻，今何更不慈？我尚未成人，柰何不顧思！」見此崩五內，恍惚生狂癡。號泣手撫摩，當發復回疑。兼有同時輩，相送告離別。慕我獨得歸，哀叫聲摧裂。馬爲立踟蹰，車爲不轉轍。觀者皆歔欷，行路亦嗚咽。去去割情戀，遄征日遐邁。悠悠三千里，何時復交會？念我出腹子，匈臆爲摧敗。既至家人盡，又復無中外。城郭爲山林，庭宇生荆艾。白骨不知誰，從横莫覆蓋。出門無人聲，豺狼號且吠。煢煢對孤景，怛咤糜肝肺。登高遠眺望，魂神忽飛逝。奄若壽命盡，旁人相寬大。爲復彊視息，雖生何聊賴！託命於新人，竭心自勗厲。流離成鄙賤，常恐復捐廢。人生幾何時，懷憂終年歲！

〔一〕牚音直庚反。

其二章曰：

嗟薄(祐)〔祜〕兮遭世患，宗族殄兮門戶單。身執略兮入西關，歷險阻兮之羌蠻。山谷眇兮路曼曼，眷東顧兮但悲歎。冥當寢兮不能安，〔一〕飢當食兮不能餐，常流涕兮眥不乾，薄志節兮念死難，雖苟活兮無形顔。惟彼方兮遠陽精，〔二〕陰氣凝兮雪夏零。沙漠壅兮塵冥冥，有草木兮春不榮。人似禽兮食臭腥，言兜離兮狀窈停。〔三〕歲聿暮兮時邁征，夜悠長兮禁門扃。不能寐兮起屏營，登胡殿兮臨廣庭。玄雲合兮翳月星，北風厲兮肅泠泠。胡笳動兮邊馬鳴，孤雁歸兮聲嚶嚶。樂人興兮彈琴箏，音相和兮悲且清。心吐思兮匈憤盈，欲舒氣兮恐彼驚，含哀咽兮涕沾頸。家既迎兮當歸寧，臨長路兮捐所生。兒呼母兮號失聲，我掩耳兮不忍聽。追持我兮走煢煢，頓復起兮毀顏形。還顧之兮破人情，心怛絕兮死復生。

〔一〕冥音暝。

〔二〕北方近陰遠陽。

〔三〕兜離，匈奴言語之貌。

贊曰：端操有蹤，幽閑有容。區明風烈，昭我管彤。〔一〕

〔一〕婦人之正其節操有蹤迹可紀者，及幽都閑婉有禮容者，區別其遺風餘烈，以明女史之所記也。管彤，赤管筆，解見皇后紀。

校勘記

二七八一頁五行 梁嫕　按：「嫕」原作「㜲」，不成字，逕據殿本改，與梁竦傳合。注同。

二七八三頁一三行　赤眉散賊經詩里　集解引惠棟說，謂赤眉散賊不當至蜀，當依華陽國志作「東精」。按：華陽國志云公孫述平後，東精爲賊，掠害，不敢入詩里。東精，人姓名也。

二七八四頁一〇行　字惠班一名姬　集解引沈欽韓說，謂陸龜蒙小名錄班昭字惠姬，文選李善注引范書正作「惠姬」，此誤衍「班一名」三字。

二七八七頁一六行　于以(大)〔奠〕之宗室牖(戶)〔下〕　據汲本、殿本改。

二七八八頁八行　方斯二事　按：汲本、殿本「事」作「者」。

二七八八頁一三行　詩關雎樂得賢女　按：殿本「賢」作「淑」。

二七九〇頁五行　耳無塗聽　按：汲本、殿本「塗」作「淫」。

二七九〇頁六行　視聽陜輸　汲本、殿本「陜」作「陝」。集解引惠棟說，謂「陜」本作「婡」，从女陜聲。今按：馬敍倫讀兩漢書記謂「陜」字乃陝隘之「陝」，右方「夾」字从兩人，不从兩入。說文「陜，俜也」。俜者，三輔謂輕財者爲俜。然則陜有輕義也。輸借爲媮，陜輸亦輕脫也。

二七九三頁一行　一(絲)〔𢇁〕而累　據汲本改。集解引沈欽韓說，謂說文「𢇁，織絹以糸貫杼也」。類篇「𢇁，古還切」。

二七九三頁一三行　漢中程文矩妻者　按：汲本、殿本「程」作「陳」。原本正文作「程」，目則作「陳」。又按：集解引惠棟說，謂華陽國志云「穆姜，安衆令程祇妻」，祇似文矩名，以「程」爲「陳」，未詳孰是。

二七九四頁三行　出自天受　按：汲本「受」作「愛」，殿本作「授」。

二七九四頁一〇行　於縣江泝濤(迎)婆娑〔迎〕神　按：殿本考證引困學紀聞謂曹娥碑云「盱能撫節安歌，婆娑樂神，以五月五日迎伍君」，傳云「婆娑神」，誤也。王先謙謂案文義是「婆娑迎神」，寫本誤倒。今據改。

二七九四頁一三行　父屍所在衣當沈　按：「父」原譌「人」，逕據汲本、殿本改正。

二七九四頁一三行　衣字或作瓜　按：「瓜」原作「爪」，逕據汲本、殿本改正。

二七九七頁一行　(福)祿〔福〕長尹嘉義之　錢大昕謂「福祿」當作「祿福」，詳見郡國志。今據改。

二七九七頁八行　號曰行義桓釐　汲本、殿本「釐」作「嫠」，注同。按：釐嫠古通。

二七九八頁三行　跪自陳請　按：汲本、殿本「請」作「情」。

二七九九頁一行　(亦)〔奕〕敬憚之　據汲本改。按：殿本譌「弈」。

二七九九頁一行　采因勑令左右辨浴　汲本、殿本「辨」作「辦」。按：辨辦古通。

二七九九頁四行　(壽)〔嘉〕之子也　集解本「壽」作「嘉」，校補謂各本皆譌，依魏志改。今據改。

二七九九頁一〇行　孝女叔先雄者　按：集解引錢大昕說，謂華陽國志云「符有先絡，僰道有張帛」，絡與帛協韻，則其名當爲「絡」不爲「雄」矣。「雄」當是「雒」之譌，雒與絡同音。

二七九九頁一〇行　父泥和　按：集解引惠棟說，謂「泥」一作「沈」，一作「江」，見益部耆舊傳。又華陽國志云先尼和，以先爲姓。

二八〇〇頁八行　按：此注原錯在傳末，各本同，今依校補說移正。

二八〇一頁一一行　要當以亭刃　按：集解引沈欽韓說，謂「亭」蓋「事」之誤。前書蒯通傳「事刃於公之腹」。作亭止解，不可通。

二八〇二頁一三行　嗟薄(祜)〔祜〕兮遭世患　據王先謙說改。按：沈欽韓後漢書疏證謂「祜」當作「祜」，馮惟訥詩紀正作「祜」。

後漢書卷八十五

東夷列傳第七十五

王制云：「東方曰夷。」夷者，柢也，言仁而好生，萬物柢地而出。〔一〕故天性柔順，易以道御，至有君子、不死之國焉。〔二〕夷有九種，〔三〕曰畎夷，于夷，方夷，黃夷，白夷，赤夷，玄夷，風夷，陽夷。〔四〕故孔子欲居九夷也。

〔一〕事見風俗通。

〔二〕山海經曰：「君子國衣冠帶劍，食獸，使二文虎在旁。」外國圖曰：「去琅邪三萬里。」山海經又曰：「不死人在交脛東，其爲人黑色，壽不死。」並在東方也。

〔三〕竹書紀年曰「后芬發卽位三年，九夷來御」也。

〔四〕竹書紀年曰「后泄二十一年，命畎夷，白夷，赤夷，玄夷，風夷，陽夷。后相卽位二年，征黃夷。七年，于夷來賓，後少康卽位，方夷來賓」也。

昔堯命羲仲宅嵎夷，曰暘谷，蓋日之所出也。〔一〕夏后氏太康失德，夷人始畔。〔二〕自少康已後，世服王化，遂賓於王門，獻其樂舞。〔三〕桀爲暴虐，諸夷內侵，殷湯革命，伐而定之。至于仲丁，藍夷作寇。〔四〕自是或服或畔，三百餘年。武乙衰敝，東夷寖盛，遂分遷淮、岱，漸居中土。〔五〕

〔一〕孔安國尚書注曰「東方之地曰嵎夷。暘谷，日之所出也」。
〔二〕太康，啓之子也。槃于游田，十旬不反，不恤人事，爲羿所逐也。
〔三〕少康，帝仲康之孫，帝相子也。竹書紀年曰：「后發即位元年，諸夷賓于王門，諸夷入舞。」
〔四〕仲丁，殷大戊之子也。竹書紀年曰「仲丁即位，征于藍夷」也。
〔五〕武乙，帝庚丁之子，無道，爲革囊盛血，仰而射之，命曰「射天」也。

及武王滅紂，肅愼來獻石砮、楛矢。管、蔡畔周，乃招誘夷狄，周公征之，遂定東夷。〔一〕康王之時，肅愼復至。後徐夷僭號，乃率九夷以伐宗周，西至河上。穆王畏其方熾，乃分東方諸侯，命徐偃王主之。〔二〕偃王處潢池東，地方五百里，〔三〕行仁義，陸地而朝者三十有六國。穆王後得驥騄之乘，〔四〕乃使造父御以告楚，令伐徐，一日而至。〔五〕於是楚文王大舉兵而滅之。偃王仁而無權，不忍鬭其人，故致於敗。乃北走彭城武原縣東山下，百姓隨之者以萬數，因名其山爲徐山。〔六〕厲王無道，淮夷入寇，王命虢仲征之，不克，宣王復命召公伐而平之。〔七〕及幽王淫亂，四夷交侵，至齊桓修霸，攘而卻焉。及楚靈會申，亦來豫盟。〔八〕後越遷琅邪，與共征戰，遂陵暴諸夏，侵滅小邦。

〔一〕尚書武王崩，三監及淮夷畔，周公征之，作大誥。又曰，成王既伐管叔、蔡叔，滅淮夷。

〔二〕博物志曰：「徐君宮人娠而生卵，以為不祥，棄於水濱。孤獨母有犬名鵠倉，（持）〔得〕所棄卵，銜以歸母，母覆煖之，遂成小兒，生而偃，故以為名。宮人聞之，乃更錄取。長襲為徐君。」尸子曰「偃王有筋而無骨，故曰偃」也。

〔三〕水經注曰，黃水一名汪水，與泡水合，至沛入泗。自山陽以東，海陵以北，其地當之也。

〔四〕史記曰：「造父以善御幸於周繆王，得赤驥、盜驪、驊騮、騄耳之駟，西巡狩，樂而忘歸。」

〔五〕造父，解見蔡邕傳。

〔六〕武原，縣，故城在今泗州下邳縣北。徐山在其東。博物志曰「徐王妖異不常。武原縣東十里，見有徐山石室祠處。偃王溝通陳蔡之閒，得朱弓朱矢，以己得天瑞，自稱偃王。穆王聞之，遣使乘駟，一日至楚，伐之。偃王仁，不忍鬬，為楚所敗，北走此山」也。

〔七〕毛詩序曰：「江漢，尹吉甫美宣王也。能興衰撥亂，命召公平淮夷。」其詩曰：「江漢浮浮，武夫滔滔。匪安匪游，淮夷來求。王命召虎，式辟四方，徹我土疆。」

〔八〕左傳楚靈王、蔡侯、陳侯、鄭伯、許男、淮夷會于申。

秦幷六國，其淮、泗夷皆散為民戶。陳涉起兵，天下崩潰，燕人衞滿避地朝鮮，〔一〕因王其國。百有餘歲，武帝滅之，於是東夷始通上京。王莽篡位，貊人寇邊。〔二〕建武之初，復來朝貢。時遼東太守祭肜威讋北方，聲行海表，於是濊、貊、倭、韓萬里朝獻，故章、和已後，使聘流通。逮永初多難，始入寇鈔；桓、靈失政，漸滋曼焉。

〔一〕前書曰「朝鮮王滿，燕人。自始全燕時，嘗略屬眞番、朝鮮，爲置吏築障。漢興屬〔燕〕，燕王盧綰反入匈奴，滿亡命東走，渡浿水，居秦故空地，稍役屬朝鮮蠻夷及故燕、齊亡（任）〔在〕者，王之，都王險」也。

〔二〕前書莽發高句麗兵當伐胡，不欲行，郡縣彊迫之，皆亡出塞，因犯〔法〕爲寇。州郡歸咎於高句驪侯騶，嚴尤奏言貉人犯法，不從騶起，宜慰安之。

自中興之後，四夷來賓，雖時有乖畔，而使驛不絕，故國俗風土，可得略記。東夷率皆土著，憙飲酒歌舞，或冠弁衣錦，器用俎豆。所謂中國失禮，求之四夷者也。〔一〕凡蠻、夷、戎、狄總名四夷者，猶公、侯、伯、子、男皆號諸侯云。

〔一〕左傳曰「仲尼學鳥名〔官〕於郯子，既而告人曰：「吾聞之，天子失官，學在四夷，其信也。」」

夫餘國，在玄菟北千里。南與高句驪，東與挹婁，西與鮮卑接，北有弱水。地方二千里，本濊地也。

初，北夷索離國王出行，〔一〕其侍兒於後妊身，〔二〕王還，欲殺之。侍兒曰：「前見天上有氣，大如雞子，來降我，因以有身。」王囚之，後遂生男。王令置於豕牢，〔三〕豕以口氣噓之，不死。復徙於馬蘭，〔四〕馬亦如之。王以爲神，乃聽母收養，名曰東明。東明長而善射，王忌其猛，復欲殺之。東明奔走，南至掩淲水，〔五〕以弓擊水，魚鼈皆聚浮水上，東明乘之得度，因至夫餘而王之焉。於東夷之域，最爲平敞，土宜五穀。出名馬、赤玉、貂豽，〔六〕大珠如酸棗。以員栅爲城，有宮室、倉庫、牢獄。其人麤大彊勇而謹厚，不爲寇鈔。以弓矢刀矛爲兵。以六畜名官，有馬加、牛加、狗加，其邑落皆主屬諸加。食飲用俎豆，會同拜爵洗爵，揖讓升降。以臘月祭天，大會連日，飲食歌舞，名曰「迎鼓」。是時斷刑獄，解囚徒。有軍事亦祭天，殺牛，以蹏占其吉凶。〔七〕行人無晝夜，好歌吟，音聲不絶。其俗用刑嚴急，被誅者皆沒其家人爲奴婢。盜一責十二。男女淫皆殺之，尤治惡妒婦，既殺，復尸於山上。兄死妻嫂。死則有椁無棺。殺人殉葬，多者以百數。其王葬用玉匣，漢朝常豫以玉匣付玄菟郡，王死則迎取以葬焉。

〔一〕「索」或作「橐」，音度洛反。

〔二〕婁音人鳩反。

〔三〕牢，圈也。

〔四〕蘭卽欄也。

〔五〕今高麗中有蓋斯水，疑此水是也。

〔六〕豽似豹，無前足，音奴八反。

〔七〕魏志曰：「牛蹏解者爲凶，合者爲吉。」

建武中，東夷諸國皆來獻見。二十五年，夫餘王遣使奉貢，光武厚荅報之，於是使命歲通。至安帝永初五年，夫餘王始將步騎七八千人寇鈔樂浪，殺傷吏民，後復歸附。永寧元年，乃遣嗣子尉仇台(印)〔詣〕闕貢獻，天子賜尉仇台印綬金綵。順帝永和元年，其王來朝京師，帝作黃門鼓吹、角抵戲以遣之。桓帝延熹四年，遣使朝賀貢獻。永康元年，王夫台將二萬餘人寇玄菟，玄菟太守公孫域擊破之，斬首千餘級。至靈帝熹平三年，復奉章貢獻。夫餘本屬玄菟，獻帝時，其王求屬遼東云。

挹婁，古肅愼之國也。在夫餘東北千餘里，東濱大海，南與北沃沮接，不知其北所極。土地多山險。人形似夫餘，而言語各異。有五穀、麻布，出赤玉、好貂。無君長，其邑落各有大人。處於山林之閒，土氣極寒，常爲穴居，以深爲貴，大家至接九梯。好養豕，食其肉，衣其皮。冬以豕膏塗身，厚數分，以禦風寒。夏則裸袒，以尺布蔽其前後。其人臭穢不絜，作廁於中，圜之而居。自漢興已後，臣屬夫餘。種衆雖少，而多勇力，處山險，又善射，發能入人目。弓長四尺，力如弩。矢用楛，長一尺八寸，青石爲鏃，鏃皆施毒，中人卽死。便乘船，好寇盜，鄰國畏患，而卒不能服。東夷夫餘飲食類(此)皆用俎豆，唯挹婁獨無，法俗最無綱紀者也。

高句驪，在遼東之東千里，南與朝鮮、濊貊，東與沃沮，北與夫餘接。地方二千里，多大山深谷，人隨而爲居。少田業，力作不足以自資，故其俗節於飲食，而好修宮室。東夷相傳以爲夫餘別種，故言語法則多同，而跪拜曳一腳，行步皆走。凡有五族，有消奴部，絕奴部，順奴部，灌奴部，桂婁部。〔一〕本消奴部爲王，稍微弱，後桂婁部代之。其置官，有相加、對盧、沛者、古鄒大加、〔二〕主簿、優台、使者、帛衣先人。武帝滅朝鮮，以高句驪爲縣，〔三〕使屬玄菟，賜鼓吹伎人。其俗淫，皆絜淨自憙，暮夜輒男女羣聚爲倡樂。好祠鬼神、社稷、零星，〔四〕以十月祭天大會，名曰「東盟」。其國東有大穴，號禭神，亦以十月迎而祭之。其公會衣服皆錦繡，金銀以自飾。大加、主簿皆著幘，如冠幘而無後；其小加著折風，形如弁。無牢獄，有罪，諸加評議便殺之，沒入妻子爲奴婢。其昏姻皆就婦家，生子長大，然後將還，便稍營送終之具。金銀財幣盡於厚葬，積石爲封，亦種松柏。其人性凶急，有氣力，習戰鬭，好寇鈔，沃沮、東濊皆屬焉。

〔一〕案今高驪五部：一曰內部，一名黃部，卽桂婁部也；二曰北部，一名後部，卽絕奴部也；三曰東部，一名左部，卽順奴部也；四曰南部，一名前部，卽灌奴部也；五曰西部，一名右部，卽消奴部也。

〔二〕古鄒大加，高驪掌（賀）〔賓〕客之官，如鴻臚也。

〔三〕前書元封中，定朝鮮爲眞番、臨屯、樂浪、玄菟四(部)〔郡〕。

〔四〕前書音義：「龍星左角曰天田，則農祥也。辰日祠以牛，號曰零星。」風俗通曰「辰之神爲靈星」，故以辰日祠於東南也。

句驪一名貊(耳)，有別種，依小水爲居，因名曰小水貊。出好弓，所謂「貊弓」是也。〔一〕

〔一〕魏氏春秋曰：「遼東郡西安平縣北，有小水南流入海，句驪別種因名之小水貊。」

王莽初，發句驪兵以伐匈奴，其人不欲行，彊迫遣之，皆亡出塞爲寇盜。遼西大尹田譚追擊，戰死。莽令其將嚴尤擊之，誘句驪侯騶入塞，斬之，傳首長安。莽大說，更名高句驪王爲下句驪侯，於是貊人寇邊愈甚。建武八年，高句驪遣使朝貢，光武復其王號。二十三年冬，句驪蠶支落大加戴升等萬餘口詣樂浪內屬。二十五年春，句驪寇右北平、漁陽、上谷、太原，而遼東太守祭肜以恩信招之，皆復款塞。

後句驪王宮生而開目能視，國人懷之，及長勇壯，數犯邊境。和帝元興元年春，復入遼東，寇略六縣，太守耿夔擊破之，斬其渠帥。安帝永初五年，宮遣使貢獻，求屬玄菟。元初五年，復與濊貊寇玄菟，攻華麗城。〔一〕建光元年春，幽州刺史馮煥、玄菟太守姚光、遼東太守蔡諷等將兵出塞擊之，捕斬濊貊渠帥，獲兵馬財物。宮乃遣嗣子遂成將二千餘人逆光等，遣使詐降；光等信之，遂成因據險阸以遮大軍，而潛遣三千人攻玄菟、遼東，焚城郭，殺傷二千餘人。於是發廣陽、漁陽、右北平、涿郡屬國三千餘騎同救之，而貊人已去。夏，復與遼東鮮卑八千餘人攻遼隊，〔三〕殺略吏人。蔡諷等追擊於新昌，戰歿，功曹耿耗、兵曹掾龍端、兵馬掾公孫酺以身扞諷，俱沒於陳，死者百餘人。秋，宮遂率馬韓、濊貊數千騎圍玄菟。夫餘王遣子尉仇台將二萬餘人，與州郡并力討破之，斬首五百餘級。

〔二〕華麗，縣，屬樂浪郡。

〔三〕縣名，屬遼東郡也。

是歲宮死，子遂成立。姚光上言欲因其喪發兵擊之，議者皆以爲可許。尚書陳忠曰：「宮前桀黠，光不能討，死而擊之，非義也。宜遣弔問，因責讓前罪，赦不加誅，取其後善。」安帝從之。明年，遂成還漢生口，詣玄菟降。詔曰：「遂成等桀逆無狀，當斬斷葅醢，以示百姓，幸會赦令，乞罪請降。鮮卑、濊貊連年寇鈔，驅略小民，動以千數，而裁送數十百人，非向化之心也。自今已後，不與縣官戰鬬而自以親附送生口者，皆與贖直，縑人四十匹，小口半之。」

遂成死，子伯固立。其後濊貊率服，東垂少事。順帝陽嘉元年，置玄菟郡屯田六部。質、桓之閒，復犯遼東西安平，殺帶方令，〔一〕掠得樂浪太守妻子。建寧二年，玄菟太守耿臨討之，斬首數百級，伯固降服，乞屬玄菟云。

〔一〕郡國志西安平、帶方，縣，並屬遼東郡。

東沃沮在高句驪蓋馬大山之東，〔一〕東濱大海；北與挹婁、夫餘，南與濊貊接。其地東西夾，南北長，〔二〕可折方千里。土肥美，背山向海，宜五穀，善田種，有邑落長帥。人性質直彊勇，便持矛步戰。言語、食飲、居處、衣服有似句驪。其葬，作大木椁，長十餘丈，開一頭爲戶，新死者先假埋之，令皮肉盡，乃取骨置椁中。家人皆共一椁，刻木如（主）〔生〕，隨死者爲數焉。

〔一〕蓋馬，縣名，屬玄菟郡。其山在今平壤城西。平壤卽王險城也。

〔二〕夾音狹。

武帝滅朝鮮，以沃沮地爲玄菟郡。後爲夷貊所侵，徙郡於高句驪西北，更以沃沮爲縣，屬樂浪東部都尉。至光武罷都尉官，後皆以封其渠帥，爲沃沮侯。其土迫小，介於大國之閒，遂臣屬句驪。句驪復置其中大人（遂）爲使者，以相監領，（貴）〔責〕其租稅，貂布魚鹽，海中食物，發美女爲婢妾焉。

又有北沃沮，一名置溝婁，去南沃沮八百餘里。其俗皆與南同。界南接挹婁。挹婁人憙乘船寇抄，北沃沮畏之，每夏輒臧於巖穴，至冬船道不通，乃下居邑落。其耆老言，嘗於海中得一布衣，其形如中人衣，而兩袖長三丈。又於岸際見一人乘破船，頂中復有面，與語不通，不食而死。又說海中有女國，無男人。或傳其國有神井，闚之輒生子云。〔一〕

〔一〕魏志曰，毌丘儉遣王頎追句驪王宮，窮沃沮東界，問其耆老所傳云。

濊北與高句驪、沃沮，南與辰韓接，東窮大海，西至樂浪。濊及沃沮、句驪，本皆朝鮮之地也。昔武王封箕子於朝鮮，箕子教以禮義田蠶，又制八條之教。〔一〕其人終不相盜，無門戶之閉。婦人貞信。飲食以籩豆。其後四十餘世，至朝鮮侯準，自稱王。漢初大亂，燕、齊、趙人往避地者數萬口，而燕人衞滿擊破準而自王朝鮮，傳國至孫右渠。元朔元年，〔二〕濊君南閭等畔右渠，率二十八萬口詣遼東內屬，武帝以其地爲蒼海郡，數年乃罷。至元封三年，滅朝鮮，分置樂浪、臨屯、玄菟、眞番四(部)〔郡〕。〔三〕至昭帝始元五年，罷臨屯、眞番，以幷樂浪、玄菟。玄菟復徙居句驪。自單單大領已東，沃沮、濊貊悉屬樂浪。後以境土廣遠，復分領東七縣，置樂浪東部都尉。自內屬已後，風俗稍薄，法禁亦浸多，至有六十餘條。建武六年，省都尉官，遂棄領東地，悉封其渠帥爲縣侯，皆歲時朝賀。

〔一〕前書曰，箕子教以八條者，相殺者以當時償殺，相傷者以穀償，相盜者男沒入爲其家奴，女子爲婢，欲自贖者人五十萬。音義曰：「八條不具見也。」

〔二〕武帝年也。

〔三〕番音潘。

無大君長，其官有侯、邑君、三老。耆舊自謂與句驪同種，言語法俗大抵相類。其人性愚慤，少嗜欲，不請匄。男女皆衣曲領。其俗重山川，山川各有部界，不得妄相干涉。同姓不昏。多所忌諱，疾病死亡，輒捐棄舊宅，更造新居。知種麻，養蠶，作緜布。曉候星宿，豫知年歲豐約。常用十月祭天，晝夜飲酒歌舞，名之爲「舞天」。又祠虎以爲神。邑落有相侵犯者，輒相罰，責生口牛馬，名之爲「責禍」。殺人者償死。少寇盜。能步戰，作矛長三丈，或數人共持之。樂浪檀弓出其地。又多文豹，有果下馬，〔一〕海出班魚，使來皆獻之。

〔一〕高三尺，乘之可於果樹下行。

韓有三種：一曰馬韓，二曰辰韓，三曰弁辰。馬韓在西，有五十四國，其北與樂浪，南與倭接。辰韓在東，十有二國，其北與濊貊接。弁辰在辰韓之南，亦十有二國，其南亦與倭接。凡七十八國，伯濟是其一國焉。大者萬餘戶，小者數千家，各在山海閒，地合方四千餘里，東西以海爲限，皆古之辰國也。馬韓最大，共立其種爲辰王，都目支國，盡王三韓之地。其諸國王先皆是馬韓種人焉。

馬韓人知田蠶，作緜布。出大栗如梨。有長尾雞，尾長五尺。邑落雜居，亦無城郭。作土室，形如冢，開戶在上。不知跪拜。無長幼男女之別。不貴金寶錦罽，不知騎乘牛馬，唯重瓔珠，以綴衣爲飾，及縣頸垂耳。大率皆魁頭露紒，〔一〕布袍草履。其人壯勇，少年有築室作力者，輒以繩貫脊皮，縋以大木，嚾呼爲健。常以五月田竟祭鬼神，晝夜酒會，羣聚歌舞，舞輒數十人相隨蹋地爲節。十月農功畢，亦復如之。諸國邑各以一人主祭天神，號爲「天君」。又立蘇塗，〔二〕建大木以縣鈴鼓，事鬼神。其南界近倭，亦有文身者。

〔一〕魁頭猶科頭也，謂以髮縈繞成科結也。紒音計。

〔二〕魏志曰：「諸國各有別邑，爲蘇塗，諸亡逃至其中，皆不還之。蘇塗之義，有似浮屠。」

辰韓，耆老自言秦之亡人，避苦役，適韓國，馬韓割東界地與之。其名國爲邦，弓爲弧，賊爲寇，行酒爲行觴，相呼爲徒，有似秦語，故或名之爲秦韓。有城柵屋室。諸小別邑，各有渠帥，大者名臣智，次有儉側，次有樊秖，次有殺奚，次有邑借。〔一〕土地肥美，宜五穀。知蠶桑，作縑布。乘駕牛馬。嫁娶以禮。行者讓路。國出鐵，濊、倭、馬韓並從市之。凡諸（貨）〔貿〕易，皆以鐵爲貨。俗憙歌舞飲酒鼓瑟。兒生欲令其頭扁，皆押之以石。〔二〕

〔一〕皆其官名。

〔二〕扁音補典反。

弁辰與辰韓雜居，城郭衣服皆同，言語風俗有異。其人形皆長大，美髮，衣服絜清。而刑法嚴峻。其國近倭，故頗有文身者。

初，朝鮮王準爲衞滿所破，乃將其餘衆數千人走入海，攻馬韓，破之，自立爲韓王。準後滅絶，馬韓人復自立爲辰王。建武二十年，韓人廉斯人蘇馬諟等詣樂浪貢獻。〔一〕光武封蘇馬諟爲漢廉斯邑君，使屬樂浪郡，四時朝謁。靈帝末，韓、濊並盛，郡縣不能制，百姓苦亂，多流亡入韓者。

〔一〕廉斯，邑名也。諟音是。

馬韓之西，海島上有州胡國。其人短小，髡頭，衣韋衣，有上無下。好養牛豕。乘船往來貨市韓中。

倭在韓東南大海中，依山㠀爲居，凡百餘國。自武帝滅朝鮮，使驛通於漢者三十許國，國皆稱王，世世傳統。其大倭王居邪馬臺國。〔一〕樂浪郡徼，去其國萬二千里，去其西北界拘邪韓國七千餘里。其地大較在會稽東冶之東，與朱崖、儋耳相近，故其法俗多同。

〔一〕案：今名邪摩（惟）〔堆〕，音之訛也。

土宜禾稻、麻紵、蠶桑，知織績爲縑布。出白珠、青玉。其山有丹土。氣溫暖，冬夏生菜茹。無牛馬虎豹羊鵲。〔一〕其兵有矛、楯、木弓，竹矢或以骨爲鏃。男子皆黥面文身，以其文左右大小别尊卑之差。其男衣皆横幅結束相連。女人被髮屈紒，衣如單被，貫頭而著之；並以丹朱坋身，〔二〕如中國之用粉也。有城柵屋室。父母兄弟異處，唯會同男女無别。飲食以手，而用籩豆。俗皆徒跣，以蹲踞爲恭敬。人性嗜酒。多壽考，至百餘歲者甚衆。國多女子，大人皆有四五妻，其餘或兩或三。女人不淫不妒。又俗不盜竊，少爭訟。犯法者没其妻子，重者滅其門族。其死停喪十餘日，家人哭泣，不進酒食，而等類就歌舞爲樂。灼骨以卜，用決吉凶。行來度海，令一人不櫛沐，不食肉，不近婦人，名曰「持衰」。若在塗吉利，則雇以財物；如病疾遭害，以爲持衰不謹，便共殺之。

〔一〕「鵲」或作「雞」。

〔二〕說文曰：「坋，塵也。」音蒲頓反。

建武中元二年，倭奴國奉貢朝賀，使人自稱大夫，倭國之極南界也。光武賜以印綬。安帝永初元年，倭國王帥升等獻生口百六十人，願請見。

桓、靈閒，倭國大亂，更相攻伐，歷年無主。有一女子名曰卑彌呼，年長不嫁，事鬼神道，能以妖惑衆，於是共立爲王。侍婢千人，少有見者，唯有男子一人給飲食，傳辭語。居處宫室樓觀城柵，皆持兵守衞。法俗嚴峻。

自女王國東度海千餘里至拘奴國，雖皆倭種，而不屬女王。自女王國南四千餘里至朱儒國，人長三四尺。自朱儒東南行船一年，至裸國、黑齒國，使驛所傳，極於此矣。

會稽海外有東鯷人，〔一〕分爲二十餘國。又有夷洲及澶洲。傳言秦始皇遣方士徐福將童男女數千人入海，〔二〕求蓬萊神仙不得，徐福畏誅不敢還，遂止此洲，世世相承，有數萬家。人民時至會稽市。會稽東冶縣人有入海行遭風，流移至澶洲者。所在絕遠，不可往來。〔三〕

〔一〕鯷音達奚反。
〔二〕事見史記。
〔三〕沈瑩臨海水土志曰「夷洲在臨海東南，去郡二千里。土地無霜雪，草木不死。四面是山谿。人皆髠髮穿耳，女人不穿耳。土地饒沃，既生五穀，又多魚肉。有犬，尾短如麢尾狀。此夷舅姑子婦臥息共一大牀，略不相避。地有銅鐵，唯用鹿格爲矛以戰鬬，摩礪青石以作（弓）矢〔鏃〕。取生魚肉雜貯大瓦器中，以鹽鹵之，歷月所日，乃啖食之，以爲上肴」也。

論曰：昔箕子違衰殷之運，避地朝鮮。始其國俗未有聞也，及施八條之約，使人知禁，遂乃邑無淫盜，門不夜扃，〔一〕回頑薄之俗，就寬略之法，行數百千年，故東夷通以柔謹爲風，異乎三方者也。苟政之所暢，則道義存焉。仲尼懷憤，以爲九夷可居。或疑其陋。子曰：「君子居之，何陋之有！」亦徒有以焉爾。其後遂通接商賈，漸交上國。而燕人衞滿擾雜其風，〔二〕於是從而澆異焉。老子曰：「法令滋章，盜賊多有。」若箕子之省簡文條而用信義，其得聖賢作法之原矣！

〔一〕扃，闗也。

〔二〕擾，亂也。

贊曰：宅是嵎夷，曰乃暘谷。巢山潛海，厥區九族。嬴末紛亂，燕人違難。〔一〕雜華澆本，遂通有漢。〔二〕眇眇偏譯，或從或畔。〔三〕

〔一〕謂衞滿也。

〔二〕衞滿入朝鮮，既雜華夏之風，又澆薄其本化，以至通於漢也。

〔三〕偏，遠也。

校勘記

二八〇七頁九行 后芬發卽位三年 按：殿本無「發」字。汲本「三」作「二」。

二八〇九頁三行 (持)〔得〕所棄卵 按：校補引柳從辰說，謂「持」乃「得」之譌，博物志及御覽九百四引徐偃王志可證，各本注失正。今據改。

二八二〇頁二行　漢與屬〔燕〕　據前書朝鮮傳補。

二八二〇頁三行　及故燕齊亡〔任〕〔在〕者　據汲本、殿本改。

二八二〇頁四行　因犯〔法〕爲寇　據前書王莽傳補。

二八二〇頁六行　而使驛不絕　按：刊誤謂「驛」當作「譯」。鄣驛中國可有之，不可通於四夷，自前書皆言「使譯」，使卽使者，譯則譯人。

二八二〇頁九行　仲尼學鳥名〔官〕於郯子　汲本、殿本「鳥」作「官」。按：仲尼學鳥名官於郯子，見左傳昭公十七年，今補一「官」字。

二八二一頁四行　有馬加牛加狗加　校補謂魏志作「有馬加、牛加、豬加、狗加、犬使」。今按：魏志「犬使」之「犬」，宋本皆作「大」。

二八二一頁七行　尤治惡妒婦　按：校補謂通志作「尤憎妒婦」，此「治」字亦當作「憎」，蓋後人回改之失。

二八二一頁八行　死則有椁無棺　校補謂魏志作「有棺無椁」，通志同，此誤。今按：百衲本三國志亦作「有椁無棺」，不誤，校補說非。

二八二一頁一五行　豽似豹　按：原作「貂似豽」，譌，逕據汲本、殿本改正。

二八二三頁五行　玄菟太守公孫域　按：集解引惠棟說，謂東觀記、魏志公孫度傳「域」皆作「琙」。

二八二三頁一三行 東夷夫餘飲食類(此)皆用俎豆 據刊誤刪。

二八二三頁三行 有消奴部 按：集解引惠棟說，謂「消」魏志作「涓」。

二八二三頁五行 古鄒大加 按：魏志作「古雛加」。

二八二三頁五行 優台使者 按：補注謂魏志「使者」上有「丞」字。

二八二三頁五行 帛衣先人 補注謂魏志「帛」作「皁」。今按：皁帛形近易混。趙一清三國志注補引寰宇記，「皁衣頭大兄，東夷相傳所謂皁衣先人也」，字亦作「皁」。

二八二三頁七行 其國東有大穴號禭神 按：校補謂「禭」魏志、通志並作「隧」。

二八二三頁一四行 古鄒大加高驪掌(賀)〔賓〕客之官 據汲本、殿本改。

二八二四頁一行 定朝鮮爲眞番臨屯樂浪玄菟四(部)〔郡〕 按：張森楷校勘記謂「部」字當依前書作「郡」。今據改。

二八二四頁四行 句驪一名貊(耳)有別種 集解引沈欽韓說，謂案文當云「句驪有別種，一名貊耳」。按：校補謂通志但云「名貊」，無「耳」字，此「耳」字衍。今據刪。

二八二四頁七行 誘句驪侯騶入塞 按：集解引惠棟說，謂魏志「騶」作「騊」，前書王莽傳作「騶」。

二八二四頁一一行 國人懷之 殿本考證謂魏志「懷」作「惡」。按：校補謂「懷」當爲「恠」之譌，古「懷」字多混爲「怌」，故轉寫易譌。

二八一四頁一三行　遼東太守蔡諷　集解引惠棟說，謂魏志、北史「諷」作「風」。今按：安帝紀作「諷」，通鑑同。

二八一五頁四行　尉仇台　按：集解引惠棟說，謂「台」一作「治」。

二八一六頁五行　刻木如(主)〔生〕　校補謂魏志作「刻木如生形」，則「主」乃「生」之譌，作主不須言刻也。今據改。

二八一六頁一一行　句驪復置其中大人(遂)爲使者　集解引何焯說，謂以魏志參校，衍「遂」字。今據刪。

二八一六頁一一行　(責)〔責〕其租稅　據汲本、殿本改。

二八一七頁九行　分置樂浪臨屯玄菟眞番四(部)〔郡〕　據殿本改。

二八一八頁四行　山川各有部界　按：校補謂魏志「界」作「分」。

二八一八頁一〇行　三曰弁辰　殿本考證王會汾謂晉、梁二書皆作「弁韓」，當從改。今按：魏志亦作「弁韓」。

二八一八頁一三行　都目支國　魏志作「治月支國」。校補謂魏志及通志「目」均作「月」，附載五十餘國亦作「月支國」，則此作「目支」誤也。今按：月支乃西域國名，魏志及通志之作「月支」，或後人習見「月支」之名而臆改與？當考。

二八一九頁一〇行　相呼爲徒　按：王先謙謂魏志「爲」上有「皆」字。

二八一九頁一一行　次有樊秖　按：集解引惠棟說，謂魏志「秖」作「穢」。

二八一九頁一三行　凡諸（貨）〔貿〕易皆以鐵爲貨　據殿本改。按：汲本「貿易」作「質易」。

二八二〇頁八行　其人短小　按：集解引沈欽韓說，謂魏志「人」下有「差」字。

二八二〇頁一〇行　使驛通於漢者三十許國　刊誤謂「驛」當作「譯」，說已見上。按：魏志作「譯」。

二八二〇頁一一行　其大倭王居邪馬臺國　按：集解引惠棟說，謂魏志「臺」作「堆」。

二八二〇頁一三行　邪摩（惟）〔堆〕　按：汲本、殿本作「邪摩推」，此作「惟」，形近而譌。又集解引惠棟說，謂案北史「推」當作「堆」。今據改。

二八二一頁一行　其兵有矛楯木弓竹矢或以骨爲鏃　汲本「竹」作「其」。校補謂傳本以「其兵」「其矢」相次成文，作「其矢」於義爲長。今按：御覽七百八十二引作「竹矢」。魏志亦云「兵用矛、楯、木弓，木弓短下長上，竹箭或鐵鏃或骨鏃」，似以作「竹矢」爲是。

二八二一頁七行　名曰持衰　校補謂魏志「衰」作「哀」。今按：百衲本三國志亦作「衰」。

二八二一頁八行　便共殺之　按：校補謂魏志「共」作「欲」。

二八二二頁二行　使驛所傳極於此矣　按：此「驛」字亦當作「譯」。

二八二二頁三行　分爲二十餘國　按：校補引錢大昭說，謂閩本「二」作「三」。

二八二三頁二行　摩礪青石以作（弓）矢〔鏃〕　據御覽七百八十引改。

後漢書卷八十六

南蠻西南夷列傳第七十六

昔高辛氏有犬戎之寇，〔一〕帝患其侵暴，而征伐不剋。乃訪募天下，有能得犬戎之將吳將軍頭者，購黃金千鎰，邑萬家，又妻以少女。時帝有畜狗，其毛五采，名曰槃瓠。〔二〕下令之後，槃瓠遂銜人頭造闕下，羣臣怪而診之，乃吳將軍首也。〔三〕帝大喜，而計槃瓠不可妻之以女，又無封爵之道，議欲有報而未知所宜。女聞之，以爲帝皇下令，不可違信，因請行。帝不得已，乃以女配槃瓠。槃瓠得女，負而走入南山，止石室中。所處險絕，人跡不至。〔四〕於是女解去衣裳，爲僕鑒之結，著獨力之衣。〔五〕帝悲思之，遣使尋求，輒遇風雨震晦，使者不得進。經三年，生子一十二人，六男六女。槃瓠死後，因自相夫妻。織績木皮，染以草實，好五色衣服，製裁皆有尾形。〔六〕其母後歸，以狀白帝，於是使迎致諸子。衣裳班蘭，語言侏離，〔七〕好入山壑，不樂平曠。帝順其意，賜以名山廣澤。其後滋蔓，號曰蠻夷。外癡內黠，安土重舊。以先父有功，母帝之女，田作賈販，無關梁符傳，租稅之賦。〔八〕有邑君長，皆賜印綬，冠用獺皮。名渠帥曰精夫，相呼爲姎徒。〔九〕今長沙武陵蠻是也。

〔一〕高辛，帝嚳。

〔二〕魏略曰：「高辛氏有老婦，居（正）〔王〕室，得耳疾，挑之，乃得物大如繭。婦人盛瓠中，覆之以槃，俄頃化爲犬，其文五色，因名槃瓠。」

〔三〕診，候視也。

〔四〕今辰州盧溪縣西有武山。黄閔武陵記曰：「山高可萬仞。山半有槃瓠石室，可容數萬人。中有石牀，槃瓠行跡。」今案：山窟前有石羊、石獸，古跡奇異尤多。望石窟大如三間屋，遥見一石仍似狗形，蠻俗相傳，云是槃瓠像也。

〔五〕僕鑒，獨力，皆未詳。流俗本或有改「鑒」字爲「豎」者，妄穿鑿也。結音髻。

〔六〕干寶晉紀曰：「武陵、長沙、廬江郡夷，槃瓠之後也。雜處五溪之內。槃瓠憑山阻險，每每常爲害。糅雜魚肉，叩槽而號，以祭槃瓠。俗稱『赤髀横裙』，即其子孫。」

〔七〕侏離，蠻夷語聲也。

〔八〕優寵之，故蠲其賦役也。荆州記曰：「沅陵縣居酉口，有上就、武陽二鄉，唯此是槃瓠子孫，狗種也。二鄉在武溪之北。」

〔九〕說文曰：「姎，女人自稱，我也。」音烏朗反。此已上並見風俗通也。

其在唐虞，與之要質，故曰要服。夏商之時，漸爲邊患。逮于周世，黨衆彌盛。宣王中興，乃命方叔南伐蠻方，詩人所謂「蠻荆來威」者也。又曰：「蠢爾蠻荆，大邦爲讎。」〔一〕明其黨衆繁多，是以抗敵諸夏也。

〔一〕毛詩小雅序曰「采芑，宣王南征也」。「薄言采芑，于彼新田。顯允方叔，振旅闐闐。蠢爾蠻荊，大邦爲讎」。注云：「方叔卿士，命而爲將也。」

平王東遷，蠻遂侵暴上國。晉文侯輔政，乃率蔡共侯擊破之。〔一〕至楚武王時，蠻與羅子共敗楚師，殺其將屈瑕。〔二〕莊王初立，〔三〕民飢兵弱，復爲所寇。楚師既振，然後乃服，自是遂屬於楚。鄢陵之役，蠻與恭王合兵擊晉。〔四〕及吳起相悼王，南并蠻越，遂有洞庭、蒼梧。秦昭王使白起伐楚，略取蠻夷，始置黔中郡。漢興，改爲武陵。〔五〕歲令大人輸布一匹，小口二丈，是謂賨布。〔六〕雖時爲寇盜，而不足爲郡國患。

〔一〕晉文侯仇也。

〔二〕左傳「楚屈瑕伐羅及鄢，亂次以濟，其水遂無次，且不設備，羅與盧戎兩軍之，大敗之。莫敖縊于荒谷，羣帥囚于冶父」也。

〔三〕莊王名旅，穆王之子。

〔四〕左傳晉楚戰于鄢陵。晉郤至曰「楚二卿相惡，王卒以舊，鄭陳而不整，蠻軍而不陳」也。

〔五〕黔中故城在今辰州沅陵縣西。

〔六〕說文曰：「南蠻賦也。」〔賨〕，牂冬反。

光武中興，武陵蠻夷特盛。建武二十三年，精夫相單程等據其險隘，大寇郡縣。遣武威將軍劉尚發南郡、長沙、武陵兵萬餘人，乘船泝沅水入武谿擊之。〔一〕尚輕敵入險，山深水疾，舟船不得上。蠻氏知尚糧少入遠，又不曉道徑，遂屯聚守險。尚食盡引還，蠻緣路徼戰，尚軍大敗，悉為所沒。二十四年，相單程等下攻臨沅，遣謁者李嵩、中山太守馬成擊之，不能剋。明年春，遣伏波將軍馬援、中郎將劉匡、馬武、孫永等，將兵至臨沅，擊破之。單程等飢困乞降，會援病卒，謁者宗均聽悉受降。為置吏司，羣蠻遂平。

〔一〕沅水出牂柯故且蘭東北，經辰州、潭州、岳州，經洞庭湖入江也。

肅宗建初元年，武陵澧中蠻陳從等反叛，入零陽蠻界。〔一〕其冬，零陽蠻五里精夫為郡擊破從，從等皆降。三年冬，漊中蠻覃兒健等復反，〔二〕攻燒零陽、作唐、孱陵界中。〔三〕明年春，發荆州七郡及汝南、潁川（施）〔弛〕刑徒吏士五千餘人，拒守零陽，募充中五里蠻精夫不叛者四千人，擊澧中賊。〔四〕五年春，覃兒健等請降，不許。郡因進兵與戰於宏下，大破之，斬兒健首，餘皆弃營走還漊中，復遣乞降，乃受之。於是罷武陵屯兵，賞賜各有差。

〔一〕零陽，縣，屬武陵郡。

〔二〕漊，水名，源出今澧州崇義縣也。

〔三〕作唐，縣，屬武陵郡。孱陵，縣，故城在今荆州公安縣西南。孱音仕顏反。

〔四〕充，縣，屬武陵郡。充音衝。

和帝永元四年冬，溇中、澧中蠻潭戎等反，燔燒郵亭，殺略吏民，郡兵擊破降之。安帝元初二年，澧中蠻以郡縣徭稅失平，懷怨恨，遂結充中諸種二千餘人，攻城殺長吏。州郡募五里蠻六亭兵追擊破之，皆散降。賜五里、六亭渠帥金帛各有差。明年秋，溇中、澧中蠻四千人並爲盜賊。又零陵蠻羊孫、陳湯等千餘人，〔一〕著赤幘，稱將軍，燒官寺，抄掠百姓。州郡募善蠻討平之。

〔一〕零陵，縣，屬〔武〕〔零〕陵郡也。

順帝永和元年，武陵太守上書，以蠻夷率服，可比漢人，增其租賦。議者皆以爲可。尚書令虞詡獨奏曰：「自古聖王不臣異俗，非德不能及，威不能加，知其獸心貪婪，難率以禮。是故羈縻而綏撫之，附則受而不逆，叛則弃而不追。先帝舊典，貢稅多少，所由來久矣。今猥增之，必有怨叛。計其所得，不償所費，必有後悔。」帝不從。其冬澧中、溇中蠻果爭貢布非舊約，遂殺鄉吏，舉種反叛。明年春，蠻二萬人圍充城，八千人寇夷道。遣武陵太守李進討破之，斬首數百級，餘皆降服。進乃簡選良吏，得其情和。在郡九年，梁太后臨朝，下詔增進秩二千石，賜錢二十萬。桓帝元嘉元年秋，武陵蠻詹山等四千餘人反叛，拘執縣令，屯結深山。至永興元年，太守應奉以恩信招誘，皆悉降散。

永壽三年十一月，長沙蠻反叛，屯益陽。至延熹三年秋，遂抄掠郡界，衆至萬餘人，殺傷長吏。又零陵蠻入長沙。冬，武陵蠻六千餘人寇江陵，荆州刺史劉度、謁者馬睦、南郡太守李肅皆奔走。肅主簿胡爽扣馬首諫曰：「蠻夷見郡無儆備，故敢乘閒而進。明府爲國大臣，連城千里，舉旌鳴鼓，應聲十萬，柰何委符守之重，而爲逋逃之人乎！」肅拔刃向爽曰：「掾促去！太守今急，何暇此計。」爽抱馬固諫，肅遂殺爽而走。帝聞之，徵肅弃市，度、睦減死一等，復爽門閭，拜家一人爲郎。於是以右校令度尚爲荆州刺史，討長沙賊，平之。又遣車騎將軍馮緄討武陵蠻，並皆降散。軍還，賊復寇桂陽，太守廖析奔走。〔一〕武陵蠻亦更攻其郡，太守陳奉率吏人擊破之，斬首三千餘級，降者二千餘人。至靈帝中平三年，武陵蠻復叛，寇郡界，州郡擊破之。

〔一〕廖音力弔反。

禮記稱「南方曰蠻，雕題交阯」。其俗男女同川而浴，故曰交阯。〔一〕其西有噉人國，生首子輒解而食之，謂之宜弟。味旨，則以遺其君，君喜而賞其父。取妻美，則讓其兄。今烏滸人是也。〔二〕

〔一〕題，額也。雕之，謂刻其肌以丹青涅也。

〔二〕萬震南州異物志曰：「烏滸，地名也。在廣州之南，交州之北。恒出道閒伺候行旅，輒出擊之。利得人食之，不貪其財貨，並以其肉爲肴葅，又取其髑髏破之以飲酒。以人掌趾爲珍異，以食長老。」

交阯之南有越裳國。周公居攝六年，制禮作樂，天下和平，越裳以三象重譯而獻白雉，曰：「道路悠遠，山川岨深，音使不通，故重譯而朝。」成王以歸周公。公曰：「德不加焉，則君子不饗其質；〔一〕政不施焉，則君子不臣其人。吾何以獲此賜也！」其使請曰：「吾受命吾國之黃耇〔二〕曰：『久矣，天之無烈風雷雨，〔三〕意者中國有聖人乎？有則盍往朝之。』」周公乃歸之於王，〔四〕稱先王之神致，以薦于宗廟。周德既衰，於是稍絕。

〔一〕質亦贄也。

〔二〕爾雅曰：「黃髮，鮐背，耇老，壽也。」

〔三〕尚書大傳作「別風注雨」。

〔四〕事見尚書大傳。

及楚子稱霸，朝貢百越。秦并天下，威服蠻夷，始開領外，置南海、桂林、象郡。漢興，尉佗自立爲南越王，傳國五世。〔一〕至武帝元鼎五年，遂滅之，分置九郡，交阯刺史領焉。其珠崖、儋耳二郡在海洲上，東西千里，南北五百里。其渠帥貴長耳，皆穿而縋之，垂肩三寸。武帝末，珠崖太守會稽孫幸調廣幅布獻之，蠻不堪役，遂攻郡殺幸。幸子豹合率善人還復破之，自領郡事，討擊餘黨，連年乃平。豹遣使封還印綬，上書言狀，制詔即以豹爲珠崖太守。〔三〕威政大行，獻命歲至。中國貪其珍賂，漸相侵侮，故率數歲一反。元帝初元三年，遂罷之。凡立郡六十五歲。

〔一〕前書南粵王趙佗，眞定人也。秦時爲南海尉。佗孫胡，胡子嬰齊，嬰齊子興也。

〔三〕即，就也。

逮王莽輔政，元始二年，日南之南黄支國來獻犀牛。凡交阯所統，雖置郡縣，而言語各異，重譯乃通。人如禽獸，長幼無別。項髻徒跣，〔一〕以布貫頭而著之。後頗徙中國罪人，使雜居其閒，乃稍知言語，漸見禮化。

〔一〕爲髻於項上也。

光武中興，錫光爲交阯，任延守九眞，於是敎其耕稼，制爲冠履，初設媒娉，始知姻娶，建立學校，導之禮義。

建武十二年，九眞徼外蠻里張游，〔一〕率種人慕化內屬，封爲歸漢里君。明年，南越徼外蠻夷獻白雉、白菟。至十六年，交阯女子徵側及其妹徵貳反，攻郡。徵側者，麊泠縣雒將之女也。〔二〕嫁爲朱䳒人詩索妻，甚雄勇。交阯太守蘇定以法繩之，側忿，故反。於是九眞、日南、合浦蠻里皆應之，凡略六十五城，自立爲王。交阯刺史及諸太守僅得自守。光武乃詔長沙、合浦、交阯具車船，修道橋，通障谿，儲糧穀。十八年，遣伏波將軍馬援、樓船將軍段志，發長沙、桂陽、零陵、蒼梧兵萬餘人討之。明年夏四月，援破交阯，斬徵側、徵貳等，餘皆降散。進擊九眞賊都陽等，破降之。徙其渠帥三百餘口於零陵。於是領表悉平。

〔一〕里，蠻之別號，今呼爲俚人。

〔二〕麊音莫支反。泠音零。

肅宗元和元年，日南徼外蠻夷究不事人〔一〕邑豪獻生犀、白雉。和帝永元十二年夏四月，日南、象林蠻夷二千餘人寇掠百姓，燔燒官寺，郡縣發兵討擊，斬其渠帥，餘衆乃降。於是置象林將兵長史，以防其患。安帝永初元年，九眞徼外夜郎蠻夷舉土內屬，開境千八百四十里。元初二年，蒼梧蠻夷反叛，明年，遂招誘鬱林、合浦蠻漢數千人攻蒼梧郡。鄧太后遣侍御史任逴〔二〕奉詔赦之，賊皆降散。延光元年，九眞徼外蠻貢獻內屬。三年，日南徼外蠻復來內屬。順帝永建六年，日南徼外葉調王便遣使貢獻，帝賜調便金印紫綬。

〔一〕究不事人，蠻夷別號也。

〔二〕逴音卓。

永和二年，日南、象林徼外蠻夷區憐等數千人攻象林縣，燒城寺，殺長吏。交阯刺史樊演發交阯、九眞二郡兵萬餘人救之。兵士憚遠役，遂反，攻其府。二郡雖擊破反者，而賊埶轉盛。會侍御史賈昌使在日南，卽與州郡幷力討之，不利，遂爲所攻。圍歲餘而兵穀不繼，帝以爲憂。明年，召公卿百官及四府掾屬，問其方略，皆議遣大將，發荆、楊、兗、豫四萬人赴之。大將軍從事中郎李固駮曰：「若荆、楊無事，發之可也。今二州盜賊槃結不散，武陵、南郡蠻夷未輯，長沙、桂陽數被徵發，如復擾動，必更生患。其不可一也。又兗、豫之人卒被徵發，遠赴萬里，無有還期，詔書迫促，必致叛亡。其不可二也。南州水土溫暑，加有瘴氣，致死亡者十必四五。其不可三也。遠涉萬里，士卒疲勞，比至領南，不復堪鬭。其不可四也。軍行三十里爲程，而去日南九千餘里，三百日乃到，計人稟五升，〔一〕用米六十萬斛，不計將吏驢馬之食，但負甲自致，費便若此。其不可五也。設軍到所在，死亡必衆，既不足禦敵，當復更發，此爲刻割心腹以補四支。其不可六也。九眞、日南相去千里，發其吏民，猶尚不堪，何況乃苦四州之卒，以赴萬里之艱哉！其不可七也。前中郎將尹就討益州叛羌，益州諺曰：『虜來尚可，尹來殺我。』後就徵還，以兵付刺史張喬。喬因其將吏，旬月之閒，破殄寇虜。此發將無益之效，州郡可任之驗也。宜更選有勇略仁惠任將帥者，以爲刺史、太守，悉使共住交阯。今日南兵單無穀，守既不足，戰又不能。可一切徙其吏民北依交阯，事靜之後，又命歸本。還募蠻夷，使自相攻，轉輸金帛，以爲其資。有能反閒致頭首者，許以封侯列土之賞。故幷州刺史長沙祝良，性多勇決，又南陽張喬，前在益州有破虜之功，皆可任用。昔太宗就加魏尚爲雲中守，〔二〕哀帝即拜龔舍爲太山太守。〔三〕宜即拜良等，便道之官。」四府悉從固議，卽拜祝良爲九眞太守，張喬爲交阯刺史。喬至，開示慰誘，並皆降散。良到九眞，單車入賊中，設方略，招以威信，降者數萬人，皆爲良築起府寺。由是嶺外復平。

〔一〕古升小，故曰五升也。

〔二〕前書曰，槐里人魏尙爲雲中守，以斬首捕虜上功不實免。馮唐言之於文帝，帝令唐持節赦尙，復以爲雲中守。

〔三〕前書曰，舍字君倩。初徵爲諫大夫，病免；復徵爲博士，又病去。頃之，哀帝遣使卽楚拜舍爲太山太守也。

建康元年，日南蠻夷千餘人復攻燒縣邑，遂扇動九眞，與相連結。交阯刺史九江夏方開恩招誘，賊皆降服。時梁太后臨朝，美方之功，遷爲桂陽太守。桓帝永壽三年，居風令貪暴無度，縣人朱達等及蠻夷相聚，攻殺縣令，衆至四五千人，進攻九眞，九眞太守兒式戰死。〔一〕詔賜錢六十萬，拜子二人爲郎。遣九眞都尉魏朗討破之，斬首二千級，渠帥猶屯據日南，衆轉彊盛。延熹三年，詔復拜夏方爲交阯刺史。方威惠素著，日南宿賊聞之，二萬餘人相率詣方降。靈帝建寧三年，鬱林太守谷永以恩信招降烏滸人十餘萬內屬，皆受冠帶，開置七縣。熹平二年冬十二月，日南徼外國重譯貢獻。光和元年，交阯、合浦烏滸蠻反叛，招誘九眞、日南，合數萬人，攻沒郡縣。四年，刺史朱儁擊破之。六年，日南徼外國復來貢獻。

〔一〕兒音五兮反。

巴郡南郡蠻，本有五姓：巴氏、樊氏、瞫〔一〕氏、相氏、鄭氏。皆出於武落鍾離山。〔二〕其山有赤黑二穴，巴氏之子生於赤穴，四姓之子皆生黑穴。未有君長，俱事鬼神，乃共擲劍於石穴，約能中者，奉以爲君。巴氏子務相乃獨中之，衆皆歎。又令各乘土船，約能浮者，當以爲君。餘姓悉沈，唯務相獨浮。因共立之，是爲廩君。乃乘土船，從夷水至鹽陽。〔三〕鹽水有神女，謂廩君曰：「此地廣大，魚鹽所出，願留共居。」廩君不許。鹽神暮輒來取宿，旦卽化爲蟲，與諸蟲羣飛，掩蔽日光，天地晦冥。積十餘日，廩君〔思〕〔伺〕其便，因射殺之，天乃開明。〔四〕廩君於是君乎夷城，〔五〕四姓皆臣之。廩君死，魂魄世爲白虎。巴氏以虎飲人血，遂以人祠焉。

〔一〕音審。

〔二〕代本曰「廩君之先，故出巫誕」也。

〔三〕荆州圖〔副〕曰：「〔副〕夷〔陵〕縣西有溫泉。古老相傳，此泉元出鹽，于今水有鹽氣。縣西一獨山有石穴，有二大石並立穴中，相去可一丈，俗名爲陰陽石。陰石常濕，陽石常燥。」盛弘之荆州記曰：「昔廩君浮夷水，射鹽神于陽石之上。案今施州清江縣水一名鹽水，源出清江縣西都亭山。」水經云：「夷水〔別出〕巴郡魚復縣。」注云：「水色清，照十丈，分沙石。蜀人見澄清，因名清江也。」

〔四〕代本曰「廩君使人操青縷以遺鹽神，曰：『嬰此即相宜，云與女俱生，〔弗〕宜將去。』鹽神受縷而嬰之，廩君即立陽石上，應青縷而射之，中鹽神，鹽神死，天乃大開」也。

〔五〕此已上並見代本也。

及秦惠王并巴中，以巴氏為蠻夷君長，世尚秦女，其民爵比不更，有罪得以爵除。其君長歲出賦二千一十六錢，三歲一出義賦千八百錢。其民戶出幏布八丈二尺，雞羽三十鍭。〔一〕漢興，南郡太守靳彊請一依秦時故事。

〔一〕說文：「幏，南郡蠻夷布也。」音公亞反。毛詩：「四鍭既均。」儀禮：「矢鍭一乘。」鄭玄曰：「鍭猶候也，候物而射之也。」三十鍭，一百四十九。俗本「幏」作「蒙」，「鍭」作「鏃」者，並誤也。

至建武二十三年，南郡潳山蠻雷遷等始反叛，〔一〕寇掠百姓，遣武威將軍劉尚將萬餘人討破之，徙其種人七千餘口置江夏界中，今沔中蠻是也。和帝永元十三年，巫蠻許聖等〔二〕以郡收稅不均，懷怨恨，遂屯聚反叛。明年夏，遣使者督荊州諸郡兵萬餘人討之。聖等依憑阻隘，久不破。諸軍乃分道並進，或自巴郡、魚復數路攻之，蠻乃散走，斬其渠帥，乘勝追之，大破聖等。聖等乞降，復悉徙置江夏。靈帝建寧二年，江夏蠻叛，州郡討平之。光和三年，江夏蠻復反，與廬江賊黃穰相連結，十餘萬人，攻沒四縣，寇患累年。廬江太守陸康討破之，餘悉降散。

〔一〕潧音層。

〔二〕巫，縣，屬南郡。

板楯蠻夷者，秦昭襄王時有一白虎，常從羣虎數遊秦、蜀、巴、漢之境，傷害千餘人。昭王乃重募國中有能殺虎者，賞邑萬家，金百鎰。時有巴郡閬中夷人，能作白竹之弩，乃登樓射殺白虎。〔一〕昭王嘉之，而以其夷人，不欲加封，乃刻石盟要，復夷人頃田不租，十妻不筭，〔二〕傷人者論，殺人者得以倓錢贖死。〔三〕盟曰：「秦犯夷，輸黃龍一雙；夷犯秦，輸清酒一鍾。」夷人安之。

〔一〕華陽國志曰「巴夷廖仲等射殺之」也。

〔二〕優寵之，故一戶免其一頃田之稅，雖有十妻，不輸口筭之錢。復音福。

〔三〕何承天纂文曰：「倓，蠻夷贖罪貨也。」音徒濫反。

至高祖爲漢王，發夷人還伐三秦。秦地既定，乃遣還巴中，復其渠帥羅、朴、督、鄂、度、夕、龔七姓，不輸租賦，餘戶乃歲入賨錢，口四十。世號爲板楯蠻夷。閬中有渝水，其人多居水左右。天性勁勇，初爲漢前鋒，數陷陳。俗喜歌舞，〔一〕高祖觀之，曰：「此武王伐紂之歌也。」乃命樂人習之，所謂巴渝舞也。遂世世服從。

〔一〕喜晉虛記反。

至于中興，郡守常率以征伐。桓帝之世，板楯數反，太守蜀郡趙溫以恩信降服之。靈帝光和〔三〕〔二〕年，巴郡板楯復叛，寇掠三蜀及漢中諸郡。靈帝遣御史中丞蕭瑗督益州兵討之，連年不能剋。帝欲大發兵，乃問益州計吏，考以征討方略。漢中上計程包對曰：「板楯七姓，射殺白虎立功，先世復爲義人。其人勇猛，善於兵戰。昔永初中，羌入漢川，郡縣破壞，得板楯救之，羌死敗殆盡，故號爲神兵。羌人畏忌，傳語種輩，勿復南行。至建和二年，羌復大入，實賴板楯連摧破之。前車騎將軍馮緄南征武陵，雖受丹陽精兵之銳，〔一〕亦倚板楯以成其功。近益州郡亂，太守李顒亦以板楯討而平之。忠功如此，本無惡心。長吏鄉亭，更賦至重，僕役箠楚，過於奴虜，亦有嫁妻賣子，或乃至自(頸)〔剄〕割。雖陳冤州郡，而牧守不爲通理。闕庭悠遠，不能自聞。含怨呼天，叩心窮谷。愁苦賦役，困罹酷刑。故邑落相聚，以致叛戾。非有謀主僭號，以圖不軌。今但選明能牧守，自然安集，不煩征伐也。」帝從其言，遣太守曹謙宣詔赦之，即皆降服。至中平五年，巴郡黃巾賊起，板楯蠻夷因此復叛，寇掠城邑，遣西園上軍別部司馬趙瑾討平之。

〔一〕史記曰，周成王封楚熊繹，始居丹陽。今歸州秭歸縣東南故城是也。至楚文王，始自丹陽遷於郢。續漢志云南郡枝江縣有丹陽聚也。

西南夷者，在蜀郡徼外。有夜郎國，東接交阯，西有滇國，北有邛都國，各立君長。其人皆椎結左衽，邑聚而居，能耕田。其外又有嶲、昆明諸落，西極同師，東北至葉榆，〔一〕地方數千里。無君長，辮髮，隨畜遷徙無常。自嶲東北有莋都國，東北有冉駹國，或土著，或隨畜遷徙。自冉駹東北有白馬國，氐種是也。此三國亦有君長。

〔一〕葉榆，縣，屬益州郡。「葉」或作「楪」。臣賢案前書曰：「西自同師以東，北至葉榆，名爲嶲、昆明。」今流俗諸本並作「布舊昆明」，蓋「嶲」字誤分爲「布舊」也。

夜郎者，初有女子浣於遯水，有三節大竹流入足閒，聞其中有號聲，剖竹視之，得一男兒，歸而養之。及長，有才武，自立爲夜郎侯，以竹爲姓。〔一〕武帝元鼎六年，平南夷，爲牂柯郡，夜郎侯迎降，天子賜其王印綬。後遂殺之。夷獠咸以竹王非血氣所生，甚重之，求爲立後。牂柯太守吳霸以聞，天子乃封其三子爲侯。死，配食其父。今夜郎縣有竹王三郎神是也。〔二〕

〔一〕見華陽國志。

〔三〕前書地理志曰：「夜郎縣有遯水，東至廣鬱。」華陽國志云：「遯水通鬱林，有三郎祠，皆有靈響。」又云：「竹王所捐破竹於野，成竹林，今王祠竹林是也。王嘗從人止大石上，命作羹，從者白無水，王以劍擊石出水，今竹王水是也。」

初，楚頃襄王時，遣將莊豪從沅水伐夜郎，軍至且蘭，椓船於岸而步戰。既滅夜郎，因留王滇池。以且蘭〔有〕椓船牂柯處，乃改其名爲牂柯。〔一〕牂柯地多雨潦，俗好巫鬼禁忌，寡畜生，又無蠶桑，故其郡最貧。句町縣有桄桹木，可以爲麪，百姓資之。〔二〕公孫述時，大姓龍、傅、尹、董氏，與郡功曹謝暹保境爲漢，乃遣使從番禺江奉貢。〔三〕光武嘉之，並加褒賞。桓帝時，郡人尹珍自以生於荒裔，不知禮義，乃從汝南許愼、應奉受經書圖緯，學成，還鄉里教授，於是南域始有學焉。珍官至荆州刺史。〔四〕

〔一〕異物志曰：「牂柯，繫船杙也。」

〔二〕臨海異物志曰：「桄桹木外皮有毛，似栟櫚而散生。其木剛，作鋘鋤利如鐵，中石更利，唯中焦根乃致敗耳。皮中有似擣稻米片，又似麥麪，中作餅餌。」廣志曰「桄桹樹大四五圍，長五六丈，洪直，旁無枝條，其顛生葉不過數十，似椶葉，破其木肌堅難傷，入數寸得麪，赤黃密緻，可食」也。

〔三〕南越志曰：「番禺縣之西，有江浦焉。」

〔四〕華陽國志曰：「尹珍字道眞，毋斂縣人也。」

滇王者，莊蹻之後也。元封二年，武帝平之，以其地爲益州郡，割牂柯、越巂各數縣配之。後數年，復并昆明地，皆以屬之此郡。有池，周回二百餘里，水源深廣，而末更淺狹，有似倒流，故謂之滇池。河土平敞，多出鸚鵡、孔雀，有鹽池田漁之饒，金銀畜產之富。人俗豪忲。〔一〕居官者皆富及累世。

〔一〕忲，奢侈也。

及王莽政亂，益州郡夷棟蠶、若豆等起兵殺郡守，越巂姑復夷人大牟亦皆叛，殺略吏人。莽遣寧始將軍廉丹，發巴蜀吏人及轉兵穀卒徒十餘萬擊之。吏士飢疫，連年不能剋而還。以廣漢文齊爲太守，造起陂池，開通溉灌，墾田二千餘頃。率厲兵馬，修障塞，降集羣夷，甚得其和。及公孫述據益土，齊固守拒險，述拘其妻子，許以封侯，齊遂不降。聞光武即位，乃閒道遣使自聞。蜀平，徵爲鎮遠將軍，封成義侯。〔一〕於道卒，詔爲起祠堂，郡人立廟祀之。

〔一〕取其嘉名。

建武十八年，夷渠帥棟蠶與姑復、楪榆、梇棟、連然、滇池、建（怜）〔伶〕、昆明諸種反叛，殺長吏。〔一〕益州太守繁勝與戰而敗，退保朱提。〔二〕十九年，遣武威將軍劉尚等發廣漢、犍爲、蜀郡人及朱提夷，合萬三千人擊之。尚軍遂度瀘水，入益州界。〔三〕羣夷聞大兵至，皆弃壘奔走，尚獲其羸弱、穀畜。二十年，進兵與棟蠶等連戰數月，皆破之。明年正月，追至不韋，〔四〕斬棟蠶帥，凡首虜七千餘人，得生口五千七百人，馬三千疋，牛羊三萬餘頭，諸夷悉平。

〔一〕姑復，縣，屬越巂郡，餘六縣並屬益州郡也。

〔二〕縣，屬犍為郡。朱音殊。提音匙。

〔三〕瀘水一名若水，出旄牛徼外，經朱提至僰道入江，在今巂州南。特有瘴氣，三月四月經之必死。五月以後，行者得無害。故諸葛〔亮〕表云「五月度瀘」，言其艱苦也。

〔四〕孫盛蜀譜曰：「初，秦徙呂不韋子弟宗族於蜀，漢武帝開西南夷，置郡縣，徙呂氏以充之，因置不韋縣。」華陽國志曰「武帝通博南，置不韋縣，徙南越相呂嘉子孫宗族資之。因名不韋，以章其先人之惡行」也。

肅宗元和中，蜀郡王追為太守，政化尤異，有神馬四匹出滇池河中，甘露降，白烏見，始興起學校，漸遷其俗。靈帝熹平五年，諸夷反叛，執太守雍陟。遣御史中丞朱龜討之，不能剋。朝議以為郡在邊外，蠻夷喜叛，勞師遠役，不如弃之。太尉掾巴郡李顒建策討伐，乃拜顒益州太守，與刺史龐芝發板楯蠻擊破平之，還得雍陟。顒卒後，夷人復叛，以廣漢景毅為太守，討定之。毅初到郡，米斛萬錢，漸以仁恩，少年閒，米至數十云。〔一〕

〔一〕少年，未多年也。

哀牢夷者，其先有婦人名沙壹，居于牢山。嘗捕魚水中，觸沈木若有感，因懷妊，十月，產子男十人。後沈木化爲龍，出水上。沙壹忽聞龍語曰：「若爲我生子，今悉何在？」九子見龍驚走，獨小子不能去，背龍而坐，龍因舐之。其母鳥語，謂背爲九，謂坐爲隆，因名子曰九隆。及後長大，諸兄以九隆能爲父所舐而黠，遂共推以爲王。後牢山下有一夫一婦，復生十女子，九隆兄弟皆娶以爲妻，後漸相滋長。種人皆刻畫其身，象龍文，衣皆著尾。〔一〕九隆死，世世相繼。〔二〕乃分置小王，往往邑居，散在谿谷。絕域荒外，山川阻深，生人以來，未嘗交通中國。

〔一〕自此以上並見風俗通也。

〔二〕哀牢傳曰：「九隆代代相傳，名號不可得而數，至於禁高，乃可記知。禁高死，子吸代；吸死，子建非代；建非死，子哀牢代；哀牢死，子桑藕代；桑藕死，子柳承代；柳承死，子柳貌代；柳貌死，子扈〔栗〕〔栗〕代。」

建武二十三年，其王賢栗遣兵乘箄船，〔一〕南下江、漢，擊附塞夷鹿茤。〔二〕鹿茤人弱，爲所禽獲。於是震雷疾雨，南風飄起，水爲逆流，翻涌二百餘里，箄船沈沒，哀牢之衆，溺死數千人。賢栗復遣其六王將萬人以攻鹿茤，鹿茤王與戰，殺其六王。哀牢耆老共埋六王，夜虎復出其尸而食之，餘衆驚怖引去。賢栗惶恐，謂其耆老曰：「我曹入邊塞，自古有之，今攻鹿茤，輒被天誅，中國其有聖帝乎？天祐助之，何其明也！」二十七年，賢栗等遂率種人戶二千七百七十，口萬七千六百五十九，詣越嶲太守鄭鴻降，求內屬，光武封賢栗等爲君長。自是歲來朝貢。

〔一〕箄音蒲佳反。縛竹木爲箄，以當船也。

〔二〕荄音多。其種今見在。

永平十二年，哀牢王柳貌遣子率種人內屬，其稱邑王者七十七人，戶五萬一千八百九十，口五十五萬三千七百一十一。西南去洛陽七千里，顯宗以其地置哀牢、博南二縣，割益州郡西部都尉所領六縣，〔一〕合爲永昌郡。始通博南山，度蘭倉水，〔二〕行者苦之。歌曰：「漢德廣，開不賓。度博南，越蘭津。度蘭倉，爲它人。」

〔一〕古今注曰：「永平十年，置益州西部都尉，居嶲唐。」續漢志六縣謂不韋、嶲唐、比蘇、楪榆、邪龍、雲南也。

〔二〕華陽國志曰「博南縣西山，高三十里，越之度蘭滄水」也。

哀牢人皆穿鼻儋耳，其渠帥自謂王者，耳皆下肩三寸，庶人則至肩而已。土地沃美，宜五穀、蠶桑。知染采文繡，罽毲〔一〕帛疊，〔二〕蘭干細布，〔三〕織成文章如綾錦。有梧桐木華，績以爲布，〔四〕幅廣五尺，絜白不受垢汙。先以覆亡人，然後服之。其竹節相去一丈，名曰濮竹。〔五〕出銅、鐵、鉛、錫、金、銀、光珠、〔六〕虎魄、〔七〕水精、瑠璃、軻蟲、蚌珠、〔八〕孔雀、翡翠、犀、象、猩猩、貊獸。〔九〕雲南縣有神鹿兩頭，能食毒草。〔一〇〕

〔一〕闕，解見李恂傳。㲉，未詳。

〔二〕外國傳曰：「諸薄國女子織作白疊花布。」

〔三〕華陽國志曰：「蘭干，獠言紵。」

〔四〕廣志曰：「梧桐有白者，剽國有桐木，其華有白毳，取其毳淹漬，緝織以爲布」也。

〔五〕見華陽國志。

〔六〕華陽國志曰：「蘭滄水有金沙，洗取融爲金。有光珠穴。」博物志曰：「光珠即江珠也。」

〔七〕廣（雅）〔志〕曰：「虎魄生地中，其上及旁不生草，深者八九尺，大如斛，削去皮，成虎魄如斗，初時如桃膠，凝堅乃成。」博物志曰：「松脂淪入地千年化爲伏苓，伏苓千歲化爲虎魄。今太山有伏苓而無虎魄，永昌有虎魄而無伏苓。」

〔八〕徐衷南方草物狀曰：「凡採珠常三月，用五牲祈禱，若祠祭有失，則風攪海水，或有大魚在蚌左右。蚌珠長三寸半，凡二品珠」也。

〔九〕酈元水經注曰：「猩猩形若狗而人面，頭顏端正，善與人言，音聲妙麗，如婦人對語，聞之無不酸楚。」南中志曰：「猩猩在山谷中，行無常路，百數爲羣。土人以酒若糟設於路；又喜屩子，土人織草爲屩，數十量相連結。猩猩在山谷見酒及屩，知其設張者，即知張者先祖名字，乃呼其名而罵云『奴欲張我』，捨之而去。去而又還，相呼試共嘗酒。初嘗少許，又取屩子著之，若進兩三升，便大醉，人出收之，屩子相連不得去，執還內牢中。人欲取者，到牢邊語云：『猩猩，汝可自相推肥者出之。』既擇肥竟，相對而泣。即左思賦云『猩猩啼而就禽』者也。昔有人以猩猩餉封溪令，令問餉何物，猩猩自於籠中曰：『但有酒及僕耳，無它飲食。』」南中八郡志曰：「貊大如驢，狀頗似熊，多力，食鐵，所觸無不拉。」廣志曰：「貊色蒼白，其皮溫煖。」

〔一〇〕見華陽國志也。

先是，西部都尉廣漢鄭純爲政清絜，化行夷貊，君長感慕，皆獻土珍，頌德美。天子嘉之，即以爲永昌太守。純與哀牢夷人約，邑豪歲輸布貫頭衣二領，鹽一斛，以爲常賦，夷俗安之。純自爲都尉、太守，十年卒官。建初元年，哀牢王類牢與守令忿爭，遂殺守令而反叛，攻（越）巂唐城。太守王尋奔楪榆。哀牢三千餘人攻博南，燔燒民舍。肅宗募發越巂、益州、永昌夷漢九千人討之。明年春，邪龍縣〔一〕昆明夷鹵承等應募，率種人與諸郡兵擊類牢於博南，大破斬之。傳首洛陽，賜鹵承帛萬匹，封爲破虜傍邑侯。

〔一〕郡國志曰屬永昌郡也。

永元六年，郡徼外敦忍乙王莫延慕義，遣使譯獻犀牛、大象。九年，徼外蠻及撣國王雍由調〔一〕遣重譯奉國珍寶，和帝賜金印紫綬，小君長皆加印綬、錢帛。

〔一〕撣音擅。東觀記作壇字。

永初元年，徼外僬僥種夷陸類等三千餘口舉種內附，獻象牙、水牛、封牛。永寧元年，撣國王雍由調復遣使者詣闕朝賀，獻樂及幻人，能變化吐火，自支解，易牛馬頭。又善跳丸，數乃至千。自言我海西人。海西即大秦也，撣國西南通大秦。明年元會，安帝作樂於庭，封雍由調爲漢大都尉，賜印綬、金銀、綵繒各有差也。

邛都夷者，武帝所開，以爲邛都縣。無幾而地陷爲汙澤，因名爲邛池，南人以爲邛河。〔一〕後復反叛。元鼎六年，漢兵自越巂水伐之，以爲越巂郡。〔二〕其土地平原，有稻田。青蛉縣禺同山有碧鷄金馬，光景時時出見。〔三〕俗多游蕩，而喜謳歌，略與牂柯相類。豪帥放縱，難得制御。

〔一〕在今巂州越巂縣東南。南中八郡志曰：「邛河縱廣岸二十里，深百餘丈。多大魚，長一二丈，頭特大，遙視如戴鐵釜狀。」李膺益州記云：「邛都縣下有一老姥，家貧孤獨，每食，輒有小蛇頭上戴角在牀閒，姥憐之飴之。後稍長大，遂長丈餘。令有駿馬，蛇遂吸殺之。令因大忿（姥）恨，責（姥）出蛇。姥云在牀下。令即掘地，愈深愈大，而無所見。令又遷怒殺姥。蛇乃感人以靈言瞋令：『何殺我母？當爲母報讎。』此後每夜輒聞若雷若風，四十許日，百姓相見咸驚語：『汝頭那忽戴魚？』是夜方四十里與城一時俱陷爲湖，土人謂之爲『陷河』。唯姥宅無恙，訖今猶存。漁人採捕，必依止宿，每有風浪，輒居宅側，恬靜無它。風靜水清，猶見城郭樓櫓㬮然。今水淺時，彼土人沒水取得舊木，堅貞，光黑如漆，今好事人以爲枕相贈。」㬮音潤。

〔二〕巂水源出今巂州邛部縣西南巂山下。前書地理志曰，言其越巂水以置郡，故名焉。

〔三〕禺同山在今褒州楊波縣。王褒碧鷄頌曰：「持節使王褒謹拜南崖，敬移金精神馬縹碧之鷄，處南之荒。深谿回谷，非土之鄉。歸來歸來，漢德無疆。（廉平）〔兼乎〕唐虞，澤配三皇。」華陽國志曰：「碧鷄光景，人多見之。」前書音義曰：「金形似馬，碧形似鷄也。」

王莽時，郡守枚根調邛人長貴，以爲軍候。更始二年，長貴率種人攻殺枚根，自立爲邛穀王，領太守事。又降於公孫述。述敗，光武封長貴爲邛穀王。建武十四年，長貴遣使上三年計，天子卽授越巂太守印綬。十九年，武威將軍劉尙擊益州夷，路由越巂。長貴聞之，疑尙既定南邊，威法必行，己不得自放縱，卽聚兵起營臺，招呼諸君長，多釀毒酒，欲先以勞軍，因襲擊尙。尙知其謀，卽分兵先據邛都，遂掩長貴誅之，徙其家屬於成都。

永平元年，姑復夷復叛，益州刺史發兵討破之，斬其渠帥，傳首京師。後太守巴郡張翕，政化清平，得夷人和。在郡十七年，卒，夷人愛慕，如喪父母。蘇祈叟二百餘人，〔一〕齎牛羊送喪，至翕本縣安漢，〔二〕起墳祭祀。詔書嘉美，爲立祠堂。

〔一〕續漢（書）志曰，蘇祈，縣，屬越巂郡。

〔二〕安漢，縣，屬巴郡。

安帝元初三年，郡徼外夷大羊等八種，戶三萬一千，口十六萬七千六百二十，慕義內屬。時郡縣賦斂煩數，五年，卷夷大牛種封離等反畔，殺遂久令。〔一〕明年，永昌、益州及蜀郡夷皆叛應之，衆遂十餘萬，破壞二十餘縣，殺長吏，燔燒邑郭，剽略百姓，骸骨委積，千里無人。詔益州刺史張喬選堪能從事討之。喬乃遣從事楊竦將兵至楪榆擊之，賊盛未敢進，先以詔書告示三郡，密徵求武士，重其購賞。乃進軍與封離等戰，大破之，斬首三萬餘級，獲生口千五百人，資財四千餘萬，悉以賞軍士。封離等惶怖，斬其同謀渠帥，詣竦乞降，竦厚加慰納。其餘三十六種皆來降附。竦因奏長吏姦猾侵犯蠻夷者九十人，皆減死。州中論功未及上，會竦病創卒，張喬深痛惜之，乃刻石勒銘，圖畫其像。天子以張翕有遺愛，乃拜其子湍爲太守。夷人懽喜，奉迎道路。曰：「郎君儀貌類我府君。」後湍頗失其心，有欲叛者，諸夷耆老相曉語曰：「當爲先府君故。」遂以得安。後順桓閒，廣漢馮顥爲太守，政化尤多異迹云。

〔一〕遂久故縣在今巂州界。

莋都夷者，武帝所開，以爲莋都縣。其人皆被髮左衽，言語多好譬類，居處略與汶山夷同。土出長年神藥，仙人山圖所居焉。〔一〕元鼎六年，以爲沈黎郡。至天漢四年，并蜀爲西部，置兩都尉，一居旄牛，主徼外夷，一居青衣，主漢人。

〔一〕劉向列仙傳曰「山圖，隴西人。好乘馬，馬蹋折腳，山中道士敎服地黃、當歸、羌活、玄參，服一年，不嗜食，病愈身輕。追道士問之，自云：『五岳使人，之名山採藥。能隨吾，汝便不死。』山圖追隨，人不復見。六十餘年，一旦歸來，行母服於冢閒。朞年復去，莫知所之」也。

永平中，益州刺史梁國朱輔，好立功名，慷慨有大略。〔一〕在州數歲，宣示漢德，威懷遠夷。自汶山以西，前世所不至，正朔所未加。白狼、槃木、唐菆等百餘國，戶百三十餘萬，口六百萬以上，舉種奉貢，稱爲臣僕。輔上疏曰：「臣聞詩云：『彼徂者岐，有夷之行。』〔二〕傳曰：『岐道雖僻，而人不遠。』〔三〕詩人誦詠，以爲符驗。今白狼王唐菆等慕化歸義，作詩三章。路經邛來大山零高坂，〔四〕峭危峻險，百倍岐道。〔五〕繈負老幼，若歸慈母。遠夷之語，辭意難正。草木異種，鳥獸殊類。有犍爲郡掾田恭與之習狎，頗曉其言，臣輒令訊其風俗，譯其辭語。今遣從事史李陵與恭護送詣闕，幷上其樂詩。昔在聖帝，舞四夷之樂；〔六〕今之所上，庶備其一。」帝嘉之，事下史官，錄其歌焉。〔七〕

〔一〕東觀記「輔」作「酺」。梁國寧陵人也。

〔二〕詩周頌也。

〔三〕韓詩薛君傳曰：「徂，往也。夷，易也。行，道也。彼百姓歸文王者，皆曰岐有易道，可往歸矣。易道謂仁義之道而易行，故岐道阻險而人不難。」

〔四〕山海經曰：「崍山，江水出焉。」郭璞曰：「中江所出也。」華陽國志曰：「邛來山本名邛莋，故邛人、莋人界也。巖阻峻回，曲折乃至。山上凝冰夏結，冬則劇寒，王陽行部至此而退者也。有長貧、苦採、八度之難。陽母、閔峻並坂名。」

〔五〕言詩人雖歎岐道之阻，但以文王之道，人以爲夷易，今邛來峭危，甚於岐。

〔六〕解見陳禪傳。

〔七〕東觀記載其歌，并載夷人本語，並重譯訓詁爲華言，今范史所載者是也。今錄東觀夷言，以爲此注也。

遠夷樂德歌詩曰：

大漢是治，堤官隗構。與天合意。魏冒踰糟。吏譯平端，罔驛劉脾。不從我來。旁莫支留。聞風向化，徵衣隨旅。所見奇異。知唐桑艾。多賜（贈）〔繒〕布，邪毗䋎𦁈。甘美酒食。推潭僕遠。昌樂肉飛，拓拒蘇（使）〔便〕。屈申悉備。局後仍離。蠻夷貧薄，僂讓龍洞。無所報嗣。莫支度由。願主長壽，陽維僧鱗。子孫昌熾。莫穉角存。

遠夷慕德歌詩曰：

蠻夷所處，僂讓皮尼。日入之部。且交陵悟。慕義向化，繩動隨旅。歸日出主。路旦揀雒。聖德深恩，聖德渡諾。與人富厚。魏菌度洗。冬多霜雪，綜邪流藩。夏多和雨。花邪尋螺。寒溫時適，藐潯瀘灕。部人多有。菌補邪推。涉危歷險，辟危歸險。不遠萬里。莫受萬柳。去俗歸德，術疊附德。心歸慈母。仍路孳摸。

遠夷懷德歌曰：

荒服之外，荒服之儀。土地墝埆。犂籍憐憐。食肉衣皮，阻蘇邪犁。不見鹽穀。莫碭鹼沐。吏譯傳風，罔譯傳微。大漢安樂。是漢夜拒。攜負歸仁，蹤優路仁。觸冒險陝。雷折險龍。高山岐峻，倫狼藏幢。緣崖磻石。扶路側祿。木薄發家，息落服淫。百宿到洛。理歷髭雒。父子同賜，捕茝菌毗。懷抱匹帛。懷稾匹漏。傳告種人，傳室呼敕。長願臣僕。陵陽臣僕。

肅宗初，輔坐事免。是時郡尉府舍皆有雕飾，畫山神海靈奇禽異獸，以眩燿之，夷人益畏憚焉。和帝永元十二年，旄牛徼外白狼、樓薄蠻夷王唐繒等，遂率種人十七萬口，歸義內屬。詔賜金印紫綬，小豪錢帛各有差。

安帝永初元年，蜀郡三襄種夷與徼外汙衍種并兵三千餘人反叛，攻蠶陵城，殺長吏。二年，青衣道夷邑長令田，〔一〕與徼外三種夷三十一萬口，齎黃金、旄牛毦，〔二〕舉土內屬。安帝增令田爵號爲奉通邑君。延光二年春，旄牛夷叛，攻零關，〔三〕殺長吏，益州刺史張喬與西部都尉擊破之。於是分置蜀郡屬國都尉，領四縣如太守。桓帝永壽二年，蜀郡夷叛，殺略吏民。延熹二年，蜀郡三襄夷寇蠶陵，殺長吏。四年，犍爲屬國夷寇郡界，益州刺史山昱擊破之，斬首千四百級，餘皆解散。靈帝時，以（屬）〔蜀〕郡（蜀）〔屬〕國爲漢嘉郡。

〔一〕令姓，田名。

〔二〕顧野王曰：「毦，結毛爲飾也，即今馬及弓槊上纓毦也。」

〔三〕郡國志零關道屬越巂郡。

冉駹夷者，武帝所開。元鼎六年，以爲汶山郡。至地節三年，〔一〕夷人以立郡賦重，宣帝乃省并蜀郡爲北部都尉。其山有六夷七羌九氐，各有部落。其王侯頗知文書，而法嚴重。貴婦人，黨母族。死則燒其尸。土氣多寒，在盛夏冰猶不釋，故夷人冬則避寒，入蜀爲傭，夏則違暑，反其〔衆〕〔聚〕邑。皆依山居止，累石爲室，高者至十餘丈，爲邛籠。〔二〕又土地剛鹵，不生穀粟麻菽，唯以麥爲資，而宜畜牧。有旄牛，無角，一名童牛，肉重千斤，毛可爲毦。出名馬。有靈羊，可療毒。〔三〕又有食藥鹿，鹿麑有胎者，其腸中糞亦療毒疾。又有五角羊、麝香、輕毛毼雞、牲牲。〔四〕其人能作旄氈、班罽、青頓、毞毲、羊羧之屬。〔五〕特多雜藥。地有鹹土，煮以爲鹽，麡羊牛馬食之皆肥。〔六〕

〔一〕宣帝年也。

〔二〕按今彼土夷人呼爲「雕」也。

〔三〕本草經曰「零羊角味鹹無毒，主療青盲、蠱毒，去惡鬼，安心氣，彊筋骨」也。

〔四〕郭璞注山海經曰：「毼雞似雉而大，青色，有毛角，鬭敵死乃止。」

〔五〕青頓，毞毲，並未詳，字書無此二字。周書：「伊尹爲四方獻令曰：『正西昆侖、狗國、鬼親、枳已、闟耳、貫匈、雕題、離丘、漆齒，請令以丹青、白旄、紕罽、龍角、神龜爲獻。』湯曰：『善。』」何承天纂文曰：「紕，氐罽也。」音卑疑反。毞卽紕也。

〔六〕麡卽麖狼也。異物志：「狀似鹿而角觸前向，入林樹掛角，故恒在平淺草中。肉肥脆香美，逐入林則搏之，皮可作履韤，角正四據，南人因以爲牀。」音子兮反。

其西又有三河、槃于虜，北有黃石、北地、盧水胡，其表乃爲徼外。靈帝時，復分蜀郡北部爲汶山郡云。

白馬氐者，武帝元鼎六年開，分廣漢西部，合以爲武都。土地險阻，有麻田，出名馬、牛、羊、漆、蜜。氐人勇戇抵冒，貪貨死利。居於河池，一名仇池，方百頃，四面斗絕。〔一〕數爲邊寇，郡縣討之，則依固自守。元封三年，氐人反叛，遣兵破之，分徙酒泉郡。昭帝元鳳元年，氐人復叛，遣執金吾馬適建、〔二〕龍頟侯韓增、大鴻臚田廣明，將三輔、太常徒討破之。

〔一〕仇池，山，在今成州上祿縣南。三秦記曰：「仇池縣界，本名仇維，山上有池，故曰仇池。山在倉洛二谷之閒，常爲水所衝激，故下石而上土，形似覆壺。」仇池記曰：「仇池百頃，周回九千四十步，天形四方，壁立千仞。自然樓櫓卻敵，分置調均，竦起數丈，有踰人功。仇池凡二十一道，可攀緣而上。東西二門。盤道下至上，凡有七里。上則崗阜低昂，泉流交灌。」酈元注水經云「羊腸盤道三十六回，開山圖謂之仇夷，所謂『積石峨嵯，嶔岑隱阿』者也。上有平田百頃，煮土成鹽，因以百頃爲號」也。

〔二〕姓馬適，名建也。

及王莽篡亂，氐人亦叛。建武初，氐人悉附隴蜀。及隗囂滅，其酋豪乃背公孫述降漢，隴西太守馬援上復其王侯君長，賜以印綬。後囂族人隗茂反，殺武都太守。氐人大豪齊鍾留爲種類所敬信，威服諸豪，與郡丞孔奮擊茂，破斬之。後亦時爲寇盜，郡縣討破之。

論曰：漢氏征伐戎狄，有事邊遠，蓋亦與王業而終始矣。至於傾沒疆垂，喪師敗將者，不出時歲，卒能開四夷之境，款殊俗之附。若乃文約之所沾漸，風聲之所周流，幾將日所出入處也。〔一〕著自山經、水志者，亦略及焉。雖服叛難常，威澤時曠，及其化行，則緩耳雕脚之倫，獸居鳥語之類，〔二〕莫不舉種盡落，回面而請吏，陵海越障，累譯以內屬焉。故其錄名中郎、校尉之署，〔三〕編數都護、部守之曹，動以數百萬計。若乃藏山隱海之靈物，沈沙棲陸之瑋寶，〔四〕莫不呈表怪麗，雕被宮幄焉。又其賨幏火毳馴禽封獸之賦，軨積於內府；〔五〕夷歌巴舞殊音異節之技，列倡於外門。豈柔服之道，必足於斯？然亦云致遠者矣。蠻夷雖附阻巖谷，而類有土居，連涉荆、交之區，布護巴、庸之外，不可量極。然其凶勇狡筭，薄於羌狄，故陵暴之害，不能深也。西南之徼，尤爲劣焉。故關守永昌，肇自遠離，啓土立人，至今成都焉。〔六〕

〔一〕文約謂文書要約也。
〔二〕緩耳，儋耳也。獸居謂穴居。
〔三〕謂護匈奴中郎將及戊己校尉等。

〔四〕珠玉、金碧、珊瑚、虎魄之類。

〔五〕火毳即火浣布也。 馴禽，鸚鵡也。 封獸，象也。 神異經曰：「南方有火山，長四十里，廣四五里。 生不燼之木，晝夜火然，得烈風不猛，暴雨不滅。 火中有鼠，重百斤，毛長二尺餘，細如絲，恆居火中，時時出外，而色白，以水逐沃之即死。 績其毛，織以作布。 用之若汙，以火燒之，則清潔也。」 傅子曰「長老說漢桓時，梁冀作火浣布單衣，會賓客，行酒公卿朝臣前，佯爭酒失杯而汙之，冀僞怒，解衣而燒之，布得火，燁然而熾，如燒凡布，垢盡火滅，粲然潔白，如水澣」也。

〔六〕哀牢夷伐鹿茤不得，乃歸中國，故言肇自遠離。

贊曰：百蠻蠢居，仞彼方徼。 鏤體卉衣，憑深阻峭。〔一〕 亦有別夷，屯彼蜀表。 參差聚落，紆餘岐道。 往化既孚，改襟輸寶。〔二〕 俾建永昌，同編億兆。

〔一〕蠢，小貌也。 鏤體，文身也。 卉衣，草服也。

〔二〕孚，信也。 襟，衽也。

校勘記

二八二九頁七行 負而走入南山 按：校補謂通志作「負而走入南武山」，多「武」字，以注引武山證之，似今本脫「武」字。

二八三〇頁三行 居(正)〔王〕室 據汲本、殿本改。 按：御覽七百八十五引魏略亦作「王」。

二八三〇頁八行　流俗本或有改鑿字爲竪者　御覽七百八十五引此注「竪」作「堅」。按：「鑿」原作「監」，逕改正。又按：本卷原本譌字特多，凡極明顯之譌字，皆逕予改正，不出校記。

二八三一頁一〇行　亂次以濟其水遂無次　按：張森楷校勘記謂據左傳，無「其水」字，當有「師」字。

二八三一頁一五行　〔賓〕胖冬反　據汲本、殿本補。

二八三二頁五行　謁者宗均　集解引惠棟說，謂宗均卽宋均。按：參閱宋均傳校勘記。

二八三二頁九行　（施）〔弛〕刑徒　據汲本改。

二八三三頁一行　和帝永元四年冬至郡兵擊破降之　按：沈家本謂和紀郡兵破蠻在五年。

二八三三頁六行　零陵縣屬（武）〔零〕陵郡也　據集解引洪亮吉說改。

二八三四頁一行—六行　冬武陵蠻六千餘人寇江陵至又遣車騎將軍馮緄討武陵蠻　按：此爲延熹三年之冬。沈家本謂按桓紀，延熹三年冬武陵蠻寇江陵，車騎將軍馮緄討，皆降散，荆州刺史度尚討長沙蠻，平之，與此傳相合。而五年又書冬十月武陵蠻叛，寇江陵，以太常馮緄爲車騎將軍討之。馮緄傳亦云延熹五年武陵蠻夷悉反，寇掠江陵間，拜緄爲車騎將軍，將兵十萬討之。度尚傳亦稱延熹五年，擢爲荆州刺史，進擊長沙賊，大破之。則是延熹五年事。緄傳既不言兩討武陵蠻，紀書五年事又與二傳吻合，疑此傳「三年」乃「五年」之譌，而桓紀三年事乃史駮文，而未及删正者也。

二八三四頁六行　太守廖析　按：汲本、殿本「析」作「祈」。

二八三五頁九行　尙書大傳作別風注雨　按：集解引惠棟說，謂今尙書大傳作「別風淮雨」。

二八三七頁一〇行　帝賜調便金印紫綬　按：刊誤謂國名葉調，其王名便，此作「調便」，衍一「調」字。

二八三七頁一三行　逴音卓　汲本、殿本無「逴」字。按：此注卽在正文「逴」字下，例不重出「逴」字，無「逴」字是。

二八四〇頁七行　廩君(思)〔伺〕其便　殿本考證謂「思」當依文獻通考作「伺」。又集解引惠棟說，謂「思」當作「伺」，水經注云「廩君因伺便」也。今據改。

二八四〇頁一〇行　按：此注原在「瞫氏」下，依汲本移正。

二八四〇頁一三行　荊州圖〔副〕曰(副)夷〔陵〕縣西有溫泉　集解引惠棟說，謂依御覽所引，當云「荊州圖副曰夷陵縣」云云，乙「曰副」字，脫「陵」字。今據改。按：宋刊本御覽無「副」字。

二八四〇頁一四行　夷水〔別出〕巴郡魚復縣　按：集解引惠棟說，謂當依御覽補「別出」二字。今據補。

二八四一頁一行　云與女俱生　按：李慈銘越縵堂日記謂「云」疑當作「子」。

二八四一頁一行　〔弗〕宜將去　集解引惠棟說，謂世本云「弗宜將去」，去猶藏也，言弗宜藏而不嬰也。今據補。

二八四一頁八行　三十鍭一百四十九　按：刊誤謂鍭三羽當九十，若四矢爲一鍭，則三百六十，無緣得一百四十九，未詳。

二八四二頁二行　復其渠帥羅朴督鄂度夕龔七姓　按：校補引柳從辰說，謂華陽國志「督」作「昝」。廣韻音七感反，姓也，出蜀都。

二八四三頁二行　靈帝光和(三)〔二〕年巴郡板楯復叛　按：紀在二年，華陽國志同，今據改。

二八四三頁五行　羌入漢川　按：集解引惠棟說，謂華陽國志「漢川」作「漢中」。

二八四三頁六行　至建和二年　按：集解引惠棟說，謂華陽國志「建和」作「建寧」。

二八四三頁九行　或乃至自(頸)〔剄〕割　校補謂「頸」乃「剄」之譌，通志可證，各本皆未正。今據改。

二八四四頁二行　西極同師　按：集解引惠棟說，謂華陽國志「同」作「桐」。今按：前書亦作「桐師」。

二八四五頁四行　楚頃襄王時　按：「頃」原譌「傾」，逕據殿本、集解本改正。

二八四五頁五行　以且蘭〔有〕椓船牂柯處　據汲本、殿本補。

二八四五頁一四行　番禺縣之西有江浦焉　按：集解引沈欽韓說，謂「番禺」當爲「牂柯」之譌。

二八四六頁七行　寧始將軍廉丹　按：「始」原譌「姑」，逕改正。

二八四六頁一三行　建(怜)〔伶〕　據集解本改。按：汲本作「建憐」，校補謂殿本及通志皆作「怜」，故書以怜爲憐之俗體，故又轉寫作「憐」，但華陽國志及前、續志均作「伶」，案前志益州郡建伶，應劭曰音鈴，則作「怜」作「憐」皆誤也。

二八四七頁七行　故諸葛〔亮〕表云　據汲本、殿本補。

二八四七頁九行　置不韋縣徙南越相呂嘉子孫宗族資之　按：「置」字原誤分為「出直」二字，逕據汲本、殿本改正。又按：刊誤謂「資」當作「實」。沈家本謂案郡國志注作「居」，則「資」乃「居」之譌，不當作「實」。

二八四七頁一〇行　蜀郡王追為太守　按：集解引惠棟說，謂「追」字乃「阜」字之誤。

二八四八頁一行　其先有婦人名沙壹　按：集解引惠棟說，謂「壹」華陽國志作「壺」，水經注作「臺」。

二八四八頁三行　背龍而坐　按：集解引惠棟說，謂「背」一作「陪」。

二八四八頁一〇行　子扈(粟)〔栗〕代　據殿本、集解本改。

二八四八頁一一行　其王賢栗遣兵乘箄船　按：王先謙謂華陽國志「賢栗」作「扈栗」。又集解引惠棟說，謂水經注「箄船」作「革船」。

二八四八頁一二行　南下江漢擊附塞夷鹿茤　按：集解引沈欽韓說，謂「江漢」字誤，當為「瀾滄」。又引惠棟說，謂水經注「鹿茤」作「鹿崩」。

二八四九頁五行　哀牢王柳貌　集解引惠棟說，謂華陽國志「柳貌」作「抑狼」。按：校補引柳從辰說，謂通鑑亦作「柳貌」，與傳同，御覽七八六引乃作「柳邈」。惠氏據華陽國志作「抑狼」，與漢魏叢書本合，廖寅本又作「柳狠」。柳、抑與貌、狼、邈均形近易譌，無從確定也。

二八五〇頁七行　廣(雅)〔志〕曰　據集解引惠棟說改。

二八五〇頁一四行　執還內牢中　按：校補謂通志注「中」作「土」，連下爲句。

二八五一頁四行　攻(越)嶲唐城　集解引惠棟說，謂續書天文志云「攻嶲唐城」，衍「越」字。今據刪。

二八五一頁九行　敦忍乙王莫延　按：通志「敦」作「郭」。殿本「莫」作「慕」，校補謂通志作「莫」，與毛本合。

二八五二頁六行　姥憐之飴之　按：校補謂通志注上「之」字作「而」。

二八五二頁七行　令因大忿(姥)恨責〔姥〕出蛇　據汲本、殿本改。按：校補謂通志作「令因大忿姥，限責出蛇」。

二八五二頁一四行　(廉平)〔兼乎〕唐虞　按：校補謂案通志注，「廉平」乃「兼乎」之譌，各本皆失正。今據改。

二八五三頁一行　郡守枚根　按：集解引惠棟說，謂風俗通「枚根」作「牧根」。

二八五三頁一行　邛人長貴　按：集解引惠棟說，謂案前書西南夷傳及袁宏紀，乃任貴也，岑彭傳亦云「邛穀王任貴」，羨「長」字，脫「任」字。下倣此。

二八五三頁九行　續漢(書)志曰蘇祈縣屬越嶲郡　按：「書」字衍，今刪。續志「蘇祈」作「蘇示」。

二八五四頁一四行　益州刺史梁國朱輔　按：集解引惠棟說，謂馬嚴傳「輔」作「酺」。

二八五五頁五行　犍爲郡掾田恭　集解引惠棟說，謂「田恭」通鑑作「由恭」。今按：通鑑胡注，由，姓也，秦有由余，或曰楚王孫由子之後。

二八五五頁八行　梁國寧陵人也　按：「人」字原脫，逕據汲本、殿本補。

二八五六頁三行　提官隗搆　汲本作「提官傀搆」，殿本作「提官隗搆」。按：校補謂通志作「提宮隗搆」。

二八五六頁三行　與天合意　汲本、殿本作「與天意合」。按：集解引惠士奇說，謂「合」當作「會」。

二八五六頁三行　罔驛劉脾　殿本、集解本「驛」作「譯」。按：校補謂通志作「譯」。

二八五六頁三行　旁莫支留　按：校補謂通志「莫」作「草」。

二八五六頁四行　多賜(贈)〔繒〕布　據汲本、殿本改。

二八五六頁四行　邪毗𦁛鋪　按：校補謂通志「𦁛」作「堪」。

二八五六頁五行　拓拒蘇(使)〔便〕　據汲本、殿本及通志改。

二八五六頁八行　僂讓皮尼　汲本「皮」作「彼」。按：校補謂通志作「屢讓被尼」。

二八五六頁八行　路旦揀雒　汲本作「路且揀雒」，殿本作「路且倲雒」。按：校補謂通志作「路且倲雒」。

二八五六頁九行　魏菌度洗　按：汲本「度」作「渡」。

二八五六頁一三行　遠夷懷德歌　按：校補謂樂德、慕德二章皆言「歌詩」，獨懷德一章僅言「歌」，不言「詩」，明脫一「詩」字。

二八五六頁一三行　莫碭麤沐　按：校補謂通志作「莫楊麤水」。

二八五六頁一四行　罔譯傳微　按：校補謂通志「微」作「徽」。

二八五六頁一五行　倫狼藏幢　汲本「幢」作「幡」。按：校補謂通志作「⿰阝童」。

二八五六頁一五行　理歷髭雒　按：汲本、殿本「歷」作「瀝」，通志同。

二八五七頁一行　傳室呼敕　汲本、殿本「室」作「言」。按：校補謂通志作「室」。又按：校補謂以上異字，方言轉譯難明，聲讀今古有異，東觀記又僅存輯本，無從定其得失矣。

二八五七頁三行　旄牛徼外白狼樓薄蠻夷王唐繒等　按：沈家本謂和帝紀「樓薄」作「貗薄」。

二八五七頁一〇行　以（屬）〔蜀〕郡（蜀）〔屬〕國為漢嘉郡　據汲本、殿本改。

二八五八頁三行　反其（衆）〔聚〕邑　據元龜九百六十改。按：汲本、殿本作「反其邑」，無「衆」字，而下「皆依山居止」句上則有「衆」字，疑邑衆二字譌倒也。

二八五八頁一〇行　零羊角味鹹無毒　汲本、殿本「零」作「靈」。按：零靈通作。御覽七九一引作「羺」。

二八五九頁一三行　姓馬適名建也　按御覽七九一引原注作「姓馬名適建」。

二八六〇頁六行　編數都護部守之曹　按：刊誤謂「部」字合作「郡」。

二八六〇頁七行　軨積於內府　按：刊誤謂「軨」字誤，當作「駢」字。

後漢書卷八十七

西羌傳第七十七

西羌之本，出自三苗，姜姓之別也。其國近南岳。〔一〕及舜流四凶，徙之三危，〔二〕河關之西南羌地是也。〔三〕濱於賜支，至乎河首，緜地千里。賜支者，禹貢所謂析支者也。南接蜀、漢徼外蠻夷，西北〔接〕鄯善、車師諸國。所居無常，依隨水草。地少五穀，以產牧爲業。其俗氏族無定，或以父名母姓爲種號。十二世後，相與婚姻，父沒則妻後母，兄亡則納釐嫂，〔四〕故國無鰥寡，種類繁熾。不立君臣，無相長一，強則分種爲酋豪，弱則爲人附落，更相抄暴，以力爲雄。殺人償死，無它禁令。其兵長在山谷，短於平地，不能持久，而果於觸突，以戰死爲吉利，病終爲不祥。堪耐寒苦，同之禽獸。雖婦人產子，亦不避風雪。性堅剛勇猛，得西方金行之氣焉。〔五〕

〔一〕衡山也。

〔二〕三危，山，在今沙州敦煌縣東南，山有三峯，故曰三危也。

〔三〕河關，縣，屬金城郡。已上並續漢書文。

〔四〕寡婦曰釐，力之反。

〔五〕黃帝素問曰：「西方者，金（玉）〔王〕之域，沙石之處，其人山居而多風，水土剛強。」

王政脩則賓服，德教失則寇亂。昔夏后氏太康失國，〔一〕四夷背叛。及后相即位，乃征畎夷，〔二〕七年然後來賓。至于后泄，始加爵命，由是服從。〔三〕后桀之亂，畎夷入居邠岐之閒，〔四〕成湯既興，伐而攘之。及殷室中衰，諸夷皆叛。至于武丁，征西戎、鬼方，三年乃克。〔五〕故其詩曰：「自彼氐羌，莫敢不來王。」〔六〕

〔一〕太康，夏啓之子，盤于游田，不恤人事，爲羿所逐，不得反國也。

〔二〕后相即太康孫，仲康之子。

〔三〕泄，啓八代孫，帝芒之子也。

〔四〕邠，今豳州也。岐即岐州也。

〔五〕武丁，殷王也。易曰：「高宗伐鬼方。」前書音義曰：「鬼方，遠方也。」

〔六〕殷頌之文。

及武乙暴虐，犬戎寇邊，〔一〕周古公踰梁山而避于岐下。〔二〕及子季歷，遂伐西落鬼戎。〔三〕太丁之時，季歷復伐燕京之戎，戎人大敗周師。〔四〕後二年，周人克余無之戎，於是太丁命季歷爲牧師。〔五〕自是之後，更伐始呼、翳徒之戎，皆克之。〔六〕及文王爲西伯，西有

昆夷之患，北有獫狁之難，遂攘戎狄而戍之，莫不賓服。〔七〕乃率西戎，征殷之叛國以事紂。〔八〕

〔一〕帝武乙卽武丁（五）〔三〕代孫。無道，爲偶人像，謂之天神，與之博，令人代之行，天神不勝，而僇辱之。又爲革囊盛血，仰而射之，命曰「射天」。遂被雷震而死。

〔二〕梁山在今雍州好畤縣西北。古公，文王之祖也。岐山在扶風郡也。

〔三〕竹書紀年「武乙三十五年，周王季伐西落鬼戎，俘二十翟王」也。

〔四〕太丁，武（丁）〔乙〕子也。竹書紀年曰：「太丁二年，周人伐燕京之戎，周師大敗」也。

〔五〕季歷，文王之父也。竹書紀年曰：「太丁四年，周人伐余無之戎，克之。周王季命爲殷牧師也。」

〔六〕竹書紀年曰「太丁七年，周人伐始呼之戎，克之。十一年，周人伐翳徒之戎，捷其三大夫」也。

〔七〕見詩小雅采薇篇。

〔八〕左傳晉韓獻子曰：「文王率殷之叛國以事紂，惟知時。」

及武王伐商，羌、髳率師會于牧野。〔一〕至穆王時，戎狄不貢，王乃西征犬戎，獲其五王，又得四白鹿，四白狼，〔二〕王遂遷戎于太原。夷王衰弱，〔三〕荒服不朝，乃命虢公率六師伐太原之戎，至于俞泉，獲馬千匹。〔四〕厲王無道，戎狄寇掠，乃入犬丘，殺秦仲之族，〔五〕王命伐戎，不克。及宣王立四年，使秦仲伐戎，爲戎所殺，王乃召秦仲子莊公，與兵七千人，伐戎破之，由是少卻。後二十七年，王遣兵伐太原戎，不克。後五年，王伐條戎、奔戎，王師敗績。後二年，晉人敗北戎于汾隰，〔六〕戎人滅姜侯之邑。明年，王征申戎，破之。後十年，幽王命伯士伐六濟之戎，軍敗，伯士死焉。〔七〕其年，戎圍犬丘，虜秦襄公之兄伯父。時幽王昏虐，四夷交侵，遂廢申后而立褒姒。申侯怒，與戎寇周，殺幽王於酈山，周乃東遷洛邑，秦襄公攻戎救周。後二年，邢侯大破北戎。

〔一〕尚書曰：「庸、蜀、羌、髳、微、盧、彭、濮人。」孔安國注曰：「皆蠻夷戎狄也。」

〔二〕見史記。

〔三〕夷王，穆王孫，名燮也。

〔四〕見竹書紀年。

〔五〕犬丘，縣名，秦曰廢丘，漢曰槐里也。

〔六〕二水名。

〔七〕並見竹書紀年。

及平王之末，周遂陵遲，戎逼諸夏，自隴山以東，及乎伊、洛，往往有戎。於是渭首有狄、獂、邽、冀之戎，〔一〕涇北有義渠之戎，〔二〕洛川有大荔之戎，〔三〕渭南有驪戎，伊、洛閒有楊拒、泉皋之戎，〔四〕潁首以西有蠻氏之戎。〔五〕當春秋時，閒在中國，與諸夏盟會。魯莊公伐秦取邽、冀之戎。後十餘歲，晉滅驪戎。是時，伊、洛戎強，東侵曹、魯，〔六〕後十九年，遂入王城，於是秦、晉伐戎以救周。〔七〕後二年，又寇京師，齊桓公徵諸侯戍周。後九年，陸渾戎自瓜州遷于伊川，〔八〕允姓戎遷于渭汭，〔九〕東及轘轅。在河南山北者號曰陰戎，陰戎之種遂以滋廣。〔一〇〕晉文公欲脩霸業，乃賂戎狄通道，以匡王室。秦穆公得戎人由余，遂霸西戎，開地千里。〔一一〕及晉悼公，又使魏絳和諸戎，復脩霸業。〔一二〕是時楚、晉強盛，威服諸戎，陸渾、伊、洛、陰戎事晉，而蠻氏從楚。後陸渾叛晉，晉令荀吳滅之。〔一三〕後四十四年，楚執蠻氏而盡囚其人。是時義渠、大荔最強，築城數十，皆自稱王。

〔一〕狄卽狄道，豲卽豲道，邽卽上邽縣，冀卽冀縣也。

〔二〕義渠，縣，屬北地郡也。

〔三〕洛川卽洛水。大荔，古戎國，秦獲之，改曰臨晉，今同州城是也。

〔四〕杜預注左傳云：「楊拒，戎邑也。」

〔五〕左傳曰：「單浮餘（國）〔圍〕蠻氏。」杜預注云：「梁南有霍陽山，皆蠻子之邑。」

〔六〕左傳莊公十八年，公追戎于濟西。杜預注，戎侵魯，魯人不知，去乃追之。二十四年戎侵曹也。

〔七〕事並見左傳僖公十（二）〔一〕年。

〔八〕瓜州，今瓜州也。事見僖〔公〕二十二年。

〔九〕允姓，陰戎之祖，與三苗俱放三危。見左傳。

〔一〇〕左傳哀公四年：「蠻子赤奔晉陰地。」杜預注曰：「陰地，河南山北，自上雒以東至陸渾。」

〔一〕由余，其先晉人也，亡入戎。戎王聞穆公賢，使由余觀秦，秦穆公以客禮待之。秦遺戎王以女樂，由余諫，不聽，由余乃降秦，爲謀伐戎。

〔二〕魏絳，晉大夫。見左傳襄公十一年。

〔三〕荀吳，晉大夫中行穆子也。見左傳昭公元年。

至周貞王八年，秦厲公滅大荔，取其地。趙亦滅代戎，即北戎也。韓、魏復共稍并伊、洛、陰戎，滅之。其遺脱者皆逃走，西踰汧、隴。〔一〕自是中國無戎寇，唯餘義渠種焉。至貞王二十五年，秦伐義渠，虜其王。〔二〕後十四年，義渠侵秦至渭陰。後百許年，義渠敗秦師于洛。後四年，義渠國亂，秦惠王遣庶長操將兵定之，〔三〕義渠遂臣於秦。後八年，秦伐義渠，取郁郅。〔四〕後二年，義渠敗秦師于李伯。〔五〕明年，秦伐義渠，取徒涇二十五城。〔六〕及昭王立，義渠王朝秦，遂與昭王母宣太后通，生二子。至王赧四十三年，宣太后誘殺義渠王於甘泉宮，因起兵滅之，始置隴西、北地、上郡焉。

〔一〕汧山、隴山之閒也，在今隴州汧源縣。

〔二〕即厲公二十三年伐也。

〔三〕操，名也。庶長，秦爵也。事見史記。

〔四〕縣名，屬北地郡。

〔五〕李伯，地名，未詳。

〔六〕徒涇，縣名，屬西河郡。

戎本無君長，夏后氏末及商周之際，或從侯伯征伐有功，天子爵之，以爲藩服。春秋時，陸渾、蠻氏戎稱子，戰國世，大荔、義渠稱王，及其衰亡，餘種皆反舊爲酋豪云。

羌無弋爰劍者，秦厲公時爲秦所拘執，以爲奴隸。不知爰劍何戎之別也。後得亡歸，而秦人追之急，藏於巖穴中得免。羌人云爰劍初藏穴中，秦人焚之，有景象如虎，爲其蔽火，得以不死。既出，又與劓女遇於野，〔一〕遂成夫婦。女恥其狀，被髮覆面，羌人因以爲俗，遂俱亡入三河閒。〔二〕諸羌見爰劍被焚不死，怪其神，共畏事之，推以爲豪。河湟閒少五穀，多禽獸，以射獵爲事，〔三〕爰劍教之田畜，遂見敬信，廬落種人依之者日益衆。羌人謂奴爲無弋，以爰劍嘗爲奴隸，故因名之。其後世世爲豪。

〔一〕劓，截鼻也。

〔二〕續漢書曰：「遂俱亡入河湟閒。」今此言三河，即黃河、賜支河、湟河也。

〔三〕湟水出金城郡臨羌縣。

至爰劍曾孫忍時，秦獻公初立，欲復穆公之迹，〔一〕兵臨渭首，滅狄豲戎。〔二〕忍季父卬畏秦之威，將其種人附落而南，出賜支河曲西數千里，與衆羌絕遠，不復交通。其後子孫分別，各自爲種，任隨所之。或爲氂牛種，越巂羌是也；或爲白馬種，廣漢羌是也；或爲參狼種，武都羌是也。忍及弟舞獨留湟中，並多娶妻婦。忍生九子爲九種，舞生十七子爲十七種，羌之興盛，從此起矣。

〔一〕穆公霸有西戎，公今欲復之。

〔二〕獂音丸。

及忍子研立，時秦孝公雄強，威服羌戎。孝公使太子駟率戎狄九十二國朝周顯王。研至豪健，故羌中號其後爲研種。及秦始皇時，務并六國，以諸侯爲事，兵不西行，故種人得以繁息。秦既兼天下，使蒙恬將兵略地，西逐諸戎，北卻衆狄，築長城以界之，衆羌不復南度。

至于漢興，匈奴冒頓兵強，破東胡，走月氏，威震百蠻，臣服諸羌。景帝時，研種留何率種人求守隴西塞，於是徙留何等於狄道、安故，至臨洮、氐道、羌道縣。〔一〕及武帝征伐四夷，開地廣境，北卻匈奴，西逐諸羌，乃度河、湟，築令居塞；〔二〕初開河西，列置四郡，〔三〕通道玉門，隔絕羌胡，使南北不得交關。於是障塞亭燧出長城外數千里。時先零羌與封養牢姐種解仇結盟，〔四〕與匈奴通，合兵十餘萬，共攻令居、安故，遂圍枹罕。〔五〕漢遣將軍李息、郎中令徐自爲將兵十萬人擊平之。始置護羌校尉，持節統領焉。羌乃去湟中，依西海、鹽池左右。〔六〕漢遂因山爲塞，河西地空，稍徙人以實之。

〔一〕氐音丁兮反。五縣並屬隴西郡。

〔二〕令居，縣，屬金城郡。令音零。

〔三〕酒泉、武威、張掖、敦煌也。

〔四〕姐音紫。

〔五〕安故，縣，屬隴西郡。枹罕，縣，屬金城郡。枹音鈇。

〔六〕金城郡臨羌縣有鹽池也。

至宣帝時，遣光祿大夫義渠安國〔一〕覘行諸羌，其先零種豪言：「願得度湟水，逐人所不田處以爲畜牧。」安國以事奏聞，後將軍趙充國以爲不可聽。後因緣前言，遂度湟水，郡縣不能禁。至元康三年，先零乃與諸羌大共盟誓，將欲寇邊。帝聞，復使安國將兵觀之。安國至，召先零豪四十餘人斬之，因放兵擊其種，斬首千餘級。於是諸羌怨怒，遂寇金城。乃遣趙充國與諸將將兵六萬人擊破平之。至研十三世孫燒當立。元帝時，彡姐等七種羌寇隴西，〔二〕遣右將軍馮奉世擊破降之。從爰劒種五世至研，研最豪健，自後以研爲種號。十三世至燒當，復豪健，其子孫更以燒當爲種號。自彡姐羌降之後數十年，四夷賓服，邊塞無

事。至王莽輔政，欲燿威德，以懷遠爲名，乃令譯諷旨諸羌，使共獻西海之地，初開以爲郡，築五縣，邊海亭燧相望焉。〔三〕

〔一〕義渠，姓也。

〔二〕彡音先廉反，又所廉反。姐音紫。

〔三〕燧，烽也。

滇良者，燒當之玄孫也。時王莽末，四夷內侵，及莽敗，衆羌遂還據〔西海〕爲寇。更始、赤眉之際，羌遂放縱，寇金城、隴西。隗囂雖擁兵而不能討之，乃就慰納，因發其衆與漢相拒。建武九年，隗囂死，司徒掾班彪上言：「今涼州部皆有降羌，羌胡被髮左衽，而與漢人雜處，習俗既異，言語不通，數爲小吏黠人所見侵奪，窮恚無聊，故致反叛。夫蠻夷寇亂，皆爲此也。舊制益州部置蠻夷騎都尉，幽州部置領烏桓校尉，涼州部置護羌校尉，皆持節領護，理其怨結，歲時循行，問所疾苦。又數遣使驛通動靜，使塞外羌夷爲吏耳目，州郡因此可得儆備。今宜復如舊，以明威防。」光武從之，卽以牛邯爲護羌校尉，持節如舊。及邯卒而職省。十年，先零豪與諸種相結，復寇金城、隴西，遣中郎將來歙等擊之，大破。事已具歙傳。十一年夏，先零種復寇臨洮，隴西太守馬援破降之。後悉歸服，徙置天水、隴西、扶風三郡。明年，武都參狼羌反，援又破降之。事已具援傳。

自燒當至滇良，世居河北大允谷，種小人貧。而先零、卑湳並皆强富，數侵犯之。〔一〕滇良父子積見陵易，憤怒，而素有恩信於種中，於是集會附落及諸雜種，乃從大榆入，掩擊先零、卑湳，大破之，殺三千人，掠取財畜，奪居其地大榆中，由是始强。

〔一〕湳音乃感反。

滇良子滇吾立。中元元年，武都參狼羌反，殺略吏人，太守與戰不勝，隴西太守劉盱遣從事辛都、監軍掾李苞，將五千人赴武都，與羌戰，斬其酋豪，首虜千餘人。時武都兵亦更破之，斬首千餘級，餘悉降。時滇吾附落轉盛，常雄諸羌，每欲侵邊者，滇吾轉教以方略，爲其渠帥。二年秋，燒當羌滇吾與弟滇岸率步騎五千寇隴西塞，劉盱遣兵於枹罕擊之，不能克，又戰於允街，〔一〕爲羌所敗，殺五百餘人。於是守塞諸羌皆復相率爲寇。遣謁者張鴻領諸郡兵擊之，戰於允吾、唐谷，〔二〕軍敗，鴻及隴西長史田颯皆沒。又天水兵爲牢姐種所敗於白石，死者千餘人。〔三〕

〔一〕允音鈆。街音階。縣名，屬金城郡。

〔二〕允音鈆。吾音牙。縣名，屬金城郡。唐谷故城在今鄯州湟水縣西也。

〔三〕白石，縣名，屬金城郡，有白石山。

時燒何豪有婦人比銅鉗者，年百餘歲，多智筭，爲種人所信向，皆從取計策。時爲盧水胡所擊，比銅鉗乃將其衆來依郡縣。種人頗有犯法者，臨羌長收繫比銅鉗，而誅殺其種六七百人。顯宗憐之，乃下詔曰：「昔桓公伐戎而無仁惠，故春秋貶曰『齊人』。〔一〕今國家無德，思不及遠，羸弱何辜，而當并命！夫長平之暴，非帝者之功，〔二〕咎由太守長吏妄加殘戮。比銅鉗尚生者，所在致醫藥養視，令招其種人，若欲歸故地者，厚遣送之。其小種若束手自詣，欲効功者，皆除其罪。若有逆謀爲吏所捕，而獄狀未斷，悉以賜有功者。」

〔一〕春秋莊公三十年：「齊人伐山戎。」公羊傳曰：「此齊侯也。其稱人何？貶也。」何休注云：「戎亦天地之所生，乃迫殺之，惡不仁也。」

〔二〕言帝王好生惡殺，故不以爲功也。史記曰，白起，昭王時爲上將軍，擊趙，趙不利，將軍趙括與六十萬人請降，起乃盡阬之，遺其小者二百四十人。

永平元年，復遣中郎將竇固、捕虜將軍馬武等擊滇吾於西邯，大破之。事已具武等傳。滇吾遠引去，餘悉散降，徙七千口置三輔。以謁者竇林領護羌校尉，居狄道。林爲諸羌所信，而滇岸遂詣林降。林爲下吏所欺，謬奏上滇岸以爲大豪，承制封爲歸義侯，加號漢大都尉。明年，滇吾復降，林復奏其第一豪，與俱詣闕獻見。帝怪一種兩豪，疑其非實，以事詰林。林辭窘，〔一〕乃僞對曰：「滇岸卽滇吾，隴西語不正耳。」帝窮驗知之，怒而免林官。會涼州刺史又奏林臧罪，遂下獄死。謁者郭襄代領校尉事，到隴西，聞涼州羌盛，還詣闕，抵罪，於是復省校尉官。滇吾子東吾立，以父降漢，乃入居塞內，謹愿自守。而諸弟迷吾等數爲寇盜。

〔一〕窘，窮也。

肅宗建初元年，安夷縣吏略妻卑湳種羌婦，吏爲其夫所殺，安夷長宗延追之出塞，〔一〕種人恐見誅，遂共殺延，而與勒姐及吾良二種相結爲寇。隴西太守孫純遣從事李睦及金城兵會和羅谷，與卑湳等戰，斬首虜數百人。復拜故度遼將軍吳棠領護羌校尉，居安夷。二年夏，迷吾遂與諸衆聚兵，欲叛出塞。金城太守郝崇追之，戰於荔谷，崇兵大敗，崇輕騎得脫，死者二千餘人。於是諸種及屬國盧水胡悉與相應，吳棠不能制，坐徵免。武威太守傅育代爲校尉，移居臨羌。迷吾又與封養種豪布橋等五萬餘人共寇隴西、漢陽，於是遣行車騎將軍馬防，長水校尉耿恭副，討破之。於是臨洮、索西、迷吾等悉降。防乃築索西城，〔二〕徙隴西南部都尉戍之，悉復諸亭候。至元和三年，迷吾復與弟號吾諸雜種反叛。秋，號吾先輕入寇隴西界，郡督烽掾李章追之，生得號吾，將詣郡。號吾曰：「獨殺我，無損於羌。誠得生歸，必悉罷兵，不復犯塞。」隴西太守張紆權宜放遣，羌卽爲解散，各歸故地。迷吾退居河北歸義城。傅育不欲失信伐之，乃募人鬭諸羌胡，羌胡不肯，遂復叛出塞，更依迷吾。

〔一〕安夷，縣名，屬金城郡。

〔二〕故城在今洮州。

章和元年，育上請發隴西、張掖、酒泉各五千人，諸郡太守將之，育自領漢陽、金城五千人，合二萬兵，與諸郡剋期擊之，令隴西兵據河南，張掖、酒泉兵遮其西。並未及會，育軍獨進。迷吾聞之，徙廬落去。育選精騎三千窮追之，夜至建威南三兜谷，去虜數里，須旦擊之，不設備。迷吾乃伏兵三百人，夜突育營，營中驚壞散走，育下馬手戰，殺十餘人而死，死者八百八十人。及諸郡兵到，羌遂引去。育，北地人也。顯宗初，爲臨羌長，與捕虜將軍馬武等擊羌滇吾，功冠諸軍；及在武威，威聲聞於匈奴。食祿數十年，秩奉盡贍給知友，妻子不免操井臼。肅宗下詔追褒美之。封其子毅爲明進侯，七百戶。以隴西太守張紆代爲校尉，將萬人屯臨羌。

迷吾既殺傅育，狃(忕)〔忕〕邊利。〔一〕章和元年，復與諸種步騎七千人入金城塞。張紆遣從事司馬防將千餘騎及金城兵會戰於木乘谷，迷吾兵敗走，因譯使欲降，紆納之。遂將種人詣臨羌縣，紆設兵大會，施毒酒中，羌飲醉，紆因自擊，伏兵起，誅殺酋豪八百餘人。斬迷吾等五人頭，以祭育冢。復放兵擊在山谷閒者，斬首四百餘人，得生口二千餘人。迷吾子迷唐及其種人向塞號哭，與燒何、當煎、當闐等相結，以子女及金銀娉納諸種，解仇交質，將五千人寇隴西塞，太守寇盱與戰於白石，迷唐不利，引還大、小榆谷，北招屬國諸胡，會集附落，種衆熾盛，張紆不能討。永元元年，紆坐徵，以張掖太守鄧訓代爲校尉，稍以賞賂離閒之，由是諸種少解。

〔一〕狃（伏）〔忕〕，慣習也。狃音女九反。（伏）〔忕〕音時制反。

東吾子東號立。是時號吾將其種人降。校尉鄧訓遣兵擊迷唐，迷唐去大、小榆谷，徙居頗巖谷。和帝永元四年，訓病卒，蜀郡太守聶尚代爲校尉。尚見前人累征不克，欲以文德服之，乃遣驛使招呼迷唐，使還居大、小榆谷。迷唐既還，遣祖母卑缺詣尚，尚自送至塞下，爲設祖道，令譯田汜等五人護送至廬落。迷唐因而反叛，遂與諸種共生屠裂汜等，以血盟詛，復寇金城塞。五年，尚坐徵免，居延都尉貫友代爲校尉。友以迷唐難用德懷，終於叛亂，乃遣驛使搆離諸種，誘以財貨，由是解散。友乃遣兵出塞，攻迷唐於大、小榆谷，獲首虜八百餘人，收麥數萬斛，遂夾逢留大河築城塢，作大航，造河橋，欲度兵擊迷唐。迷唐乃率部落遠依賜支河曲。至八年，友病卒，漢陽太守史充代爲校尉。充至，遂發湟中羌胡出塞擊迷唐，而羌迎敗充兵，殺數百人。明年，充坐徵，代郡太守吳祉代爲校尉。其秋，迷唐率八千人寇隴西，殺數百人，乘勝深入，脅塞內諸種羌共爲寇盜，衆羌復悉與相應，合步騎三萬人，擊破隴西兵，殺大夏長。〔一〕遣行征西將軍劉尚、越騎校尉趙代副，將北軍五營、黎陽、雍營、三輔積射及邊兵羌胡三萬人討之。〔二〕尙屯狄道，代屯枹罕。尙遣司馬寇盱監諸郡兵，四面並會。迷唐懼，弃老弱奔入臨洮南。尙等追至高山。迷唐窮迫，率其精強大戰。盱斬虜千餘人，得牛馬羊萬餘頭。迷唐引去。漢兵死傷亦多，不能復追，乃還入塞。明年，尙、代並坐畏懦徵下獄，免。謁者王信領尙營屯枹罕，謁者耿譚領代營屯白石。譚乃設購賞，諸種頗來內附。迷唐恐，乃請降。信、譚遂受降罷兵，遣迷唐詣闕。其餘種人不滿二千，飢窘不立，入居金城。和帝令迷唐將其種人還大、小榆谷。迷唐以爲漢作河橋，兵來無常，故地不可復居，辭以種人飢餓，不肯遠出。吳祉等乃多賜迷唐金帛，令糴穀市畜，促使出塞，種人更懷猜驚。十二年，遂復背叛，乃脅將湟中諸胡，寇鈔而去。王信、耿譚、吳祉皆坐徵，以酒泉太守周鮪代爲校尉。明年，迷唐復還賜支河曲。

〔一〕大夏，縣名，屬隴西郡。

〔二〕五營卽五校也。雍營卽扶風都尉屯也。黎陽營解見南匈奴傳也。

初，累姐種附漢，迷唐怨之，遂擊殺其酋豪，由是與諸種爲讎，黨援益疎。其秋，迷唐復將兵向塞，周鮪與金城太守侯霸，及諸郡兵、屬國湟中月氏諸胡、隴西牢姐羌，合三萬人，出塞至允川，與迷唐戰。周鮪還營自守，唯侯霸兵陷陳，斬首四百餘級。羌衆折傷，種人瓦解，降者六千餘口，分徙漢陽、安定、隴西。迷唐遂弱，其種衆不滿千人，遠踰賜支河首，依發羌居。明年，周鮪坐畏懦徵，侯霸代爲校尉。安定降羌燒何種脅諸羌數百人反叛，郡兵擊滅之，悉沒入弱口爲奴婢。

時西海及大、小榆谷左右無復羌寇。隃麋相曹鳳上言：〔一〕「西戎爲害，前世所患，臣不能紀古，且以近事言之。自建武以來，其犯法者，常從燒當種起。所以然者，以其居大、小榆谷，土地肥美，又近塞內，諸種易以爲非，難以攻伐。南得鍾存以廣其衆，北阻大河因以爲固，又有西海魚鹽之利，緣山濱水，以廣田蓄，故能彊大，常雄諸種，恃其權勇，招誘羌胡。今者衰困，黨援壞沮，親屬離叛，餘勝兵者不過數百，亡逃棲竄，遠依發羌。臣愚以爲宜及此時，建復西海郡縣，規固二榆，廣設屯田，隔塞羌胡交關之路，遏絕狂狡窺欲之源。又殖穀富邊，省委輸之役，國家可以無西方之憂。」於是拜鳳爲金城西部都尉，將徙士屯龍耆。〔二〕後金城長史上官鴻上開置歸義、建威屯田二十七部，侯霸復上置東西邯屯田五部，〔三〕增留、逢二部，帝皆從之。列屯夾河，合三十四部。其功垂立。至永初中，諸羌叛，乃罷。迷唐失衆，病死。有一子來降，戶不滿數十。

〔一〕隃麋，縣名，屬右扶風。

〔二〕龍耆即龍支也，今鄯州縣。

〔三〕邯，水名。邯分流左右，在今廓州。

東號子麻奴立。初隨父降，居安定。時諸降羌布在郡縣，皆爲吏人豪右所徭役，積以愁怨。安帝永初元年夏，遣騎都尉王弘發金城、隴西、漢陽羌數百千騎征西域，弘迫促發遣，羣羌懼遠屯不還，行到酒泉，多有散叛。諸郡各發兵徼遮，或覆其廬落。於是勒姐、當煎大豪東岸等愈驚，遂同時奔潰。麻奴兄弟因此遂與種人俱西出塞。先零別種滇零與鍾羌諸種大爲寇掠，斷隴道。時羌歸附既久，無復器甲，或持竹竿木枝以代戈矛，或負板案以爲楯，或執銅鏡以象兵，郡縣畏懦不能制。冬，遣車騎將軍鄧騭、征西校尉任尚副，將五營及三河、三輔、汝南、南陽、潁川、太原、上黨兵合五萬人，屯漢陽。明年春，諸郡兵未及至，鍾羌數千人先擊敗騭軍於冀西，殺千餘人。校尉侯霸坐衆羌反叛徵免，以西域都護段禧代爲校尉。其冬，騭使任尚及從事中郎司馬鈞率諸郡兵與滇零等數萬人戰於平襄，〔一〕尚軍大敗，死者八千餘人。於是滇零等自稱「天子」於北地，招集武都、參狼、上郡、西河諸雜種，衆遂大盛，東犯趙、魏，南入益州，殺漢中太守董炳，遂寇鈔三輔，斷隴道。湟中諸縣粟石萬錢，百姓死亡不可勝數。朝廷不能制，而轉運難劇，遂詔騭還師，留任尚屯漢陽，爲諸軍節度。朝廷以鄧太后故，迎拜騭爲大將軍，封任尚樂亭侯，食邑三百戶。

〔一〕縣名，屬漢陽郡。

三年春，復遣騎都尉任仁督諸郡屯兵救三輔。仁戰每不利，衆羌乘勝，漢兵數挫。當煎、勒姐種攻沒破羌縣，鍾羌又沒臨洮縣，生得隴西南部都尉。明年春，滇零遣人寇褒中〔一〕，燔燒郵亭，大掠百姓。於是漢中太守鄭勤移屯褒中。軍營久出無功，有廢農桑，乃詔任尚將吏兵還屯長安，罷遣南陽、潁川、汝南吏士，置京兆虎牙都尉於長安，扶風都尉於雍，如西京三輔都尉故事。〔二〕時羌復攻褒中，鄭勤欲擊之。主簿段崇諫，以爲虜乘勝，鋒不可當，宜堅守待之。勤不從，出戰，大敗，死者三千餘人，段崇及門下史王宗、原展以身扞刃，與勤俱死。於是徙金城郡居襄武。〔三〕任仁戰累敗，而兵士放縱，檻車徵詣廷尉詔獄死。段禧病卒，復以前校尉侯霸代之，遂移居張掖。五年春，任尚坐無功徵免。羌遂入寇河東，至河內，百姓相驚，多奔南度河。使北軍中候朱寵將五營士屯孟津，詔魏郡、趙國、常山、中山繕作塢候六百一十六所。

〔一〕縣名，屬漢中郡。

〔二〕西京左輔都尉都高陵，右輔都尉都郿也。

〔三〕襄武，縣名，屬隴西郡。

羌既轉盛，而二千石、令、長多內郡人，並無守戰意，皆爭上徙郡縣以避寇難。朝廷從之，遂移隴西徙襄武，〔一〕安定徙美陽，〔二〕北地徙池陽，〔三〕上郡徙衙。〔四〕百姓戀土，不樂去舊，遂乃刈其禾稼，發徹室屋，夷營壁，破積聚。時連旱蝗飢荒，而驅蹙劫略，流離分散，隨道死亡，或弃捐老弱，或爲人僕妾，喪其太半。復以任尚爲侍御史，擊衆羌於上黨羊頭山，破之，〔五〕誘殺降者二百餘人，乃罷孟津屯。其秋，漢陽人杜琦及弟季貢、同郡王信等與羌通謀，聚衆入上邽城，琦自稱安漢將軍。於是詔購募得琦首者，封列侯，賜錢百萬，羌胡斬琦者賜金百斤，銀二百斤。漢陽太守趙博遣刺客杜習刺殺琦，封習討姦侯，賜錢百萬。而杜季貢、王信等將其衆據樗泉營。侍御史唐喜領諸郡兵討破之，斬王信等六百餘級，沒入妻子五百餘人，收金（錢）〔銀〕綵帛一億已上。杜（季）貢亡從滇零。六年，任尚復坐徵免。滇零死，子零昌代立，年尚幼少，同種狼莫爲其計策，以杜（季）貢爲將軍，別居丁奚城。七年夏，騎都尉馬賢與侯霸掩擊零昌別部牢羌於安定，首虜千人，得驢騾駱駝馬牛羊二萬餘頭，以畀得者。〔六〕

〔一〕縣名，屬隴西郡。

〔二〕縣名，屬右扶風。

〔三〕縣名，屬左馮翊。

〔四〕縣名，屬馮翊。衙音牙。

〔五〕羊頭山在上黨郡穀遠縣。

〔六〕廾音必四反。

元初元年春，遣兵屯河內，通谷衝要三十三所，皆作塢壁，設鳴鼓。零昌遣兵寇雍城，又號多與當煎、勒姐大豪共脅諸種，分兵鈔掠武都、漢中。巴郡板楯蠻將兵救之，漢中五官掾程信率壯士與蠻共擊破之。號多退走，還斷隴道，與零昌通謀。侯霸、馬賢將湟中吏人及降羌胡於枹罕擊之，斬首二百餘級。涼州刺史皮楊擊羌於狄道，大敗，死者八百餘人，楊坐徵免。侯霸病卒，漢陽太守龐參代爲校尉。參以恩信招誘之。二年春，號多等率衆七千餘人詣參降，遣詣闕，賜號多侯印綬遣之。參始還居令居，通河西道。而零昌種衆復分寇益州，遣中郎將尹就將南陽兵，因發益部諸郡屯兵擊零昌黨呂叔都等。至秋，蜀人陳省、羅橫應募，刺殺叔都，皆封侯賜錢。又使屯騎校尉班雄屯三輔，遣左馮翊司馬鈞行征西將軍，督右扶風仲光、安定太守杜恢、北地太守盛包、京兆虎牙都尉耿溥、右扶風都尉皇甫旗等，合八千餘人，又龐參將羌胡兵七千餘人，與鈞分道並北擊零昌。參兵至勇士東，爲杜季貢所敗，〔一〕於是引退。鈞等獨進，攻拔丁奚城，大克獲。杜季貢率衆僞逃。鈞令光、恢、包等收羌禾稼，光等違鈞節度，散兵深入，羌乃設伏要擊之。鈞在城中，怒而不救，光〔等〕並沒，死者三千餘人。鈞乃遁還，坐徵自殺。龐參以失期軍敗抵罪，以馬賢代領校尉事。後遣任尚爲中郎將，將羽林、緹騎、五營子弟三千五百人，代班雄屯三輔。尚臨行，懷令虞詡說尚曰：「使君頻奉國命討逐寇賊，三州屯兵二十餘萬人，弃農桑，疲苦徭役，而未有功効，勞費日滋。若此出不克，誠爲使君危之。」尚曰：「憂惶久矣，不知所如。」詡曰：「兵法弱不攻強，走不逐飛，自然之埶也。今虜皆馬騎，日行數百，來如風雨，去如絕弦，以步追之，埶不相及，所以曠而無功也。爲使君計者，莫如罷諸郡兵，各令出錢數千，二十人共市一馬，如此，可捨甲冑，馳輕兵，以萬騎之衆，逐數千之虜，追尾掩截，〔二〕其道自窮。便人利事，大功立矣。」尚大喜，卽上言用其計。乃遣輕騎鈔擊杜季貢於丁奚城，斬首四百餘級，獲牛馬羊數千頭。

〔一〕勇士，縣名，屬天水郡。

〔二〕尾猶尋也。

明年夏，度遼將軍鄧遵率南單于及左鹿蠡王須沈萬騎，擊零昌於靈州，〔一〕斬首八百餘級，封須沈爲破虜侯，金印紫綬，賜金帛各有差。任尚遣兵擊破先零羌於丁奚城。秋，築馮翊北界候塢五百所。任尚又遣假司馬募陷陳士，擊零昌於北地，殺其妻子，得牛馬羊二萬頭，燒其廬落，斬首七百餘級，得僭號文書及所沒諸將印綬。

〔一〕縣名，屬北地郡。

四年春，尙遣當闐種羌榆鬼等五人刺殺杜季貢，封榆鬼爲破羌侯。其夏，尹就以不能定益州，坐徵抵罪，以益州刺史張喬領尹就軍屯。招誘叛羌，稍稍降散。秋，任尙復募効功種號封刺殺零昌，封號封爲羌王。冬，任尙將諸郡兵與馬賢並進北地擊狼莫，賢先至安定青石岸，狼莫逆擊敗之。會尙兵到高平，〔一〕因合埶俱進，狼莫等引退，乃轉營迫之，至北地，相持六十餘日，戰於富平〔上〕河〔上〕，大破之，〔二〕斬首五千級，還得所略人男女千餘人，牛馬驢羊駱駞十餘萬頭，狼莫逃走，於是西河虔人種羌萬一千口詣鄧遵降。

〔一〕縣名，屬安定郡。

〔二〕富平，縣，屬北地郡。

五年，鄧遵募上郡全無種羌雕何等刺殺狼莫，賜雕何爲羌侯，封遵武陽侯，三千戶。遵以太后從弟故，爵封優大。任尙與遵爭功，又詐增首級，受賕枉法，臧千萬已上，檻車徵弃市，沒入田廬奴婢財物。自零昌、狼莫死後，諸羌瓦解，三輔、益州無復寇儆。

自羌叛十餘年閒，兵連師老，不暫寧息。軍旅之費，轉運委輸，用二百四十餘億，府帑空竭。延及內郡，邊民死者不可勝數，并涼二州遂至虛耗。

六年春，勒姐種與隴西種羌號良等通謀欲反，馬賢逆擊之於安故，斬號良及種人數百級，皆降散。

永寧元年春，上郡沈氏種羌五千餘人復寇張掖。其夏，馬賢將萬人擊之。初戰失利，死者數百人，明日復戰，破之，斬首千八百級，獲生口千餘人，馬牛羊以萬數，餘虜悉降。時當煎種大豪飢〔五〕等，以賢兵在張掖，乃乘虛寇金城，賢還軍追之出塞，斬首數千級而還。燒當、燒何種聞賢軍還，率三千餘人復寇張掖，殺長吏。初，飢五同種大豪盧忽、忍良等千餘戶別留允街，而首施兩端。〔一〕建光元年春，馬賢率兵召盧忽斬之，因放兵擊其種人，首虜二千餘人，掠馬牛羊十萬頭，忍良等皆亡出塞。璽書封賢安亭侯，食邑千戶。忍良等以麻奴兄弟本燒當世嫡，而賢撫恤不至，常有怨心。秋，遂相結共脅將諸種步騎三千人寇湟中，攻金城諸縣。賢將先零種赴擊之，戰於牧苑，兵敗，死者四百餘人。麻奴等又敗武威、張掖郡兵於令居，因脅將先零、沈氏諸種四千餘戶，緣山西走，寇武威。賢追到鸞鳥，招引之，〔二〕諸種降者數千，麻奴南還湟中。延光元年春，賢追到湟中，麻奴出塞度河，賢復追擊戰破之，種衆散遁，詣涼州刺史宗漢降。麻奴等孤弱飢困，其年冬，將種衆三千餘戶詣漢陽太守耿种降。安帝假金印紫綬，賜金銀綵繒各有差。是歲，虔人種羌與上郡胡反，攻穀羅城，度遼將軍耿夔將諸郡兵及烏桓騎赴擊破之。三年秋，隴西郡始還狄道焉。麻奴弟犀苦立。

〔一〕首施猶首鼠也。

〔三〕鸞鳥，縣名，屬武威郡，(鸞)〔鳥〕音爵。

順帝永建元年，隴西鍾羌反，校尉馬賢將七千餘人擊之，戰於臨洮，斬首千餘級，皆率種人降。進封賢都鄉侯。自是涼州無事。

至四年，尚書僕射虞詡上疏曰：「臣聞子孫以奉祖爲孝，君上以安民爲明，此高宗、周宣所以上配湯、武也。禹貢雍州之域，厥田惟上。且沃野千里，穀稼殷積，又有龜茲鹽池以爲民利。〔一〕水草豐美，土宜產牧，牛馬銜尾，羣羊塞道。北阻山河，乘阸據險。因渠以溉，水舂河漕。〔二〕用功省少，而軍糧饒足。故孝武皇帝及光武築朔方，開西河，置上郡，皆爲此也。而遭元元無妄之災，衆羌內潰，〔三〕郡縣兵荒二十餘年。夫弃沃壤之饒，損自然之財，不可謂利；離河山之阻，守無險之處，難以爲固。今三郡未復，園陵單外，〔四〕而公卿選懦，容頭過身，〔五〕張解設難，但計所費，不圖其安。宜開聖德，考行所長。」書奏，帝乃復三郡。使謁者郭璜督促徙者，各歸舊縣，繕城郭，置候驛。既而激河浚渠爲屯田，省內郡費歲一億計。遂令安定、北地、上郡及隴西、金城常儲穀粟，令周數年。

〔一〕上郡龜茲縣有鹽官，即雍州之域也。

〔二〕水舂，即水碓也

〔三〕前書音義曰：「無妄者，無所望也。萬物無所望於天，災異之大也。」

〔四〕園陵謂長安諸陵園也。單外謂無守固。

〔五〕前書音義曰：「選懦，柔怯也。」懦音而掾反。

馬賢以犀苦兄弟數背叛，因繫質於令居。〔一〕其冬，賢坐徵免，右扶風韓皓代爲校尉。明年，犀苦詣皓自言求歸故地，皓復不遣。因轉湟中屯田，置兩河閒，以逼羣羌。皓復坐徵，張掖太守馬續代爲校尉。兩河閒羌以屯田近之，恐必見圖，乃解仇詛盟，各自儆備。續欲先示恩信，乃上移屯田還湟中，羌意乃安。至陽嘉元年，以湟中地廣，更增置屯田五部，并爲十部。二年夏，復置隴西南部都尉如舊制。〔二〕

〔一〕令音零。

〔二〕前書南部都尉都隴西郡臨洮縣。

三年，鍾羌良封等復寇隴西、漢陽，詔拜前校尉馬賢爲謁者，鎭撫諸種。馬續遣兵擊良封，斬首數百級。四年，馬賢亦發隴西吏士及羌胡兵擊殺良封，斬首千八百級，獲馬牛羊五萬餘頭，良封親屬並詣〔賓〕〔賢〕降。賢復進擊鍾羌且昌，且昌等率諸種十餘萬詣涼州刺史降。永和元年，馬續遷度遼將軍，復以馬賢代爲校尉。初，武都塞上白馬羌攻破屯官，反叛連年。二年春，廣漢屬國都尉擊破之，斬首六百餘級，馬賢又擊斬其渠帥飢指累祖等三百級，於是隴右復平。明年冬，燒當種那離等三千餘騎寇金城塞，馬賢將兵赴擊，斬首四百餘級，獲馬千四百匹。那離等復西招羌胡，殺傷吏民。

四年，馬賢將湟中義從兵及羌胡萬餘騎掩擊那離等，斬之，獲首虜千二百餘級，得馬騾羊十萬餘頭。徵賢爲弘農太守，以來機爲并州刺史，劉秉爲涼州刺史，並當之職。大將軍梁商謂機等曰：「戎狄荒服，蠻夷要服，〔一〕言其荒忽無常。而統領之道，亦無常法，臨事制宜，略依其俗。今三君素性疾惡，欲分明白黑。孔子曰：『人而不仁，疾之已甚，亂也。』〔二〕況戎狄乎！其務安羌胡，防其大故，忍其小過。」機等天性虐刻，〔三〕到州之日，多所擾發。

〔一〕荒服，在九州之外也，言其荒忽無常。要服，在九州之內，侯衞之外，言以文德要來之。

〔二〕論語文也。鄭玄注云：「不仁之人，當以風化之，疾之已甚，是又使之爲亂行。」

〔三〕「虐」或作「庸」。庸，薄也。

五年夏，且凍、傅難種羌等遂反叛，攻金城，與西塞及湟中雜種羌胡大寇三輔，殺害長吏。機、秉並坐徵。於是發京師近郡及諸州兵討之，拜馬賢爲征西將軍，以騎都尉耿叔副，將左右羽林、五校士及諸州郡兵十萬人屯漢陽。又於扶風、漢陽、隴道作塢壁三百所，置屯兵，以保聚百姓。且凍分遣種人寇武都，燒隴關，掠苑馬。六年春，馬賢將五六千騎擊之，到射姑山，〔一〕賢軍敗，賢及二子皆戰歿。順帝愍之，賜布三千匹，穀千斛，封賢孫光爲舞陽亭侯，租入歲百萬。遣侍御史督錄征西營兵，存恤死傷。

〔一〕射音夜。

於是東西羌遂大合。鞏唐種三千餘騎寇隴西，又燒園陵，掠關中，殺傷長吏，郃陽令任頵追擊，戰死。〔一〕遣中郎將龐淩募勇士千五百人頓美陽，爲涼州援。武威太守趙沖追擊鞏唐羌，斬首四百餘級，得馬牛羊驢萬八千餘頭，羌二千餘人降。詔沖督河西四郡兵爲節度。罕種羌千餘寇北地，北地太守賈福與趙沖擊之，不利。秋，諸種八九千騎寇武威，涼部震恐。於是復徙安定居扶風，北地居馮翊，遣行車騎將軍執金吾張喬將左右羽林、五校士及河內、南陽、汝南兵萬五千屯三輔。漢安元年，以趙沖爲護羌校尉。沖招懷叛羌，罕種乃率邑落五千餘戶詣沖降。於是罷張喬軍屯。唯燒何種三千餘落據參䜌北界。〔二〕三年夏，趙沖與漢陽太守張貢掩擊之，斬首千五百級，得牛羊驢十八萬頭。冬，沖擊諸種，斬首四千餘級。詔沖一子爲郎。沖復追擊於阿陽，斬首八百級。〔三〕於是諸種前後三萬餘戶詣涼州刺史降。

〔一〕郃陽，〔今〕同州縣也。頵音於筠反。

〔二〕參䜌，縣名，屬安定郡。䜌音力全反。

〔三〕阿陽，縣，屬漢陽郡。

建康元年春，護羌從事馬玄遂爲諸羌所誘，將羌衆亡出塞，領護羌校尉衞瑤追擊玄等，斬首八百餘級，得牛馬羊二十餘萬頭。趙沖復追叛羌到建威鸇陰河。〔一〕軍度〔未〕竟，所將降胡六百餘人叛走，沖將數百人追之，遇羌伏兵，與戰歿。沖雖身死，而前後多所斬獲，羌由是衰耗。永嘉元年，封沖子愷義陽亭侯。以漢陽太守張貢代爲校尉。左馮翊梁並稍以恩信招誘之，於是離湳、狐奴等五萬餘戶詣並降，隴右復平。並，大將軍冀之宗人。封爲鄠侯，邑二千戶。

〔一〕續漢書「建威」作「武威」。鸇陰，縣名，屬安定郡。

自永和羌叛，至乎是歲，十餘年閒，費用八十餘億。諸將多斷盜牢稟，私自潤入，〔一〕皆以珍寶貨賂左右，上下放縱，不恤軍事，士卒不得其死者，白骨相望於野。

〔一〕前書音義曰：「牢，價直。」

桓帝建和二年，白馬羌寇廣漢屬國，殺長吏。是時西羌及湟中胡復畔爲寇，益州刺史率板楯蠻討破之，斬首招降二十萬人。

永壽元年，校尉張貢卒，以前南陽太守第五訪代爲校尉，甚有威惠，西垂無事。延熹二年，訪卒，以中郎將段熲代爲校尉。時燒當八種寇隴右，熲擊大破之。四年，零吾復與先零及上郡沈氏、牢姐諸種并力寇并、涼及三輔。會段熲坐事徵，以濟南相胡閎代爲校尉。閎無威略，羌遂陸梁，覆沒營塢，寇患轉盛，中郎將皇甫規擊破之。五年，沈氐諸種復寇張掖、酒泉，皇甫規招之，皆降。事已具規傳。鳥吾種復寇漢陽，隴西、金城諸郡兵共擊破之，各還降附。至冬，滇那等五六千人復攻武威、張掖、酒泉，燒民廬舍。六年，隴西太守孫羌擊破之，斬首溺死三千餘人。胡閎疾，復以段熲爲校尉。

永康元年，東羌岸尾等脅同種連寇三輔，中郎將張奐追破斬之，事已具奐傳。當煎羌寇武威，破羌將軍段熲復破滅之，餘悉降散。事已具熲傳。靈帝建寧三年，燒當羌奉使貢獻。中平元年，北地降羌先零種因黃巾大亂，乃與(漢)〔湟〕中羌、義從胡北宮伯玉等反，寇隴右。事已具董卓傳。興平元年，馮翊降羌反，寇諸縣，郭汜、樊稠擊破之，斬首數千級。

自爰劒後，子孫支分凡百五十種。其九種在賜支河首以西，及在蜀、漢徼北，前史不載口數。唯參狼在武都，勝兵數千人。其五十二種衰少，不能自立，分散爲附落，或絕滅無後，或引而遠去。其八十九種，唯鍾最強，勝兵十餘萬。其餘大者萬餘人，小者數千人，更相鈔盜，盛衰無常，無慮順帝時勝兵合可二十萬人。〔二〕發羌、唐旄等絕遠，未嘗往來。氂牛、白馬羌在蜀、漢，其種別名號，皆不可紀知也。建武十三年，廣漢塞外白馬羌豪樓登等率種人五千餘戶內屬，光武封樓登爲歸義君長。至和帝永元六年，蜀郡徼外大牂夷種羌豪造頭等率種人五十餘萬口內屬，拜造頭爲邑君長，賜印綬。至安帝永初元年，蜀郡徼外羌龍橋等六種萬七千二百八十口內屬。明年，蜀郡徼外羌薄申等八種三萬六千九百口復舉土內屬。冬，廣漢塞外參狼種羌二千四百口復來內屬。桓帝建和二年，白馬羌千餘人寇廣漢屬國，殺長吏，益州刺史率板楯蠻討破之。

〔一〕無慮猶都凡也。

湟中月氏胡，其先大月氏之別也，舊在張掖、酒泉地。月氏王爲匈奴冒頓所殺，餘種分散，西踰葱領。其羸弱者南入山阻，依諸羌居止，遂與共婚姻。及驃騎將軍霍去病破匈奴，取西河地，開湟中，於是月氏來降，與漢人錯居。雖依附縣官，而首施兩端。其從漢兵戰鬬，隨埶強弱。被服飮食言語略與羌同，亦以父名母姓爲種。其大種有七，勝兵合九千餘人，分在湟中及令居。又數百戶在張掖，號曰義從胡。中平元年，與北宮伯玉等反，殺護羌校尉泠徵、金城太守陳懿，遂寇亂隴右焉。

論曰：羌戎之患，自三代尙矣。漢世方之匈奴，頗爲衰寡，而中興以後，邊難漸大。朝規失綏御之和，戎帥騫然諾之信。其內屬者，或倥傯於豪右之手，或屈折於奴僕之勤。塞候時淸，則憤怒而思禍；桴革暫動，則屬鞬以鳥驚。〔一〕故永初之閒，羣種蜂起。遂解仇嫌，結盟詛，招引山豪，轉相嘯聚，揭木爲兵，負柴爲械。（轂）〔彀〕馬揚埃，陸梁於三輔；建號稱制，恣睢於北地。〔二〕東犯趙、魏之郊，南入漢、蜀之鄙，塞湟中，斷隴道，燒陵園，剽城市，傷敗踵係，羽書日聞。〔三〕并、涼之士，特銜殘斃，壯悍則委身於兵場，女婦則徽纆而爲虜，〔四〕發冢露胔，死生塗炭。〔五〕自西戎作逆，未有陵斥上國若斯其熾也。和熹以女君親政，威不外接。朝議憚兵力之損，情存苟安。或以邊州難援，宜見捐弃；或懼疽食浸淫，莫知所限。謀夫回遑，猛士疑慮，遂徙西河四郡之人，雜寓關右之縣。發屋伐樹，塞其戀土之心；燔破貲積，以防顧還之思。於是諸將鄧騭、任尚、馬賢、皇甫規、張奐之徒，爭設雄規，更奉征討之命，徵兵會衆，以圖其隙。馳騁東西，奔救首尾，搖動數州之境，日耗千金之資。至於假人增賦，借奉侯王，引金錢縑綵之珍，徵糧粟鹽鐵之積。所以賂遺購賞，轉輸勞來之費，前後數十巨萬。或梟剋酋健，摧破附落，降俘載路，牛羊滿山。軍書未奏其利害，而離叛之狀已言矣。〔六〕故得不酬失，功不半勞。暴露師徒，連年而無所勝。官人屈竭，烈士憤喪。段熲受事，專掌軍任，資山西之猛性，練戎俗之態情，窮武思盡飈銳以事之。被羽前登，身當百死之陳，〔七〕蒙沒冰雪，經履千折之道，始殄西種，卒定東寇。若乃陷擊之所殲傷，追走之所崩籍，頭顱斷落於萬丈之山，支革判解於重崖之上，不可校計。〔八〕其能穿竄草石，自脫於鋒鏃者，百不一二。而張奐盛稱「戎狄一氣所生，不宜誅盡，流血汙野，傷和致妖」。

是何言之迂乎！羌雖外患，實深內疾，若攻之不根，是養疾疴於心腹也。〔九〕惜哉寇敵略定矣，而漢祚亦衰焉。嗚呼！昔先王疆理九土，判別畿荒，知夷貊殊性，難以道御，故斥遠諸華，薄其貢職，唯與辭要而已。若二漢御戎之方，失其本矣。何則？先零侵境，趙充國遷之內地；〔一〇〕（當）煎〔當〕作寇，馬文淵徙之三輔。貪其暫安之執，信其馴服之情，計日用之權宜，忘經世之遠略，豈夫識微者之爲乎？故微子垂泣於象箸，〔一一〕辛有浩歎於伊川也。〔一二〕

〔一〕桴，擊鼓槌也。革，甲也。鞬，箭服也。左傳晉文公曰：「右屬（櫜）〔櫜〕鞬。」鞬音紀言反。

〔二〕前書班固曰：「乃始恣睢，奮其威詐。」恣睢，肆怒之貌也。睢音火季反。

〔三〕羽書卽檄書也。魏武奏事曰「邊有警急，卽插羽以示急」也。

〔四〕說文曰：「徽，糾繩也。纆，索也。」

〔五〕胔音才賜反。

〔六〕奏猶上也。

〔七〕前書楊雄曰「蒙盾負羽」也。

〔八〕顱音盧。廣雅曰：「顱，顯顊也。」支謂四支。革，皮也。

〔九〕根謂盡其根本。

〔一〇〕宣帝時，後將軍趙充國擊先零，還，於金城郡置屬國，以處降羌。

〔一一〕帝王紀曰：「紂作象箸，箕子爲父師，歎曰：『象箸不施於土簋，不盛於菽藿，必須犀玉之杯，食熊蹯豹胎。』」臣賢案：史記及韓子並云「箕子」，今云「微子」，蓋誤。

〔三〕左傳曰：「周平王之東遷也，大夫辛有適伊川，見被髮而祭於野者，曰：『不及百年，此其戎乎！』」後秦遷陸渾戎于伊川。言中國之地不宜徙戎狄居之，後將爲患也。

贊曰：金行氣剛，播生西羌。氐豪分種，遂用殷彊。虔劉隴北，假僭涇陽。〔一〕朝勞內謀，兵憊外攘。〔二〕

〔一〕涇陽，縣，屬安定郡。

〔二〕憊，疾亟也，音白拜反。

校勘記

二八六九頁五行　西北〔接〕鄯善車師諸國　據通志補。

二八七〇頁三行　金〔玉〕〔王〕之域　據汲本改，與今本素問合。

二八七二頁三行　帝武乙卽武丁〔五〕〔三〕代孫　按：武丁子爲祖庚，祖庚弟爲祖甲，祖甲子爲廩辛，廩辛弟爲庚丁，庚丁子爲武乙，則武乙乃武丁三世孫，「五」當作「三」，各本皆未正，今改。

二八七二頁六行　西落鬼戎　按：「戎」原誤「戍」，逕改正。

二八七二頁七行　太丁武〔丁〕〔乙〕子也　據殿本、集解本改。按：殿本考證王會汾謂武丁三世孫爲武乙，武乙子爲太丁，諸本俱誤，今改正。

二六七二頁一行　晉人敗北戎于汾隰　按：王念孫讀書雜志餘編謂汾隰謂汾水旁下溼之地，李注以爲二水名，非也。並舉左桓三年「逐翼侯于汾隰」，杜注「汾隰，汾水邊」爲證。今依王說標點，「隰」字不加標號，「汾」與「隰」之間不加頓號。

二六七三頁一一行　單浮餘(國)〔圍〕蠻氏　按：左傳哀公四年「單浮餘圍蠻氏」。「圍」作「國」，形近而譌，各本皆未正，今據改。

二六七三頁一三行　事並見左傳僖公十(二)〔一〕年　據汲本改。

二六七三頁一四行　事見僖〔公〕二十二年　據殿本補。

二六七三頁一五行　見左傳　按：汲本注末無此三字。又按：注「允姓陰戎之祖」云云，語見左傳杜預注。

二六七四頁七行　義渠侵秦至渭陰　按：沈家本謂史記表作「渭陽」，紀作「渭南」。

二六七四頁一三行　卽厲公二十三年伐也　按：據史記秦本紀及六國年表，「二十三」當「三十三」。

二六七四頁一四行　事見史記　按「史記」原作「左傳」。秦惠王時事不得見於左傳，事見史記六國年表，據改。

二六七五頁二行　徒涇縣名屬西河郡　王先謙謂「涇」當作「經」。按：校補引柳從辰說，謂正文所謂「徒涇二十五城」，疑卽在今甘肅涇州境，非前漢西河郡之徒經。

二八七八頁六行　衆羌遂還據〔西海〕爲寇　據汲本、殿本補。

二八七八頁一一行　又數遣使驛通動靜　按：殿本「驛」作「譯」。校補謂通志作「驛」，與汲本同，或作「譯」者，當是依劉攽說改之耳。然東夷傳序「使驛不絕」，何義門雖以劉說爲正，並未改其字，則此亦不須改字。且譯驛古通作，孝經注「越裳重譯」，釋文「譯」本作「驛」是也。又按：校補引錢大昭說，謂閩本「通」下有「導」字。

二八七九頁一四行　屬金城郡　按：「郡」原譌「鄉」，逕據殿本、集解本改。

二八八一頁七行　故度遼將軍吳棠　按：集解引惠棟說，謂袁紀作「吳裳」。

二八八一頁八行　迷吾遂與諸衆聚兵　按：張森楷校勘記謂諸卽是衆，不當緟有，疑「衆」字當作「種」。

二八八二頁三行　秋號吾先輕入寇隴西界　按：沈家本謂紀在冬十月。

二八八二頁一一行　狃（伏）〔忕〕邊利　據汲本改。注同。

二八八三頁三行　紆因自擊伏兵起　按：刊誤謂案文當云「自擊鼓起伏兵」。

二八八三頁六行　和帝永元四年　按：集解引錢大昕說，謂上文已有永元元年，此又舉永元，詞之贅也。以傳例推之，「和帝」二字應移前文「永元元年」之上。

二八八三頁七行　乃遣驛使招呼迷唐　按：汲本、殿本「驛」作「譯」，下「乃遣驛使搆離諸種」同。

二八八三頁一五行　越騎校尉趙代　集解引惠棟說，謂代，趙憙子，和帝紀作「趙世」。又來歷傳有侍中趙代，別是一人。

二六八四頁一三行　累姐種附漢　按：汲本無「種」字，通志同。

二六八五頁六行　恃其權勇　通志、通鑑「權」並作「拳」，通鑑胡注引毛詩「無拳無勇」釋之。今按：權拳通。

二六八五頁一三行　戶不滿數十　按：汲本、殿本「十」並作「千」，通志同。

二六八六頁五行　先零別種　按：集解引惠棟說，謂通典此下有「歸南濠」三字。

二六八六頁一〇行　戰於平襄　按：集解引惠棟說，謂「襄」一作「壤」。

二六八七頁四行　漢中太守鄭勤　按：集解引惠棟說，謂華陽國志「勤」作「廑」，晉灼云廑古勤字。

二六八七頁一三行　右輔都尉都鄙也　按：下「都」字當作「治」，此避唐諱改。

二六八八頁六行　刺客杜習　按：集解引惠棟說，謂東觀記云「故吏杜習」。

二六八八頁八行　收金（錢）〔銀〕綵帛一億已上　據汲本、殿本改。

二六八八頁八行　杜〔季〕貢亡從滇零　據汲本、殿本補。下同。

二六八八頁九行　七年夏騎都尉馬賢與侯霸掩擊零昌別部牢羌於安定　按：沈家本謂紀在秋。

二六八九頁一〇行　督右扶風仲光　按：集解引惠棟說，謂東觀記作「种光」，見段熲傳注，袁紀云「扶風太守种暠」。

二八八九頁二行　安定太守杜恢　按：集解引惠棟說，謂袁紀云「南安太守杜佐」。

二八八九頁一四行　光〔等〕並沒　校補引錢大昭說，謂閩本「光」下有「等」字。今據補。

二八九〇頁四行　日行數百　按：通鑑「百」下有「里」字，是，此脫。

二八九一頁五行　戰於富平〔上〕河（上）　按：殿本考證謂以本紀參校，「河上」應作「上河」。今據改。

二八九一頁九行　封遵武陽侯　按：集解引惠棟說，謂鄧騭傳作「舞陽」。

二八九二頁一行　上郡沈氏種羌　按：汲本無「氏」字，通志亦作「沈種羌」，安紀則作「沈氐羌」。校補謂「種」字或卽「氐」字之誤，作「沈氏種羌」，乃別增一字矣。

二八九二頁三行　大豪飢〔五〕等　據汲本、殿本補。

二八九三頁二行　詣涼州刺史宗漢降　按：集解引惠棟說，謂宗漢卽宋漢。

二八九三頁一行　（鸞）〔鳥〕音爵　按：惠棟謂段熲傳云「鳥音爵」，通鑑胡注「鳥讀曰雀」。今據改。

二八九四頁二行　馬賢亦發隴西吏士及羌胡兵擊殺良封　汲本「亦」作「以」，通志同。按：校補謂疑皆「因」字之譌。如作「亦」，則下當云「擊良封殺之」，不當云「擊殺良封」。

二八九四頁一三行　良封親屬並詣（賓）〔賢〕降　據殿本改。

二八九五頁三行　劉秉爲涼州刺史　按：集解引惠棟說，謂袁紀「劉秉」作「劉康」。

二八九五頁五行　今三君素性疾惡　刊誤謂時與二人語，何緣得三，明是「二」字。按：集解引惠棟說，謂袁紀作「二君」。

二六九五頁一三行　又於扶風漢陽隴道作塢壁三百所　按：校補引錢大昭說，謂本紀作「令扶風、漢陽築隴道塢三百所」，據此則「作」字當在「隴道」上。

二六九六頁四行　武威太守趙沖　按：「沖」原作「冲」，逕據汲本改，下同。

二六九六頁六行　罕種羌千餘寇北地　按：集解引惠棟說，謂順帝紀作「鞏唐羌」。

二六九六頁九行　三年夏　集解引惠棟說，謂帝紀「二年夏四月」。按：張森楷謂漢安三年夏四月改元建康，未改以前，得稱「三年」，然不得有「夏」，「三」當依帝紀作「二」。

二六九六頁一三行　郃陽〔今〕同州縣也　據集解引洪亮吉說補。

二六九六頁一四行　參䜌縣名屬安定郡　按：校補謂續志參䜌屬北地，云故屬安定。此在順帝末年，應已改屬，則「安定」當作「北地」。

二六九七頁一行　護羌校尉衞瑤　集解引錢大昕說，謂順帝紀作「衞琚」。按：通鑑亦作「衞琚」。

二六九七頁二行　軍度〔未〕竟　據汲本、殿本補。

二六九七頁七行　鶉陰縣名屬安定郡　集解引惠棟說，謂前志「鶉陰」作「鶉陰」。按：校補謂續志鶉陰屬武威，云故屬安定。此在順帝末年，應已改屬，則「安定」當作「武威」。

二六九八頁七行　乃與（漢）〔湟〕中羌義從胡北宮伯玉等反　錢大昭云「漢中」當作「湟中」。校補謂錢說是，各本皆失正。今據改。

二八九九頁九行　護羌校尉泠徵　集解引惠棟說，謂帝紀「泠」作「伶」，古文泠伶通。

二九〇〇頁一行　(㱿)〔轂〕馬揚埃　據汲本改。

二九〇〇頁七行　燔破貲積　按：汲本、殿本「貲」譌「胔」。李慈銘謂當作「燔貲破積」，破貲二字誤倒。

二九〇〇頁七行　於是諸將鄧騭　按：李慈銘謂「鄧騭」當是「鄧遵」。騭出師不久卽還，且非諸將伍也。

二九〇一頁四行　(當)煎〔當〕作寇　據集解引惠棟說改。

二九〇一頁六行　右屬(橐)〔櫜〕鞬　據汲本、殿本改。

二九〇二頁一六行　紂作象箸　按：「箸」原譌「著」，逕改正。注同。

後漢書卷八十八

西域傳第七十八

武帝時，西域內屬，有三十六國。漢爲置使者、校尉領護之。〔一〕宣帝改曰都護。〔二〕元帝又置戊己二校尉，屯田於車師前王庭。〔三〕哀平閒，自相分割爲五十五國。王莽篡位，貶易侯王，由是西域怨叛，〔四〕與中國遂絕，並復役屬匈奴。匈奴斂稅重刻，諸國不堪命，建武中，皆遣使求內屬，願請都護。光武以天下初定，未遑外事，竟不許之。會匈奴衰弱，莎車王賢誅滅諸國，賢死之後，遂更相攻伐。小宛、精絕、戎盧、且末爲鄯善所幷。〔五〕渠勒、皮山爲于寘所統，悉有其地。郁立、單桓、孤胡、烏貪訾離爲車師所滅。後其國並復立。永平中，北虜乃脅諸國共寇河西郡縣，城門晝閉。十六年，明帝乃命將帥，北征匈奴，取伊吾盧地，〔六〕置宜禾都尉以屯田，遂通西域，于寘諸國皆遣子入侍。西域自絕六十五載，乃復通焉。明年，始置都護、戊己校尉。及明帝崩，焉耆、龜茲〔七〕攻沒都護陳睦，悉覆其衆，匈奴、車師圍戊己校尉。建初元年春，酒泉太守段彭大破車師於交河城。章帝不欲疲敝中國以事夷狄，乃迎還戊己校尉，不復遣都護。二年，復罷屯田伊吾，匈奴因遣兵守伊吾地。時軍司馬班超留于窴，綏集諸國。和帝永元元年，大將軍竇憲大破匈奴。二年，憲因遣副校尉閻槃將二千餘騎掩擊伊吾，破之。三年，班超遂定西域，因以超爲都護，居龜茲。復置戊己校尉，領兵五百人，居車師前部高昌壁，又置戊部候，居車師後部候城，相去五百里。六年，班超復擊破焉耆，於是五十餘國悉納質內屬。其條支、安息諸國至于海瀕四萬里外，皆重譯貢獻。九年，班超遣掾甘英窮臨西海而還。〔八〕皆前世所不至，山經所未詳，莫不備其風土，傳其珍怪焉。於是遠國蒙奇、兜勒皆來歸服，遣使貢獻。

〔一〕前書曰，自李廣利征討大宛之後，屯田渠犂，置使者領護營田，以供使外國也。

〔二〕宣帝時，鄭吉以侍郎田渠犂，發兵攻車師，遷衞司馬，使護鄯善以西南道。其後匈奴日逐王降吉，漢以吉前破車師，後降日逐，遂幷令護車師以西北道，號曰都護。都護之置，始自於吉也。

〔三〕漢官儀曰：「戊己中央，鎭覆四方，又開渠播種，以爲厭勝，故稱戊己焉。」車師有前王、後王國也。

〔四〕前書曰，莽卽位，改匈奴單于印璽爲章，和親遂絕，西域亦瓦解焉。

〔五〕且音子余反。

〔六〕在今伊州伊吾縣也。

〔七〕龜茲讀曰丘慈，下並同。

〔八〕續漢書「甘英」作「甘菟」。

及孝和晏駕，西域背畔。安帝永初元年，頻攻圍都護任尙、段禧等，〔一〕朝廷以其險遠，難相應赴，詔罷都護。自此遂弃西域。北匈奴卽復收屬諸國，共爲邊寇十餘歲。敦煌太守曹宗患其暴害，元初六年，乃上遣行長史索班，將千餘人屯伊吾以招撫之，於是車師前王及鄯善王來降。數月，北匈奴復率車師後部王共攻沒班等，遂擊走其前王。鄯善逼急，求救於曹宗，宗因此請出兵擊匈奴，報索班之耻，復欲進取西域。鄧太后不許，但令置護西域副校尉，居敦煌，復部營兵三百人，羈縻而已。其後北虜連與車師入寇河西，朝廷不能禁，議者因欲閉玉門、陽關，以絕其患。〔二〕

〔一〕禧音喜基反。

〔二〕玉門、陽關，二關名也，在敦煌西界。

延光二年，敦煌太守張璫上書陳三策，以爲「北虜呼衍王常展轉蒲類、秦海之閒，〔一〕專制西域，共爲寇鈔。今以酒泉屬國吏士二千餘人集昆侖塞，〔二〕先擊呼衍王，絕其根本，因發鄯善兵五千人脅車師後部，此上計也。若不能出兵，可置軍司馬，將士五百人，四郡供其犂牛、穀食，出據柳中，此中計也。〔三〕如又不能，則宜弃交河城，收鄯善等悉使入塞，此下計也」。朝廷下其議。尙書陳忠上疏曰：「臣聞八蠻之寇，莫甚北虜。漢興，高祖窘平城之圍，太宗屈供奉之耻。〔四〕故孝武憤怒，深惟久長之計，命遣虎臣，浮河絕漠，窮破虜庭。〔五〕

當斯之役，黔首隕於狼望之北，財幣糜於盧山之壑，〔六〕府庫單竭，杼柚空虛，筭至舟車，貲及六畜。〔七〕夫豈不懷，慮久故也。〔八〕遂開河西四郡，以隔絕南羌，〔九〕收三十六國，斷匈奴右臂。是以單于孤特，鼠竄遠藏。至於宣、元之世，遂備蕃臣，〔一〇〕關徼不閉，羽檄不行。由此察之，戎狄可以威服，難以化狎。西域內附日久，區區東望扣關者數矣，此其不樂匈奴慕漢之效也。今北虜已破車師，埶必南攻鄯善，弃而不救，則諸國從矣。若然，則虜財賄益增，膽埶益殖，〔一一〕威臨南羌，與之交連。如此，河西四郡危矣。河西既危，不得不救，則百倍之役興，不訾之費發矣。議者但念西域絕遠，卹之煩費，不見先世苦心勤勞之意也。方今邊境守禦之具不精，內郡武衛之備不脩，敦煌孤危，遠來告急，復不輔助，內無以慰勞吏民，外無以威示百蠻。蹙國減土，經有明誡。〔一二〕臣以爲敦煌宜置校尉，案舊增四郡屯兵，以西撫諸國。庶足折衝萬里，震怖匈奴。」〔一三〕帝納之，乃以班勇〔一四〕爲西域長史，將弛刑士五百人，西屯柳中。勇遂破平車師。自建武至于延光，西域三絕三通。順帝永建二年，勇復擊降焉耆。於是龜茲、疏勒、于寘、莎車等十七國皆來服從，而烏孫、葱領已西遂絕。六年，帝以伊吾舊膏腴之地，傍近西域，匈奴資之，以爲鈔暴，復令開設屯田如永元時事，置伊吾司馬一人。自陽嘉以後，朝威稍損，諸國驕放，轉相陵伐。元嘉二年，長史王敬爲于寘所沒。永興元年，車師後王復反攻屯營。雖有降首，〔一五〕曾莫懲革，自此寖以疏慢矣。班固記諸國風土人俗，皆已詳備前書。今撰建武以後其事異於先者，以爲西域傳，皆安帝末班勇所記云。

〔一〕大秦國在西海西，故曰秦海也。

〔二〕前書敦煌郡廣至縣有昆侖障也，宜禾都尉居也。廣至故城在今瓜州常樂縣東。

〔三〕武帝初置酒泉、武威、張掖、敦煌，列四郡，據兩關焉。柳中，今西州縣也。

〔四〕窘，困也。高帝自擊匈奴至平城，爲冒頓單于圍於白登，七日乃得解。太宗，文帝也。賈誼上疏曰：「匈奴嫚侮侵掠，而漢歲致金絮繒綵以奉之。夷狄徵令，〔是〕人主之操。天子供貢，是臣下之禮。」故云恥也。

〔五〕沙土曰漠，直度曰絕也。

〔六〕狼望，匈奴中地名也。前書楊雄曰：「前代豈樂無量之費，快心於狼望之北，填盧山之壑，而不悔也。」

〔七〕武帝時國用不足，筭至車舟，租及六畜，言皆計其所得以出筭。軺車一筭，商賈車二筭，船五丈以上一筭。六畜無文。以此言之，無物不筭。

〔八〕懷，思也。

〔九〕前書云起敦煌、酒泉、張掖，以隔婼羌，裂匈奴之右臂也。

〔一〇〕宣帝、元帝時，呼韓邪單于數入朝，稱臣奉貢。

〔一一〕殖，生也。

〔一二〕毛詩曰「昔先王受命，有如邵公，日辟國百里，今也日蹙國百里」也。

〔一三〕淮南子曰「修政於廟堂之上，而折衝千里之外」也。

〔四〕班勇，班超之子。

〔五〕首猶服也，音式救反。

西域內屬諸國，東西六千餘里，南北千餘里，東極玉門、陽關，西至葱領。其東北與匈奴、烏孫相接。南北有大山，中央有河。其南山東出金城，與漢南山屬焉。其河有兩源，一出葱領東流，〔一〕一出于窴南山下北流，與葱領河合，東注蒲昌海。蒲昌海一名鹽澤，去玉門三百餘里。

〔一〕葱領，山名也。西河舊事云：「其山高大，生葱，故名。」

自敦煌西出玉門、陽關，涉鄯善，北通伊吾千餘里，自伊吾北通車師前部高昌壁千二百里，自高昌壁北通後部金滿城五百里。此其西域之門戶也，故戊已校尉更互屯焉。伊吾地宜五穀、桑麻、蒲萄。其北又有柳中，皆膏腴之地。故漢常與匈奴爭車師、伊吾，以制西域焉。

自鄯善踰葱領出西諸國，有兩道。傍南山北，陂河西行〔二〕至莎車，爲南道。南道西踰葱領，則出大月氏、安息之國也。自車師前王庭隨北山，陂河西行至疏勒，爲北道。北道西踰葱領，出大宛、康居、奄蔡焉（耆）。

〔一〕循河曰陂，音彼義反。次下亦同。史記曰：「陂山通道。」

出玉門，經鄯善、且末、精絶三千餘里至拘彌。

拘彌國居寧彌城，去長史所居柳中四千九百里，〔一〕去洛陽萬二千八百里。領戶二千一百七十三，口七千二百五十一，勝兵千七百六十人。

〔一〕續漢書曰：「寧彌國王本名拘彌。」

順帝永建四年，于寘王放前殺拘彌王興，自立其子爲拘彌王，而遣使者貢獻於漢。敦煌太守徐由上求討之，帝赦于寘罪，令歸拘彌國，放前不肯。陽嘉元年，徐由遣疏勒王臣槃發二萬人擊于寘，破之，斬首數百級，放兵大掠，更立興宗人成國爲拘彌王而還。至靈帝熹平四年，于寘王安國攻拘彌，大破之，殺其王，死者甚衆，戊己校尉、西域長史各發兵輔立拘彌侍子定興爲王。時人衆裁有千口。其國西接于寘三百九十里。

于寘國居西城，去長史所居五千三百里，去洛陽萬一千七百里。領戶三萬二千，口八萬三千，勝兵三萬餘人。

建武末，莎車王賢強盛，攻幷于寘，徙其王俞林爲驪歸王。明帝永平中，于寘將休莫霸反莎車，自立爲于窴王。休莫霸死，兄子廣德立，後遂滅莎車，其國轉盛。從精絕西北至疏勒十三國皆服從。而鄯善王亦始強盛。自是南道自葱領以東，唯此二國爲大。

順帝永建六年，于窴王放前遣侍子詣闕貢獻。元嘉元年，長史趙評在于窴病癰死，評子迎喪，道經拘彌。拘彌王成國與于窴王建素有隙，乃語評子云：「于窴王令胡醫持毒藥著創中，故致死耳。」評子信之，還入塞，以告敦煌太守馬達。明年，以王敬代爲長史，達令敬隱覈其事。敬先過拘彌，成國復說云：「于窴國人欲以我爲王，今可因此罪誅建，于窴必服矣。」敬貪立功名，且受成國之說，前到于窴，設供具請建，而陰圖之。或以敬謀告建，建不信，曰：「我無罪，王長史何爲欲殺我？」旦日，建從官屬數十人詣敬。坐定，建起行酒，敬叱左右執之，吏士並無殺建意，官屬悉得突走。時成國主簿秦牧隨敬在會，持刀出曰：「大事已定，何爲復疑？」即前斬建。于窴侯將輸僰等遂會兵攻敬，敬持建頭上樓宣告曰：「天子使我誅建耳。」于窴侯將遂焚營舍，燒殺吏士，上樓斬敬，懸首於市。輸僰欲自立爲王，國人殺之，而立建子安國焉。馬達聞之，欲將諸郡兵出塞擊于窴，桓帝不聽，徵達還，而以宋亮代爲敦煌太守。亮到，開募于窴，令自斬輸僰。時輸僰死已經月，乃斷死人頭送敦煌，而不言其狀。亮後知其詐，而竟不能出兵。于窴恃此遂驕。

自于窴經皮山，至西夜、子合、德若焉。

西夜國一名漂沙，去洛陽萬四千四百里。戶二千五百，口萬餘，勝兵三千人。地生白草，有毒，國人煎以爲藥，傅箭鏃，所中卽死。漢書中誤云西夜、子合是一國，今各自有王。〔一〕

〔一〕前書云西夜國王號子合王。

子合國居呼犍谷。〔一〕去疏勒千里。領戶三百五十，口四千，勝兵千人。

〔一〕犍音九言反。

德若國領戶百餘，口六百七十，勝兵三百五十人。東去長史居三千五百三十里，去洛陽萬二千一百五十里，與子合相接。其俗皆同。

自皮山西南經烏秅，〔一〕涉懸度，歷罽賓，六十餘日行至烏弋山離國，地方數千里，時改名排持。

〔一〕前書音義音鷃拏。又云：「烏音一加反，秅音直加反，急言之如鷃拏〔反〕〔也〕。」

復西南馬行百餘日至條支。

條支國城在山上，周回四十餘里。臨西海，海水曲環其南及東北，三面路絕，唯西北隅通陸道。土地暑溼，出師子、犀牛、封牛、孔雀、大雀。大雀其卵如甕。

轉北而東，復馬行六十餘日至安息。後役屬條支，為置大將，監領諸小城焉。

安息國居和櫝城，去洛陽二萬五千里。北與康居接，南與烏弋山離接。地方數千里，小城數百，戶口勝兵最為殷盛。其東界木鹿城，號為小安息，去洛陽二萬里。

章帝章和元年，遣使獻師子、符拔。符拔形似麟而無角。和帝永元九年，都護班超遣甘英使大秦，抵條支。臨大海欲度，而安息西界船人謂英曰：「海水廣大，往來者逢善風三月乃得度，若遇遲風，亦有二歲者，故入海人皆齎三歲糧。海中善使人思土戀慕，數有死亡者。」英聞之乃止。十三年，安息王滿屈復獻師子及條支大鳥，時謂之安息雀。

自安息西行三千四百里至阿蠻國。從阿蠻西行三千六百里至斯賓國。從斯賓南行度河，又西南至于羅國九百六十里，安息西界極矣。自此南乘海，乃通大秦。其土多海西珍奇異物焉。

大秦國一名犂鞬，以在海西，亦云海西國。地方數千里，有四百餘城。小國役屬者數十。以石爲城郭。列置郵亭，皆堊塈之。〔一〕有松柏諸木百草。人俗力田作，多種樹蠶桑。皆髡頭而衣文繡，乘輜軿白蓋小車，出入擊鼓，建旌旗幡幟。

〔一〕塈，飾也，音火既反。郭璞曰：「堊，白土也，音惡。」

所居城邑，周圜百餘里。城中有五宮，相去各十里。宮室皆以水精爲柱，食器亦然。其王日游一宮，聽事五日而後徧。常使一人持囊隨王車，人有言事者，即以書投囊中，王至宮發省，理其枉直。各有官曹文書。置三十六將，皆會議國事。其王無有常人，皆簡立賢者。國中災異及風雨不時，輒廢而更立，受放者甘黜不怨。其人民皆長大平正，有類中國，故謂之大秦。

土多金銀奇寶，有夜光璧、明月珠、駭鷄犀、〔一〕珊瑚、虎魄、琉璃、琅玕、朱丹、青碧。刺金縷繡，織成金縷罽、雜色綾。作黃金塗、火浣布。又有細布，或言水羊毳，野蠶繭所作也。合會諸香，煎其汁以爲蘇合。凡外國諸珍異皆出焉。

〔一〕抱朴子曰：「通天犀有一白理如綖者，以盛米，置羣雞中，雞欲往啄米，至輒驚却，故南人名爲『駭雞』。」

以金銀爲錢，銀錢十當金錢一。與安息、天竺交市於海中，利有十倍。其人質直，市無二價。穀食常賤，國用富饒。鄰國使到其界首者，乘驛詣王都，至則給以金錢。其王常欲通使於漢，而安息欲以漢繒綵與之交市，故遮閡不得自達。〔一〕至桓帝延熹九年，大秦王安敦遣使自日南徼外獻象牙、犀角、瑇瑁，始乃一通焉。其所表貢，並無珍異，疑傳者過焉。

〔一〕閡音五代反。

或云其國西有弱水、流沙，近西王母所居處，幾於日所入也。漢書云「從條支西行二百餘日，近日所入」，則與今書異矣。前世漢使皆自烏弋以還，莫有至條支者也。又云「從安息陸道繞海北行出海西至大秦，人庶連屬，十里一亭，三十里一置，〔一〕終無盜賊寇警。而道多猛虎、師子，遮害行旅，不百餘人，齎兵器，輒爲所食」。又言「有飛橋數百里可度海北」。諸國所生奇異玉石諸物，譎怪多不經，故不記云。〔二〕

〔一〕置，驛也。

〔二〕魚豢魏略曰：「大秦國俗多奇幻，口中出火，自縛自解，跳十二丸，巧妙非常。」

大月氏國〔一〕居藍氏城，〔二〕西接安息，四十九日行，東去長史所居六千五百三十七里，去洛陽萬六千三百七十里。戶十萬，口四十萬，勝兵十餘萬人。

〔一〕氏音支。下並同。

〔二〕前書「藍氏」作「監氏」。

初，月氏爲匈奴所滅，遂遷於大夏，分其國爲休密、雙靡、貴霜、肹頓、都密，凡五部翖侯。後百餘歲，貴霜翖侯丘就卻攻滅四翖侯，自立爲王，國號貴霜（王）。侵安息，取高附地。又滅濮達、罽賓，悉有其國。丘就卻年八十餘死，子閻膏珍代爲王。復滅天竺，置將一人監領之。月氏自此之後，最爲富盛，諸國稱之皆曰貴霜王。漢本其故號，言大月氏云。

高附國在大月氏西南，亦大國也。其俗似天竺，而弱，易服。善賈販，內富於財。所屬無常，天竺、罽賓、安息三國強則得之，弱則失之，而未嘗屬月氏。漢書以爲五翖侯數，非其實也。後屬安息。及月氏破安息，始得高附。

天竺國一名身毒，在月氏之東南數千里。俗與月氏同，而卑溼暑熱。其國臨大水。乘象而戰。其人弱於月氏，脩浮圖道，不殺伐，遂以成俗。〔一〕從月氏、高附國以西，南至西海，東至磐起國，皆身毒之地。身毒有別城數百，城置長。別國數十，國置王。雖各小異，而俱以身毒爲名，其時皆屬月氏。月氏殺其王而置將，令統其人。土出象、犀、瑇瑁、金、銀、銅、鐵、鉛、錫，西與大秦通，有大秦珍物。又有細布、好毾㲪、〔三〕諸香、石蜜、胡椒、薑、黑鹽。

〔一〕浮圖即佛也。

〔二〕毾音它闔反。㲪音登。埤蒼曰：「毛席也。」釋名曰：「施之承大牀前小榻上，登以上牀也。」

和帝時，數遣使貢獻，後西域反畔，乃絕。至桓帝延熹二年、四年，頻從日南徼外來獻。世傳明帝夢見金人，長大，項有光明，以問羣臣。或曰：「西方有神，名曰佛，其形長丈六尺而黃金色。」帝於是遣使天竺問佛道法，遂於中國圖畫形像焉。楚王英始信其術，中國因此頗有奉其道者。後桓帝好神，數祀浮圖、老子，百姓稍有奉者，後遂轉盛。

東離國居沙奇城，在天竺東南三千餘里，大國也。其土氣、物類與天竺同。列城數十，皆稱王。大月氏伐之，遂臣服焉。男女皆長八尺，而怯弱。乘象、駱駝，往來鄰國。有寇，乘象以戰。

栗弋國屬康居。出名馬牛羊、蒲萄衆果，其土水美，故蒲萄酒特有名焉。

嚴國在奄蔡北，屬康居，出鼠皮以輸之。

奄蔡國改名阿蘭聊國，居地城，屬康居。土氣溫和，多楨松、白草。〔一〕民俗衣服與康居同。

〔一〕前書音義曰：「白草，草之白者。」又云：「似莠而細，熟時正白，牛馬所食焉。」

莎車國西經蒲犂、無雷至大月氏，東去洛陽萬九百五十里。

匈奴單于因王莽之亂，略有西域，唯莎車王延最強，不肯附屬。元帝時，嘗爲侍子，長於京師，慕樂中國，亦復參其典法。常勑諸子，當世奉漢家，不可負也。天鳳五年，延死，謚忠武王，子康代立。

光武初，康率傍國拒匈奴，擁衞故都護吏士妻子千餘口，檄書河西，問中國動靜，自陳思慕漢家。建武五年，河西大將軍竇融乃承制立康爲漢莎車建功懷德王、西域大都尉，五十五國皆屬焉。

九年，康死，謚宣成王。弟賢代立，攻破拘彌、西夜國，皆殺其王，而立其兄康兩子爲拘彌、西夜王。十四年，賢與鄯善王安並遣使詣闕貢獻，於是西域始通。葱領以東諸國皆屬賢。十七年，賢復遣使奉獻，請都護。天子以問大司空竇融，以爲賢父子兄弟相約事漢，款誠又至，宜加號位以鎮安之。帝乃因其使，賜賢西域都護印綬，及車旗黃金錦繡。敦煌太守裴遵上言：「夷狄不可假以大權，又令諸國失望。」詔書收還都護印綬，更賜賢以漢大將軍印綬。其使不肯易，遵迫奪之，賢由是始恨。而猶詐稱大都護，移書諸國，諸國悉服屬焉，號賢爲單于。賢浸以驕橫，重求賦稅，數攻龜茲諸國，諸國愁懼。

二十一年冬，車師前王、鄯善、焉耆等十八國俱遣子入侍，獻其珍寶。及得見，皆流涕稽首，願得都護。天子以中國初定，北邊未服，皆還其侍子，厚賞賜之。是時賢自負兵強，欲并兼西域，攻擊益甚。諸國聞都護不出，而侍子皆還，大憂恐，乃與敦煌太守檄，願留侍子以示莎車，言侍子見留，都護尋出，冀且息其兵。裴遵以狀聞，天子許之。二十二年，賢知都護不至，遂遺鄯善王安書，令絕通漢道。安不納而殺其使。賢大怒，發兵攻鄯善。安迎戰，兵敗，亡入山中。賢殺略千餘人而去。其冬，賢復攻殺龜茲王，遂兼其國。鄯善、焉耆諸國侍子久留敦煌，愁思，皆亡歸。鄯善王上書，願復遣子入侍，更請都護。都護不出，誠迫於匈奴。天子報曰：「今使者大兵未能得出，如諸國力不從心，東西南北自在也。」於是鄯善、車師復附匈奴，而賢益橫。

媯塞王自以國遠，遂殺賢使者，賢擊滅之，立其國貴人駟鞬爲媯塞王。賢又自立其子則羅爲龜茲王。賢以則羅年少，乃分龜茲爲烏壘國，徙駟鞬爲烏壘王，又更以貴人爲媯塞王。數歲，龜茲國人共殺則羅、駟鞬，而遣使匈奴，更請立王。匈奴立龜茲貴人身毒爲龜茲王，龜茲由是屬匈奴。

賢以大宛貢稅減少，自將諸國兵數萬人攻大宛，大宛王延留迎降，賢因將還國，徙拘彌王橋塞提爲大宛王。而康居數攻之，橋塞提在國歲餘，亡歸，賢復以爲拘彌王，而遣延留還大宛，使貢獻如常。賢又徙于窴王俞林爲驪歸王，立其弟位侍爲于窴王。歲餘，賢疑諸國欲畔，召位侍及拘彌、姑墨、子合王，盡殺之，不復置王，但遣將鎭守其國。位侍子戎亡降漢，封爲守節侯。

莎車將君得在于窴暴虐，百姓患之。明帝永平三年，其大人都末出城，見野豕，欲射之。豕乃言曰：「無射我，我乃爲汝殺君得。」都末因此卽與兄弟共殺君得。而大人休莫霸復與漢人韓融等殺都末兄弟，自立爲于窴王，復與拘彌國人攻殺莎車將在皮山者，引兵歸。於是賢遣其太子、國相，將諸國兵二萬人擊休莫霸，霸迎與戰，莎車兵敗走，殺萬餘人。賢復發諸國數萬人，自將擊休莫霸，霸復破之，斬殺過半，賢脫身走歸國。休莫霸進圍莎車，中流矢死，兵乃退。

于窴國相蘇楡勒等共立休莫霸兄子廣德爲王。匈奴與龜茲諸國共攻莎車，不能下。廣德承莎車之敝，使弟輔國侯仁將兵攻賢。賢連被兵革，乃遣使與廣德和。先是廣德父拘在莎車數歲，於是賢歸其父，而以女妻之，結爲昆弟，廣德引兵去。明年，莎車相且運等〔一〕

患賢驕暴，密謀反城降于窴。〔二〕于窴王廣德乃將諸國兵三萬人攻莎車。賢城守，使使謂廣德曰：「我還汝父，與汝婦，汝來擊我何爲？」廣德曰：「王，我婦父也，久不相見，願各從兩人會城外結盟。」賢以問且運，且運曰：「廣德女壻至親，宜出見之。」賢乃輕出，廣德遂執賢。而且運等因內于窴兵，虜賢妻子而并其國。鎖賢將歸，歲餘殺之。

〔一〕且音子余反。下同。

〔二〕反音番。

匈奴聞廣德滅莎車，遣五將發焉耆、尉黎、龜茲十五國兵三萬餘人圍于窴，廣德乞降，以其太子爲質，約歲給罽絮。冬，匈奴復遣兵將賢質子不居徵立爲莎車王，廣德又攻殺之，更立其弟齊黎爲莎車王，章帝元和三年〔也〕。時長史班超發諸國兵擊莎車，大破之，由是遂降漢。事已具班超傳。

莎車東北至疏勒。

疏勒國去長史所居五千里，去洛陽萬三百里。領戶二萬一千，勝兵三萬餘人。

明帝永平十六年，龜茲王建攻殺疏勒王成，自以龜茲左侯兜題爲疏勒王。冬，漢遣軍司馬班超劫縛兜題，而立成之兄子忠爲疏勒王。忠後反畔，超擊斬之。事已具超傳。

安帝元初中，疏勒王安國以舅臣磐有罪，徙於月氏，月氏王親愛之。後安國死，無子，母持國政，與國人共立臣磐同產弟子遺腹爲疏勒王。臣磐聞之，請月氏王曰：「安國無子，種人微弱，若立母氏，我乃遺腹叔父也，我當爲王。」月氏乃遣兵送還疏勒。國人素敬愛臣磐，又畏憚月氏，卽共奪遺腹印綬，迎臣磐立爲王，更以遺腹爲磐稾城侯。後莎車〔連〕畔于窴，屬疏勒，疏勒以強，故得與龜茲、于窴爲敵國焉。

順帝永建二年，臣磐遣使奉獻，帝拜臣磐爲漢大都尉，兄子臣勳爲守國司馬。五年，臣磐遣侍子與大宛、莎車使俱詣闕貢獻。陽嘉二年，臣磐復獻師子、封牛。至靈帝建寧元年，疏勒王漢大都尉於獵中爲其季父和得所射殺，和得自立爲王。〔五〕〔三〕年，涼州刺史孟佗遣從事任涉將敦煌兵五百人，與戊（己）司馬曹寬、西域長史張晏，將焉耆、龜茲、車師前後部，合三萬餘人，討疏勒，攻楨中城，四十餘日不能下，引去。其後疏勒王連相殺害，朝廷亦不能禁。

東北經尉頭、溫宿、姑墨、龜茲至焉耆。

焉耆國王居南河城，北去長史所居八百里，東去洛陽八千二百里。戶萬五千，口五萬二千，勝兵二萬餘人。其國四面有大山，與龜茲相連，道險阸易守。有海水曲入四山之內，周匝其城三十餘里。

永平末，焉耆與龜茲共攻沒都護陳睦、副校尉郭恂，殺吏士二千餘人。至永元六年，都護班超發諸國兵討焉耆、危須、尉黎、山國，遂斬焉耆、尉黎二王首，傳送京師，縣蠻夷邸。〔一〕超乃立焉耆左(侯)〔候〕元孟爲王，尉黎、危須、山國皆更立其王。至安帝時，西域背畔。延光中，超子勇爲西域長史，復討定諸國。元孟與尉黎、危須不降。永建二年，勇與敦煌太守張朗擊破之，元孟乃遣子詣闕貢獻。

〔一〕蠻夷皆置邸以居之，若今鴻臚寺也。

蒲類國居天山西疏榆谷，東南去長史所居千二百九十里，去洛陽萬四百九十里。戶八百餘，口二千餘，勝兵七百餘人。廬帳而居，逐水草，頗知田作。有牛、馬、駱駝、羊畜。能作弓矢。國出好馬。

蒲類本大國也，前西域屬匈奴，而其王得罪單于，單于怒，徙蒲類人六千餘口，內之匈奴右部阿惡地，因號曰阿惡國。南去車師後部馬行九十餘日。人口貧羸，逃亡山谷閒，故留爲國云。

移支國居蒲類地。戶千餘，口三千餘，勝兵千餘人。其人勇猛敢戰，以寇鈔爲事。皆被髮，隨畜逐水草，不知田作。所出皆與蒲類同。

東且彌國東去長史所居八百里，去洛陽九千二百五十里。戶三千餘，口五千餘，勝兵二千餘人。廬帳居，逐水草，頗田作。其所出有亦與蒲類同。所居無常。

車師前王居交河城。河水分流繞城，故號交河。去長史所居柳中八十里，東去洛陽九千一百二十里。領戶千五百餘，口四千餘，勝兵二千人。

後王居務塗谷，去長史所居五百里，去洛陽九千六百二十里。領戶四千餘，口萬五千餘，勝兵三千餘人。

前後部及東且彌、卑陸、蒲類、移支，是爲車師六國，北與匈奴接。前部西通焉耆北道，後部西通烏孫。

建武二十一年，與鄯善、焉耆遣子入侍，光武遣還之，乃附屬匈奴。明帝永平十六年，漢取伊吾盧，通西域，車師始復內屬。匈奴遣兵擊之，復降北虜。和帝永元二年，大將軍竇憲破北匈奴，車師震慴，前後王各遣子奉貢入侍，並賜印綬金帛。八年，戊己校尉索頵欲廢後部王涿鞮，立破虜侯細致。涿鞮忿前王尉卑大賣己，因反擊尉卑大，獲其妻子。明年，漢遣將兵長史王林，發涼州六郡兵及羌（虜）胡二萬餘人，以討涿鞮，獲首虜千餘人。涿鞮入北匈奴，漢軍追擊，斬之，立涿鞮弟農奇爲王。至永寧元年，後王軍就及母沙麻反畔，殺後部司馬及敦煌行事。〔一〕至安帝延光四年，長史班勇擊軍就，大破，斬之。

〔一〕司馬卽屬戊校尉所統也。和帝時，置戊己校尉，鎭車師後部。行事謂前行長史索班。

順帝永建元年，勇率後王農奇子加特奴及八滑等，發精兵擊北虜呼衍王，破之。勇於是上立加特奴爲後王，八滑爲後部親漢侯。陽嘉三年夏，車師後部司馬率加特奴等千五百人，掩擊北匈奴於閶吾陸谷，壞其廬落，斬數百級，獲單于母、季母及婦女數百人，〔一〕牛羊十餘萬頭，車千餘兩，兵器什物甚衆。四年春，北匈奴呼衍王率兵侵後部，帝以車師六國接近北虜，爲西域蔽扞，乃令敦煌太守發諸國兵，及玉門關候、伊吾司馬，合六千三百騎救之，掩擊北虜於勒山，漢軍不利。秋，呼衍王復將二千人攻後部，破之。桓帝元嘉元年，呼衍王將三千餘騎寇伊吾，伊吾司馬毛愷遣吏兵五百人於蒲類海東與呼衍王戰，悉爲所沒，呼衍王遂攻伊吾屯城。夏，遣敦煌太守司馬達將敦煌、酒泉、張掖屬國吏士四千餘人救之，出塞至蒲類海，呼衍王聞而引去，漢軍無功而還。

〔一〕季母，叔母也。

永興元年，車師後部王阿羅多與戊部候嚴皓不相得，遂忿戾反畔，攻圍漢屯田且固城，殺傷吏士。後部候炭遮領餘人畔阿羅多詣漢吏降。阿羅多迫急，將其母妻子從百餘騎亡走北匈奴中，敦煌太守宋亮上立後部故王軍就質子卑君爲後部王。後阿羅多復從匈奴中還，與卑君爭國，頗收其國人。戊校尉閻詳慮其招引北虜，將亂西域，乃開信告示，許復爲王，阿羅多乃詣詳降。於是收奪所賜卑君印綬，更立阿羅多爲王，仍將卑君還敦煌，以後部人三百帳別屬役之，食其稅。帳者，猶中國之戶數也。

論曰：西域風土之載，前古未聞也。漢世張騫懷致遠之略，〔一〕班超奮封侯之志，〔二〕終能立功西遐，羈服外域。自兵威之所肅服，財賂之所懷誘，莫不獻方奇，納愛質，露頂肘行，東向而朝天子。故設戊己之官，分任其事；建都護之帥，總領其權。先馴則賞籯金而賜龜綬，〔三〕後服則繫頭顙而釁北闕。立屯田於膏腴之野，列郵置於要害之路。馳命走驛，不絕於時月；商胡販客，日款於塞下。其後甘英乃抵條支而歷安息，臨西海以望大秦，拒玉門、陽關者四萬餘里，靡不周盡焉。若其境俗性智之優薄，產載物類之區品，川河領障之基源，氣節涼暑之通隔，梯山棧谷繩行沙度之道，身熱首痛風災鬼難之域，〔四〕莫不備寫情形，審求根實。至於佛道神化，興自身毒，而二漢方志莫有稱焉。張騫但著地多暑溼，乘象而戰，班勇雖列其奉浮圖，不殺伐，而精文善法導達之功靡所傳述。余聞之後說也，其國則殷乎中土，玉燭和氣，〔五〕靈聖之所〔降〕集，賢懿之所挺生，〔六〕神迹詭怪，則理絕人區，〔七〕感驗明顯，則事出天外。〔八〕而騫、超無聞者，豈其道閉往運，數開叔葉乎？不然，何誣異之甚也！漢自楚英始盛齋戒之祀，桓帝又修華蓋之飾。將微義未譯，而但神明之邪？詳其清心釋累之訓，空有兼遣之宗，道書之流也。〔九〕且好仁惡殺，蠲敝崇善，所以賢達君子多愛其法焉。然好大不經，奇譎無已，〔一〇〕雖鄒衍談天之辯，莊周蝸角之論，〔一一〕尚未足以槩其萬一。又精靈起滅，因報相尋，若曉而昧者，故通人多惑焉。〔一二〕蓋導俗無方，適物異會，取諸同歸，措夫疑說，則大道通矣。

〔一〕前書張騫，漢中人，爲博望侯。武帝時，上言大夏及安息、大宛之屬，大國奇物，誠得而以義屬之，則地廣萬里。帝從之。

〔二〕超少時家貧，投筆歎曰：「丈夫當如傅介子、張騫，立功西域，以取封侯，安能久事筆硯乎！」語見超傳。

〔三〕龜謂印文也。漢舊儀曰：「銀印皆龜紐，其文刻曰『某官之章』。」

〔四〕前書杜欽曰：「罽賓本漢所立，殺漢使者，今悔過來順，使者送至懸度，歷大頭痛、小頭痛之山，赤土身熱之阪，臨峥嶸不測之深，行者騎步相持，繩索相引。」釋法顯游天竺記云：「西度流沙，屢有熱風惡鬼，過之必死。葱領冬夏有雪。有毒龍，若犯之，則風雨晦冥，飛砂揚礫。(過)〔遇〕此難者，萬無一全也。」

〔五〕天竺國記云：「中天竺人殷樂無戶籍，耕王地者輸地利。又其土和適，無冬夏之異，草木常茂，種田無時節。」爾雅曰：「四時和謂之玉燭。」

〔六〕本行經曰：「釋迦菩薩在兜率陁天，爲諸天無量無邊諸衆說法。又觀我今何處成道，利益衆生。乃觀見宜於南閻浮提生有大利益。」又云「誰中與我爲父母者。觀見宜於天竺刹利種迦毗羅城白淨王摩邪夫人，可爲父母」。又云「四生之中，何生利益。觀見同衆生、胎生、我若化生，諸外道等卽誹謗我是幻術也。爾時菩薩觀已，示同諸天五衰相現。命諸同侶，波斯匿王等諸王中生，皆作國王，與我爲檀越。命阿難及諸人等，同生爲弟子。命舍利弗等，外道中生我，成道時當受我化，回邪入正。又有無量衆生，同隨菩薩於天竺受生，多所利益」也。

〔七〕維摩經曰：「以四大海水入一毛孔，不撓魚鼈等，而彼大海本相如故。又舍利弗住不思議菩薩，斷取三千大千國界，如陶家輪著右掌中，擲過恆河沙國界之外，其中衆生不覺不知，又復還本處，都不使人有往來相。」

〔八〕涅槃經曰：「阿闍王令醉象蹋佛，佛以慈善根力，舒其五指，遂爲五師子見，爾時醉象惶懼而退。又五百羣賊劫奪人庶，波斯匿王收捉，剜其兩目，弃入坑中。爾時羣賊苦痛不已，同時發聲念南無佛。陁達摩佛以慈善根力，雪山吹藥，令入賊眼，皆悉平復如本。」

〔九〕清心謂忘思慮也。釋累謂去貪欲也。不執著爲空，執著爲有。兼遣謂不空不有，虛實兩忘也。維摩詰云：「我及涅槃，此二皆空。」老子云：「常無，欲觀其妙；常有，欲觀其徼。」故曰道書之流也。

〔一〇〕維摩經曰：「爾時毗邪離有長者子名曰寶積。與五百長者子，俱持七寶蓋來詣佛所，頭面禮足，各以其蓋共供養佛。佛威神力令諸寶蓋合成一蓋，徧覆三千大千國界諸須彌山，乃至日月星宿，并十方諸佛說法，皆現於寶蓋中。」又維摩詰三萬二千師子坐，高八萬四千由旬，高廣嚴淨，來入維摩方丈室，包容無所妨礙。又四大海水入毛孔，須彌山入芥子等也。

〔二〕史記曰：「談天衍。」劉向別錄曰：「鄒衍之所言五德終始，天地廣大，其書言天事，故曰談天。」莊子曰：「有國於蝸之左角者曰觸氏，有國於蝸之右角者曰蠻氏，相與爭地而戰，伏尸數萬，逐北旬有五日而後反。」郭璞注爾雅云：「蝸牛，音瓜。」談天言大，蝸角喻小也。

〔三〕精靈起滅謂生死輪回無窮已。因報相尋謂行有善惡，各緣業報也。

贊曰：逷矣西胡，天之外區。〔一〕土物琛麗，人性淫虛。不率華禮，莫有典書。若微神道，何恤何拘。〔二〕

〔一〕逷，遠也，音它狄反。尚書曰：「逷矣西土之人。」

〔二〕言無神道以制胡人，則匈猛之性，何所憂懼，何所拘忌也。

校勘記

二九〇九頁八行　孤胡　「胡」原作「湖」，逕據汲本、殿本改正。按：本卷原本譌字特多，以下凡極明顯之譌字，皆逕改正，不出校記。

二九〇九頁一一行　都護陳睦　按：集解引惠棟說，謂袁紀作「陳穆」。

二九一〇頁二行　副校尉閻槃　集解引惠棟說，謂「槃」和紀作「磐」，竇憲傳作「盤」，字通。今按：通鑑作「磐」；一本又作「礱」，則形近而譌。

二九一一頁四行　求救於曹宗　按：集解引惠棟說，謂通典作「曹崇」。

二九二三頁一行　財幣縻於盧山之壑　按：王先謙謂「縻」是「糜」之誤字，謂腐爛也。

二九二三頁四行　由此察之　按：集解引惠棟說，謂「察」一作「覩」。

二九二三頁四行　東望扣關　按：集解引惠棟說，謂「望」一作「向」。

二九二三頁四行　宜禾都尉居也　按：刊誤謂「也」當作「之」。

二九二三頁七行　〔是〕人主之操　據汲本、殿本補。

二九二四頁五行　去玉門三百餘里　按：王先謙謂「玉門」下奪「陽關」二字。「三百餘里」據水經河水注當作「千三百餘里」，前、後書皆脫去「千」字。

二九二四頁八行　北通伊吾千餘里　按：集解引惠棟說，謂袁紀云「五千里」。

二九二四頁九行　金滿城　按：集解引惠棟說，謂「滿」一作「蒲」。

二九二四頁一三行　北道西踰葱領出大宛康居奄蔡焉(耆)　王先謙謂由疏勒而西爲大宛，在大月氏北，亦葱嶺西國，其北爲康居，爲奄蔡，又極西北爲條支，是爲葱嶺西北諸國。焉耆在葱嶺東，明「耆」字衍。今據刪。

二九二五頁二行　至拘彌　按：王先謙謂前書「拘彌」作「扜彌」，此更名。

二九二五頁六行　敦煌太守徐由　集解引惠棟說，謂續漢志作「徐白」。今按：見續天文志。

二九二五頁一三行　勝兵三萬餘人　按：王先謙謂「萬」爲「千」之誤。前書勝兵二千四百人，新唐書勝兵四千人，後漢時何得獨有三萬餘。

二九一七頁二行　漢書中誤云西夜子合是一國　刊誤謂「漢」當作「前」。按：如刊誤言，則下二九二〇頁四行「漢書云」及二九二一頁六行「漢書以爲」之「漢」字皆當作「前」。

二九一七頁五行　子合國居呼犍谷　按：王先謙謂前書「犍」作「鞬」。

二九一七頁九行　自皮山西南經烏秅　「秅」原作「秏」，逕據前書改正。注同。按：前書劉攽刊誤云「秅」當作「耗」，耗無拏音，劉說非。

二九一七頁一二行　急言之如鵶拏(反)〔也〕　據殿本改。

二九一八頁八行　海中善使人思土戀慕數有死亡者　按：校補謂通志作「海中善使人悲懷思土，故數有死亡者」。此下復有「若漢使不戀父母妻子者可入」十二字。

二九一九頁一行　大秦國一名犂鞬　集解引惠棟說，謂魏略作「犂軒」，案此卽前漢犂軒國也。今按：袁紀作「黎軒」。

二九二〇頁一行　大秦王安敦　按：集解引惠棟說，謂袁紀「安敦」作「安都」。

二九二二頁二行　國號貴霜(王)　據刊誤删。

二九二二頁一〇行　東至磐起國　按：校補謂通志「起」作「越」。

二九二三頁七行　東離國　按：校補謂通志作「車離國」，東車易譌，未詳孰是。

二九二三頁七行　列城數十　按：校補謂通志「列」作「別」。

二九二四頁二行　東西南北自在也　按：王先謙謂疑「在」爲「任」之譌，言任所歸向也。

二九二五頁七行　欲射之　按：類聚九十四引張璠漢紀，「射」作「搏」。

二九二五頁八行　無射我　按：類聚九十四、御覽九百三引張璠漢紀，「射」並作「殺」。

二九二六頁七行　尉黎　按：王先謙謂前書鄭吉傳作「尉黎」，餘皆作「尉犂」。

二九二六頁九行　章帝元和三年〔也〕　據刊誤補。

二九二六頁一二行　莎車東北至疏勒　按：丁謙後漢書西域傳地理考證謂前書言西至疏勒，疏勒傳作南至莎車，兩傳互證，則當云西北至疏勒，此作「東北」，誤。

二九二六頁一三行　領戶二萬一千　按：「戶」原譌「兵」，逕改正。又按：王先謙謂下脫口數。

二九二六頁一三行　左侯　按：王先謙謂據前書，疏勒但有左右將、左右騎君，而無左侯，此「左侯」疑「左將」之誤。若以焉耆傳例之，或亦當作「左候」。

二九二七頁四行　後莎車〔連〕畔于窴　據汲本、殿本補。按：通志亦有「連」字。

二九二七頁八行　(五)〔三〕年　據汲本、殿本改。

二九二七頁九行　與戊(己)司馬曹寬　據刊誤刪。按：集解引惠棟說，謂據曹全碑，全字景完，拜西域戊部司馬，討疏勒，無「己」字，與劉說合。王先謙謂其名是「全」，碑有塙證。范去漢二百餘年，而傳錄文字脫落，完寬字形相似，故「完」誤爲「寬」也。

二九二七頁一三行　王居南河城　按：集解引惠棟說，謂前書云治員渠城，袁紀作「河南城」。

二九二八頁三行　超乃立焉耆左(侯)〔候〕元孟爲王　王先謙謂當據班超傳作「候」，今據改。

二九三〇頁一行　涿鞮忿前王尉卑大賣己　集解引惠棟說，謂「尉卑大」通鑑作「尉畢大」。通鑑異字，大要本袁宏紀也。

二九三〇頁二行　發涼州六郡兵及羌(虜)胡二萬餘人　據王先謙說刪。按：通志無「虜」字。

二九三〇頁二行　以討涿鞮　「鞮」原譌「鞬」，逕改正。

二九三〇頁一三行　敦煌太守司馬達　按：張森楷校勘記謂案于窴傳無「司」字，疑此衍文。

二九三一頁一〇行　馳命走驛　按：刊誤謂「驛」當作「譯」。

二九三二頁二行　靈聖之所〔降〕集　據汲本、殿本補。

二九三二頁一三行　臨峥嶸不測之深　按：殿本「深」作「淵」，校補謂係後人回改。

二九三二頁一五行　(過)〔遇〕此難者　據刊誤改。

二九三三頁九行　涅槃經曰　按：「涅槃」之「槃」原皆作「盤」，逕據汲本、殿本改。

後漢書卷八十九

南匈奴列傳第七十九

前書直言匈奴傳，不言南北，今稱南者，明其爲北生義也。以南單于向化尤深，故舉其順者以冠之。東觀記稱匈奴南單于列傳，范曄因去其「單于」二字。

南匈奴醯落尸逐鞮單于比者，〔一〕呼韓邪單于之孫，〔二〕烏珠留若鞮單于之子也。〔三〕自呼韓邪後，諸子以次立，至比季父孝單于輿時，以比爲右薁鞬日逐王，部領南邊及烏桓。〔四〕

〔一〕醯音火兮反。

〔二〕前書曰：「單于者，廣大之貌也，言其象天單于然也。」呼韓邪即冒頓單于八代孫，虛閭權渠單于〔子〕也，名稽侯狦。狦音山諫反。東觀記曰：「單于比，匈奴頭曼十八代孫。」臣賢案：頭曼即冒頓單于父，自頭曼單于至比，父子相承十代，以單于相傳乃十八代也。

〔三〕匈奴謂孝爲若鞮。自呼韓邪單于降後，與漢親密，見漢帝謚常爲孝，慕之。至其子復珠累單于以下皆稱若鞮，南單于比以下直稱鞮也。

〔四〕薁音於六反。鞬音九言反。下並同。

建武初，彭寵反畔於漁陽，單于與共連兵，因復權立盧芳，使入居五原。〔一〕光武初，方平諸夏，未遑外事。〔二〕至六年，始令歸德侯劉颯使匈奴，匈奴亦遣使來獻，漢復令中郎將韓統報命，賂遺金幣，以通舊好。〔三〕而單于驕踞，自比冒頓，〔四〕對使者辭語悖慢，〔五〕帝待之如初。初，使命常通，而匈奴數與盧芳共侵北邊。九年，遣大司馬吳漢等擊之，經歲無功，而匈奴轉盛，鈔暴日增。十三年，遂寇河東，州郡不能禁。於是漸徙幽、并邊人於常山關、居庸關已東，〔六〕匈奴左部遂復轉居塞內。朝廷患之，增緣邊兵郡數千人，大築亭候，修烽火。匈奴聞漢購求盧芳，貪得財帛，乃遣芳還降，望得其賞。而芳以自歸爲功，不稱匈奴所遣，單于復恥言其計，故賞遂不行。由是大恨，入寇尤深。二十年，遂至上黨、扶風、天水。二十一年冬，復寇上谷、中山，殺略鈔掠甚衆，北邊無復寧歲。〔七〕

〔一〕東觀記曰：「芳，安定人。屬國胡數千畔，在參蠻，芳從之，詐姓劉氏，自稱西平王。會匈奴句林王將兵來降參蠻胡，芳因隨入匈奴，留數年。單于以中國未定，欲輔立之，遣毋樓且王求入五原，與假號將軍李興等結謀，與北至單于庭迎芳。芳外倚匈奴，內因興等，故能廣略邊郡。」

〔二〕遑，暇也。

〔三〕舊好謂宣帝、元帝之代與國和親。

〔四〕冒頓，匈奴單于頭曼之子也，卽夏后氏之苗裔也，其先曰淳維。自淳維至頭曼千有餘歲。冒頓當始皇之時，爲鳴鏑弑頭曼，代立，控弦三十餘萬，強盛，與諸夏爲敵國，踞嫚無禮，窘尼高祖，戲侮呂后。事具前書。

〔五〕前書：「更始二年冬，遣中郎將歸德侯颯、大司馬護軍陳遵使匈奴，授單于漢舊制璽綬。單于輿驕，謂遵、颯曰：『匈奴本與漢爲兄弟。匈奴中亂，孝宣帝輔立呼韓邪單于，故稱臣以尊漢。今漢亦大亂，爲王莽篡位，匈奴亦出擊莽，空其邊境。今天下騷動思漢，莽卒以敗而漢復興，亦我力也，當復尊我。』遵與相牚距，單于終持此論。」語詞悖慢，卽此類也。

〔六〕前書代郡有常山關，上谷郡居庸縣有關。

〔七〕言緣邊之郡無安寧之歲。

初，單于弟右谷蠡王伊屠知牙師〔一〕以次當（爲）左賢王。左賢王卽是單于儲副。單于欲傳其子，遂殺知牙師。知牙師者，王昭君之子也。昭君字嬙，南郡人也。〔二〕初，元帝時，以良家子選入掖庭。時呼韓邪來朝，帝勑以宮女五人賜之。昭君入宮數歲，不得見御，積悲怨，乃請掖庭令求行。呼韓邪臨辭大會，帝召五女以示之。昭君豐容靚飾，光明漢宮，顧景裴回，竦動左右。帝見大驚，意欲留之，而難於失信，遂與匈奴。生二子。及呼韓邪死，其前閼氏子代立，欲妻之，昭君上書求歸，成帝勑令從胡俗，遂復爲後單于閼氏焉。

〔一〕谷音鹿。蠡音離。

〔二〕前書曰：「南郡秭歸人。」

比見知牙師被誅，出怨言曰：「以兄弟言之，右谷蠡王次當立；以子言之，我前單于長子，我當立。」遂內懷猜懼，庭會稀闊。單于疑之，乃遣兩骨都侯監領比所部兵。二十二年，單于輿死，子左賢王烏達鞮侯立爲單于。復死，弟左賢王蒲奴立爲單于。比不得立，既懷憤恨。而匈奴中連年旱蝗，赤地數千里，草木盡枯，人畜飢疫，死耗太半。〔一〕單于畏漢乘其敝，乃遣使詣漁陽求和親。於是遣中郎將李茂報命。而比密遣漢人郭衡奉匈奴地圖，二十三年，詣西河太守求內附。兩骨都侯頗覺其意，會五月龍祠，〔二〕因白單于，言薁鞬日逐夙來欲爲不善，若不誅，且亂國。時比弟漸將王在單于帳下，聞之，馳以報比。比懼，遂斂所主南邊八部衆四五萬人，待兩骨都侯還，欲殺之。骨都侯且到，知其謀，皆輕騎亡去，以告單于。單于遣萬騎擊之，見比衆盛，不敢進而還。

〔一〕三分損二爲太半。

〔二〕前書曰：「匈奴法，歲正月諸長小會單于庭祠，五月大會龍城，祭其先天地鬼神，八月大會蹛林，課校人畜計。」蹛音帶，又音多。

二十四年春，八部大人共議立比爲呼韓邪單于，以其大父嘗依漢得安，故欲襲其號。於是款五原塞，願永爲蕃蔽，扞禦北虜。帝用五官中郎將耿國議，乃許之。其冬，比自立爲呼韓邪單于。〔一〕

〔一〕東觀記曰：「十二月癸丑，匈奴始分爲南北單于。」

二十五年春，遣弟左賢王莫將兵萬餘人擊北單于弟薁鞬左賢王，生獲之；又破北單于帳下，并得其衆合萬餘人，馬七千匹、牛羊萬頭。北單于震怖，却地千里。初，帝造戰車，可駕數牛，上作樓櫓，置於塞上，以拒匈奴。〔一〕時人見者或相謂曰：「讖言漢九世當却北狄地千里，豈謂此邪？」及是，果拓地焉。北部薁鞬骨都侯與右骨都侯率衆三萬餘人來歸南單于，南單于復遣使詣闕，奉藩稱臣，獻國珍寶，求使者監護，遣侍子，修舊約。

〔一〕櫓卽樓也。釋名曰：「樓無屋爲櫓也。」

二十六年，遣中郎將段郴、〔一〕副校尉王郁使南單于，立其庭，去五原西部塞八十里。單于乃延迎使者。使者曰：「單于當伏拜受詔。」單于顧望有頃，乃伏稱臣。拜訖，令譯曉使者曰：「單于新立，誠慙於左右，願使者衆中無相屈折也。」骨都侯等見，皆泣下。郴等反命，詔乃聽南單于入居雲中。遣使上書，獻駱駝二頭，文馬十匹。〔二〕夏，南單于所獲北虜薁鞬左賢王將其衆及南部五骨都侯合三萬餘人畔歸，去北庭三百餘里，共立薁鞬左賢王爲單于。月餘日，更相攻擊，五骨都侯皆死，左賢王遂自殺，諸骨都侯子各擁兵自守。秋，南單于遣子入侍，奉奏詣闕。詔賜單于冠帶、衣裳、黃金璽、盭緺綬，〔三〕安車羽蓋，華藻駕駟，寶劍弓箭，黑節三，駙馬二，黃金、錦繡、繒布萬匹，絮萬斤，樂器鼓車，棨戟甲兵，飲食什器。〔四〕又轉河東米糒二萬五千斛，牛羊三萬六千頭，以贍給之。令中郎將置安集掾（吏）〔史〕將弛刑五十人，持兵弩隨單于所處，參辭訟，察動靜。單于歲盡輒遣奉奏，送侍子入朝，中郎將從事一人將領詣闕。漢遣謁者送前侍子還單于庭，交會道路。元正朝賀，拜祠陵廟畢，漢乃遣單于使，令謁者將送，賜綵繒千匹，錦四端，金十斤，太官御食醬及橙、橘、龍眼、荔支；賜單于母及諸閼氏、單于子及左右賢王、左右谷蠡王、骨都侯有功善者，繒綵合萬匹。歲以爲常。

〔一〕丑吟反。

〔二〕杜預注左傳曰：「文馬，畫馬爲文也。」

〔三〕盭音戾，草名。以戾草染綬，因以爲名，則漢諸侯王制。戾，綠色。緺，古蛙反。又說文曰「紫青色」也。

〔四〕有衣之戟曰棨。

匈奴俗，歲有三龍祠，常以正月、五月、九月戊日祭天神。南單于既內附，兼祠漢帝，因會諸部，議國事，走馬及駱駝爲樂。其大臣貴者左賢王，次左谷蠡王，次右賢王，次右谷蠡王，謂之四角；次左右日逐王，次左右溫禺鞮王，次左右漸將王，是爲六角：皆單于子弟，次第當爲單于者也。異姓大臣左右骨都侯，次左右尸逐骨都侯，其餘日逐、且渠、當戶諸官號，〔一〕各以權力優劣、部衆多少爲高下次第焉。單于姓虛連題。〔二〕異姓有呼衍氏、須卜氏、丘林氏、蘭氏〔三〕四姓，爲國中名族，常與單于婚姻。呼衍氏爲左，蘭氏、須卜氏爲右，主斷獄聽訟，當決輕重，口白單于，無文書簿領焉。

〔一〕且音子余反。

〔二〕前書曰：「單于姓攣鞮氏，其國稱之曰『撐犂孤屠』。匈奴謂天爲撐犂，謂子爲孤屠。」與此不同也。

〔三〕前書冒頓單于時，大姓有呼衍氏、蘭氏、須卜氏三姓，貴種也。

冬，前畔五骨都侯子復將其衆三千人歸南部，北單于使騎追擊，悉獲其衆。南單于遣兵拒之，逆戰不利。於是復詔單于徙居西河美稷，因使中郎將段郴及副校尉王郁留西河擁護之，爲設官府、從事、掾史。令西河長史歲將騎二千，弛刑五百人，助中郎將衞護單于，冬屯夏罷。自後以爲常，及悉復緣邊八郡。

南單于既居西河，亦列置諸部王，助爲扞戍。使韓氏骨都侯屯北地，右賢王屯朔方，當于骨都侯屯五原，呼衍骨都侯屯雲中，郎氏骨都侯屯定襄，左南將軍屯鴈門，栗籍骨都侯屯代郡，皆領部衆爲郡縣偵羅耳目。〔一〕北單于惶恐，頗還所略漢人，以示善意。鈔兵每到南部下，還過亭候，輒謝曰：「自擊亡虜薁鞬日逐耳，非敢犯漢人也。」

〔一〕偵音丑政反。羅音力賀反。猶今言探候偵羅也。

二十七年，北單于遂遣使詣武威求和親，天子召公卿廷議，不決。皇太子言曰：「南單于新附，北虜懼於見伐，故傾耳而聽，爭欲歸義耳。今未能出兵，而反交通北虜，臣恐南單于將有二心，北虜降者且不復來矣。」帝然之，告武威太守勿受其使。

二十八年，北匈奴復遣使詣闕，貢馬及裘，更乞和親，幷請音樂，又求率西域諸國胡客與俱獻見。帝下三府議酬荅之宜。司徒掾班彪奏曰：

臣聞孝宣皇帝敕邊守尉曰：「匈奴大國，多變詐。交接得其情，則却敵折衝；應對入其數，則反爲輕欺。」今北匈奴見南單于來附，懼謀其國，故數乞和親，又遠驅牛馬與漢合市，重遣名王，多所貢獻，斯皆外示富強，以相欺誕也。臣見其獻益重，知其國益虛，歸親愈數，爲懼愈多。然今既未獲助南，則亦不宜絕北，羈縻之義，禮無不荅。謂可頗加賞賜，略與所獻相當，明加曉告以前世呼韓邪、郅支行事。〔一〕

〔一〕呼韓單于稱臣受賞，郅支單于背德被誅，以此二者行事曉告之也。郅支即呼韓兄，名呼屠吾斯，自立爲單于，擊走呼韓邪單于者也。

報荅之辭，令必有適。〔二〕今立稾草幷上，曰：「單于不忘漢恩，追念先祖舊約，欲修和親，以輔身安國，計議甚高，爲單于嘉之。往者，匈奴數有乖亂，呼韓邪、郅支自相讎隙，並蒙孝宣皇帝垂恩救護，故各遣侍子稱藩保塞。其後郅支忿戾，自絕皇澤，而呼韓附親，忠孝彌著。及漢滅郅支，〔三〕遂保國傳嗣，子孫相繼。今南單于攜衆南向，款塞歸命。自以呼韓嫡長，次第當立，而侵奪失職，猜疑相背，數請兵將，歸埽北庭，策謀紛紜，無所不至。惟念斯言不可獨聽，又以北單于比年貢獻，欲修和親，故拒而未許，將以成單于忠孝之義。漢秉威信，總率萬國，日月所照，皆爲臣妾。殊俗百蠻，義無親踈，服順者褒賞，畔逆者誅罰，善惡之効，呼韓、郅支是也。今單于欲修和親，款誠已達，何嫌而欲率西域諸國俱來獻見？西域國屬匈奴，與屬漢何異？單于數連兵亂，國內虛耗，貢物裁以通禮，何必獻馬裘？今齎雜繒五百匹，弓鞬韇丸一，矢四發，遣遺單于。〔三〕又賜獻馬左骨都侯、右谷蠡王雜繒各四百匹，斬馬劍各一。〔四〕單于前言先帝時所賜呼韓邪竽、瑟、空侯皆敗，願復裁〔賜〕。〔五〕念單于國尚未安，方厲武節，以戰攻爲務，竽瑟之用不如良弓利劍，故未以齎。〔六〕朕不愛小物於單于，便宜所欲，遣驛以聞。」

〔一〕適猶所也，言報荅之辭必令得所也。

〔二〕元帝時，郅支坐殺使者谷吉，都護甘延壽與副陳湯發西域兵誅斬之。

〔三〕鞬音居言反。方言云：「臧弓爲鞬，臧箭爲韇。」韇丸即箭箙也。矢十二曰發，見漢書音義。

〔四〕尚方，少府屬官。作供御器物，故有斬馬劍。言劍利可以斬馬。

〔五〕言更請裁賜也。

〔六〕言不齎，持往遺也。

帝悉納從之。二十九年，賜南單于羊數萬頭。三十一年，北匈奴復遣使如前，乃璽書報荅，賜以綵繒，不遣使者。

單于比立九年薨，中郎將段郴將兵赴弔，祭以酒米，分兵衞護之。比弟左賢王莫立，帝遣使者齎璽書鎮慰，拜授璽綬，遺冠幘，絳單衣三襲，童子佩刀、緄帶各一，〔一〕又賜繒綵四千匹，令賞賜諸王、骨都侯已下。其後單于薨，弔祭慰賜，以此爲常。〔二〕

〔一〕童子刀謂小刀也。說文曰：「緄，織成帶也。」音古本反。

〔二〕弔祭其薨者，慰其新立者。

丘浮尤鞮單于莫，中元元年立，一年薨，弟汗立。

伊伐於慮鞮單于汗，中元二年立。永平二年，北匈奴護于丘率衆千餘人來降。南部單于汗立二年薨，單于比之子適立。

醢僮尸逐侯鞮單于適，永平二年立。五年冬，北匈奴六七千騎入于五原塞，遂寇雲中至原陽，南單于擊却之，〔一〕西河長史馬襄赴救，虜乃引去。

〔一〕原陽，縣名，屬雲中郡。

單于適立四年薨，單于莫子蘇立，是爲丘除車林鞮單于。數月復薨，單于適之弟長立。

胡邪尸逐侯鞮單于長，永平六年立。時北匈奴猶盛，數寇邊，朝廷以爲憂。會北單于欲合市，遣使求和親，顯宗冀其交通，不復爲寇，乃許之。

八年，遣越騎司馬鄭衆北使報命，而南部須卜骨都侯等知漢與北虜交使，懷嫌怨欲畔，密因北使，令遣兵迎之。鄭衆出塞，疑有異，伺候果得須卜使人，乃上言宜更置大將，以防二虜交通。由是始置度遼營，以中郎將吳棠行度遼將軍事，副校尉來苗、左校尉閻章、右校尉張國將黎陽虎牙營士屯五原曼柏。〔一〕又遣騎都尉秦彭將兵屯美稷。其年秋，北虜果遣二千騎候望朔方，作馬革船，欲度迎南部畔者，以漢有備，乃引去。復數寇鈔邊郡，焚燒城邑，殺略甚衆，河西城門晝閉。帝患之。

〔一〕漢官儀曰：「光武以幽、冀、并兵克定天下，故於黎陽立營，以謁者監領兵騎千人。」

十六年，乃大發緣邊兵，遣諸將四道出塞，北征匈奴。南單于遣左賢王信隨太僕祭肜及吳棠出朔方高闕，攻皋林溫禺犢王於涿邪山。虜聞漢兵來，悉度漠去。肜、棠坐不至涿邪山免，以騎都尉來苗行度遼將軍。其年，北匈奴入雲中，遂至漁陽，太守廉范擊卻之。詔遣使者高弘發三郡兵追之，無所得。

建初元年，來苗遷濟陰太守，以征西〔大〕將軍耿秉行度遼將軍。時皋林溫禺犢王復將衆還居涿邪山，南單于聞知，遣輕騎與緣邊郡及烏桓兵出塞擊之，斬首數百級，降者三四千人。其年，南部苦蝗，大飢，肅宗稟給其貧人三萬餘口。七年，耿秉遷執金吾，以張掖太守鄧鴻行度遼將軍。八年，北匈奴三木樓訾大人稽留斯等率三萬八千人、馬二萬匹、牛羊十餘萬，款五原塞降。

元和元年，武威太守孟雲上言北單于復願與吏人合市，詔書聽雲遣驛使迎呼慰納之。北單于乃遣大且渠伊莫訾王等，〔一〕驅牛馬萬餘頭來與漢賈客交易。諸王大人或前至，所在郡縣爲設官邸，賞賜待遇之。南單于聞，乃遣輕騎出上郡，遮略生口，鈔掠牛馬，驅還入塞。

〔一〕且音子余反。下並同。

二年正月，北匈奴大人車利、涿兵等亡來入塞，凡七十三輩。時北虜衰耗，黨衆離畔，南部攻其前，丁零寇其後，鮮卑擊其左，西域侵其右，不復自立，乃遠引而去。

單于長立二十三年薨，單于汗之子宣立。

伊屠於閭鞮單于宣，元和二年立。其歲，單于遣兵千餘人獵至涿邪山，卒與北虜溫禺犢王遇，〔一〕因戰，獲其首級而還。冬，孟雲上言：「北虜以前既和親，而南部復往鈔掠，北單于謂漢欺之，謀欲犯塞，謂宜還南所掠生口，以慰安其意。」肅宗從太僕袁安議，許之。乃下詔曰：「昔獫狁、獯粥之敵中國，其所由來尚矣。〔二〕往者雖有和親之名，終無絲髮之効。

墝埆之人，屢嬰塗炭，〔三〕父戰於前，子死於後。弱女乘於亭障，孤兒號於道路。老母寡妻設虛祭，飲泣淚，想望歸魂於沙漠之表，豈不哀哉！〔四〕傳曰：『江海所以能長百川者，以其下之也。』〔五〕少加屈下，尚何足病？況今與匈奴君臣分定，辭順約明，貢獻累至，豈宜違信，自受其曲。其勑度遼及領中郎將龐奮倍雇南部所得生口，以還北虜。〔六〕其南部斬首獲生，計功受賞如常科。」於是南單于復令薁鞬日逐王師子將輕騎數千出塞掩擊北虜，復斬獲千人。北虜衆以南部爲漢所厚，又聞取降者歲數千人。

〔一〕卒音七忽反。

〔二〕周曰獫狁，堯曰葷粥，秦曰匈奴。

〔三〕墝埆謂險要之地。茶，苦也。墝音苦交反。埆音苦角反。

〔四〕「父戰於前」已下，前書賈捐之之辭，詔增損用之也。

〔五〕老子曰：「江海所以能爲百谷王者，以其善下也。」

〔六〕雇，賞報也。

章和元年，鮮卑入左地擊北匈奴，大破之，斬優留單于，取其匈奴皮而還。北庭大亂，屈蘭、儲卑、胡都須等五十八部，口二十萬，勝兵八千人，詣雲中、五原、朔方、北地降。

單于宣立三年薨，單于長之弟屯屠何立。

休蘭尸逐侯鞮單于屯屠何，章和二年立。時北虜大亂，加以飢蝗，降者前後而至。南單于將并北庭，會肅宗崩，竇太后臨朝。其年七月，單于上言：「臣累世蒙恩，不可勝數。孝章皇帝聖思遠慮，遂欲見成就，故令烏桓、鮮卑討北虜，斬單于首級，破壞其國。今所新降虛渠等詣臣自言：『去歲三月中發虜庭，北單于創刈南兵，又畏丁令、鮮卑，〔一〕遯逃遠去，依安侯河西。今年正月，骨都侯等復共立單于異母兄右賢王爲單于，其人以兄弟爭立，並各離散。』臣與諸王骨都侯及新降渠帥雜議方略，皆曰宜及北虜分爭，出兵討伐，破北成南，并爲一國，令漢家長無北念。又今月八日，新降右須日逐鮮堂輕從虜庭遠來詣臣，言北虜諸部多欲內顧，但恥自發遣，故未有至者。若出兵奔擊，必有響應。今年不往，恐復并壹。臣伏念先父歸漢以來，被蒙覆載，嚴塞明候，大兵擁護，積四十年。臣等生長漢地，開口仰食，歲時賞賜，動輒億萬，雖垂拱安枕，慙無報効之〔義〕〔地〕。願發國中及諸部故胡新降精兵，遣左谷蠡王師子、左呼衍日逐王須訾將萬騎出朔方，左賢王安國、右大且渠王交勒蘇將萬騎出居延，期十二月同會虜地。臣將餘兵萬人屯五原、朔方塞，以爲拒守。臣素愚淺，又兵衆單少，不足以防內外。願遣執金吾耿秉、度遼將軍鄧鴻及西河、雲中、五原、朔方、上郡太守并力而北，令北地、安定太守各屯要害，冀因聖帝威神，一舉平定。臣國成敗，要在今年。已勑諸部嚴兵馬，訖九月龍祠，悉集河上。唯陛下裁哀省察！」太后以示耿秉。秉上言：

「昔武帝單極天下，欲臣虜匈奴，未遇天時，事遂無成。宣帝之世，會呼韓來降，故邊人獲安，中外爲一，生人休息六十餘年。及王莽簒位，變更其號，〔二〕耗擾不止，單于乃畔。光武受命，復懷納之，緣邊壞郡得以還復。烏桓、鮮卑咸脅歸義，威鎮（西）〔四〕夷，其效如此。今幸遭天授，北虜分爭，以夷伐夷，國家之利，宜可聽許。」秉因自陳（受）恩，分當出命效用。太后從之。

〔一〕令音零。

〔二〕漢賜單于印文曰「匈奴單于璽」，無「漢」字。王莽改曰「新匈奴單于章」。

永元元年，以秉爲征西將軍，與車騎將軍竇憲率騎八千，與度遼兵及南單于衆三萬騎，出朔方擊北虜，大破之。北單于奔走，首虜二十餘萬人。事已具竇憲傳。

二年春，鄧鴻還大鴻臚，以定襄太守皇甫棱行度遼將軍。南單于復上求滅北庭，於是遣左谷蠡王師子等將左右部八千騎出鷄鹿塞，〔一〕中郎將耿譚遣從事將護之。至涿邪山，乃留輜重，分爲二部，各引輕兵兩道襲之。左部北過西海至河雲北，〔二〕右部從匈奴河水西繞天山，南度甘微河，二軍俱會，夜圍北單于。（單于）大驚，率精兵千餘人合戰。單于被創，墮馬復上，將輕騎數十遁走，僅而免脫。得其玉璽，獲閼氏及男女五人，斬首八千級，生虜數千口而還。是時南部連剋獲納降，黨衆最盛，領戶三萬四千，口二十三萬七千三百，勝兵五萬一百七十。故〔從〕事中郎將置從事二人，耿譚以新降者多，上增從事十二人。

〔一〕塞在朔方郡窳渾縣北。窳音愈。

〔二〕河雲，匈奴中地名也。

三年，北單于復爲右校尉耿夔所破，逃亡不知所在。其弟右谷蠡王於除鞬自立爲單于，將右溫禺鞬王、骨都侯已下衆數千人，止蒲類海，遣使款塞。大將軍竇憲上書，立於除鞬爲北單于，朝廷從之。四年，遣耿夔卽授璽綬，賜玉劍四具，羽蓋一駟，使中郎將任尚持節衞護屯伊吾，如南單于故事。方欲輔歸北庭，會竇憲被誅。五年，於除鞬自畔還北，帝遣將兵長史王輔以千餘騎與任尚共追誘將還斬之，破滅其衆。

單于屯屠何立六年薨，單于宣弟安國立。

單于安國，永元五年立。安國初爲左賢王而無稱譽。左谷蠡王師子素勇黠多知，前單于宣及屯屠何皆愛其氣決，故數遣將兵出塞，掩擊北庭，還受賞賜，天子亦加殊異。是以國中盡敬師子，而不附安國。〔安國〕由是疾師子，欲殺之。其諸新降胡初在塞外，數爲師子所驅掠，皆多怨之。安國因是委計降者，與同謀議。安國既立爲單于，師子以次轉爲左賢王，覺單于與新降者有謀，乃別居五原界。單于每龍會議事，師子輒稱病不往。皇甫棱知之，亦擁護不遣，單于懷憤益甚。

六年春，皇甫稜免，以執金吾朱徽行度遼將軍。時單于與中郎將杜崇不相平，迺上書告崇，崇諷西河太守令斷單于章，無由自聞。而崇因與朱徽上言：「南單于安國疎遠故胡，親近新降，欲殺左賢王師子及左臺且渠劉利等。又右部降者謀共迫脅安國，起兵背畔，請西河、上郡、安定爲之儆備。」和帝下公卿議，皆以爲「蠻夷反覆，雖難測知，然大兵聚會，必未敢動搖。今宜遣有方略使者之單于庭，與杜崇、朱徽及西河太守并力，觀其動靜。如無它變，可令崇等就安國會其左右大臣，責其部衆橫暴爲邊害者，共平罪誅。若不從命，令爲權時方略，事畢之後，裁行客賜，〔一〕亦足以威示百蠻」。帝從之。於是徽、崇遂發兵造其庭。安國夜聞漢軍至，大驚，棄帳而去，因舉兵及將新降者欲誅師子。師子先知，乃悉將廬落入曼柏城。安國追到城下，門閉不得入。朱徽遣吏曉譬和之，安國不聽。城既不下，乃引兵屯五原。崇、徽因發諸郡騎追赴之急，衆皆大恐，安國舅骨都侯喜爲等慮幷被誅，乃格殺安國。

〔一〕言以主客之禮裁量賜物，不多與也。

安國立一年，單于適之子師子立。

亭獨尸逐侯鞮單于師子，永元六年立。降胡五六百人夜襲師子，安集掾王恬將衞護士與戰，破之。於是新降胡遂相驚動，十五部二十餘萬人皆反畔，脅立前單于屯屠何子薁鞬日逐王逢侯爲單于，遂殺略吏人，燔燒郵亭廬帳，將車重向朔方，欲度漠北。於是遣行車騎將軍鄧鴻、越騎校尉馮柱、行度遼將軍朱徽將左右羽林、北軍五校士及郡國積射、緣邊兵，〔一〕烏桓校尉任尙將烏桓、鮮卑，合四萬人討之。時南單于及中郎將杜崇屯牧師城，逢侯將萬餘騎攻圍之，未下。冬，鄧鴻等至美稷，逢侯乃乘冰度隘，向滿夷谷。南單于遣子將萬騎，及杜崇所領四千騎，與鄧鴻等追擊逢侯於大城塞，斬首三千餘級，得生口及降者萬餘人。馮柱復分兵追擊其別部，斬首四千餘級。任尙率鮮卑大都護蘇拔廆、〔二〕烏桓大人勿柯八千騎，要擊逢侯於滿夷谷，復大破之。前後凡斬萬七千餘級。逢侯遂率衆出塞，漢兵不能追。七年正月，軍還。

〔一〕漢有迹射士，言尋迹而射之。積亦與迹同，古字通也。

〔二〕胡罪反。

馮柱將虎牙營留屯五原，罷遣鮮卑、烏桓、羌胡兵，封蘇拔廆爲率衆王，又賜金帛。鄧鴻還京師，坐逗留失利，下獄死。〔一〕後帝知朱徽、杜崇失胡和，又禁其上書，以致反畔，皆徵下獄死，以鴈門太守龐奮行度遼將軍。逢侯於塞外分爲二部，自領右部屯涿邪山下，左部屯朔方西北，相去數百里。八年冬，左部胡自相疑畔，還入朔方塞，龐奮迎受慰納之。其勝兵四千人，弱小萬餘口悉降，以分處北邊諸郡。南單于以其右溫禺犢王烏居戰〔二〕始與安國同謀，欲考問之。烏居戰將數千人遂復反畔，出塞外山谷閒，爲吏民害。秋，龐奮、馮柱與諸郡兵擊烏居戰，其衆降，於是徙烏居戰衆及諸還降者二萬餘人於安定、北地。馮柱還，遷將作大匠。逢侯部衆飢窮，又爲鮮卑所擊，無所歸，竄逃入塞者駱驛不絕。

〔一〕按軍法，逗留畏懦者斬。逗音豆。

〔二〕溫禺犢王名烏居戰也。

單于師子立四年薨，單于長之子檀立。

萬氏尸逐鞮單于檀，永元十年立。十一年，龐奮遷河南尹，以朔方太守王彪行度遼將軍。南單于比歲遣兵擊逢侯，多所虜獲，收還生口前後以千數，逢侯轉困迫。十六年，北單于遣使詣闕貢獻，願和親，脩呼韓邪故約。和帝以其舊禮不備，未許之，而厚加賞賜，不荅其使。元興元年，重遣使詣敦煌貢獻，辭以國貧未能備禮，願請大使，當遣子入侍。〔一〕時鄧太后臨朝，亦不荅其使，但加賜而已。

〔一〕天子降大使至國，卽遣子隨大使入侍。

永初三年〔一〕夏，漢人韓琮隨南單于入朝，既還，說南單于云：「關東水潦，人民飢餓死盡，可擊也。」單于信其言，遂起兵反畔，攻中郎將耿种於美稷。秋，王彪卒。冬，遣行車騎將軍何熙、副中郎〔將〕龐雄擊之。四年春，檀遣千餘騎寇常山、中山，以西域校尉梁慬行度遼將軍，〔二〕與遼東太守耿夔擊破之。事已具慬、夔傳。單于見諸軍並進，大恐怖，顧讓韓琮曰：「汝言漢人死盡，今是何等人也？」〔三〕乃遣使乞降，許之。單于脫帽徒跣，對龐雄等拜陳，道死罪。於是赦之，遇待如初，乃還所鈔漢民男女及羌所略轉賣入匈奴中者合萬餘人。〔四〕五年，梁慬免，以雲中太守耿夔行度遼將軍。

〔一〕安帝即位之二年也。

〔二〕慬音勤。

〔三〕顧，反也。讓，責也。反顧責韓琮也。

〔四〕南單于檀信韓琮之言，起兵反，既被擊敗，陳謝死罪，還所鈔之男女。

元初元年，〔一〕夔免，以烏桓校尉鄧遵爲度遼將軍。遵，皇太后之從弟，故始爲眞將軍焉。〔二〕

〔一〕安帝永初（六）〔八〕年，改爲元初元年。

〔二〕自罷度遼將軍以來，皆權行其事，今始以鄧遵爲正度遼將軍，此後更無行者也。

四年，逢侯爲鮮卑所破，部衆分散，皆歸北虜。五年春，逢侯將百餘騎亡還，詣朔方塞降，鄧遵奏徙逢侯於潁川郡。〔一〕

〔一〕逢侯本是前單于屯屠何子，右薁鞬日逐王諸降胡餘萬人，脅立爲單于。既被鮮卑所破，部衆分散，若留在匈奴，或恐更相招引，故徙於潁川郡也。

建光元年，〔一〕鄧遵免，復以耿夔代爲度遼將軍。時鮮卑寇邊，夔與溫禺犢王呼尤徽將新降者連年出塞，討擊鮮卑。還，復各令屯列衝要。〔二〕而耿夔徵發煩劇，新降者皆悉恨謀畔。

〔一〕安帝元初七年改爲永寧元年，永寧二年改爲建光元年。

〔二〕還使新降者屯列衝要。

單于檀立二十七年薨，弟拔立。耿夔復免，以太原太守法度代爲將軍。

烏稽侯尸逐鞮單于拔，延光三年立。夏，新降一部大人阿族等遂反畔，脅呼尤徽欲與俱去。呼尤徽曰：「我老矣，受漢家恩，寧死不能相隨！」衆欲殺之，有救者，得免。阿族等遂將妻子輜重亡去，中郎將馬翼遣兵與胡騎追擊，破之，斬首及自投河死者殆盡，〔一〕獲馬牛羊萬餘頭。冬，法度卒。四年，漢陽太守傅衆代爲將軍。其冬，傅衆復卒。永建元年，〔二〕以遼東太守龐參代爲將軍。

〔一〕殆，近也。欲死盡，所餘無幾。

〔二〕順帝即位之年。

先是朔方以西障塞多不脩復，鮮卑因此數寇南部，殺漸將王。〔一〕單于憂恐，上言求復障塞，順帝從之。乃遣黎陽營兵出屯中山北界，〔二〕增置緣邊諸郡兵，列屯塞下，教習戰射。

〔一〕匈奴有左右漸將王。

〔二〕黎陽先置營兵，以南單于求復障塞，恐入侵擾亂，置屯兵於中山北界。舊中山郡，今之定州是也。定州者，則在河北也。

單于拔立四年薨，弟休利立。

去特若尸逐就單于休利，永建三年立。四年，龐參遷大鴻臚，以東平相宋漢代爲度遼將軍。陽嘉二年，漢遷太僕，以烏桓校尉耿曄代爲度遼將軍。永和元年，〔一〕曄病徵，以護羌校尉馬續代爲度遼將軍。

〔一〕陽嘉五年，改爲永和元年。

五年夏，南匈奴左部句龍王吾斯、車紐等背畔，率三千餘騎寇西河，因復招誘右賢王，合七八千騎圍美稷，殺朔方、代郡長史。馬續與中郎將梁並、烏桓校尉王元發緣邊兵及烏桓、鮮卑、羌胡合二萬餘人，掩擊破之。吾斯等遂更屯聚，攻沒城邑。天子遣使責讓單于，開以恩義，令相招降。單于本不豫謀，乃脫帽避帳，詣並謝罪。並以病徵，五原太守陳龜代爲中郎將。龜以單于不能制下，〔一〕逼迫之，單于及其弟左賢王皆自殺。單于休利立十三年。龜又欲徙單于近親於內郡，而降者遂更狐疑。龜坐下獄免。〔二〕大將軍梁商以羌胡新反，黨衆初合，難以兵服，宜用招降，乃上表曰：「匈奴寇畔，自知罪極，窮鳥困獸，皆知救死，況種類繁熾，不可單盡。〔三〕今轉運日增，三軍疲苦，虛內給外，非中國之利。竊見度遼將軍馬續素有謀謨，且典邊日久，深曉兵要，每得續書，與臣策合。宜令續深溝高壁，以恩信招降，宣示購賞，明其期約。如此，則醜類可服，〔四〕國家無事矣。」帝從之，乃詔續招降畔虜。

商又移書續等曰：「中國安寧，忘戰日久。良騎野合，交鋒接矢，決勝當時，戎狄之所長，而中國之所短也。強弩乘城，堅營固守，以待其衰，中國之所長（也），而戎狄之所短也。〔五〕宜務先所長，以觀其變，設購開賞，宣示反悔，勿貪小功，以亂大謀。」續及諸郡並各遵行。

於是右賢王部抑鞮等萬三千口詣續降。

〔一〕吾斯等攻沒城邑，單于雖不預謀，然不能制下，即是不堪其任。

〔二〕陳龜逼迫單于及弟皆令自殺，又欲徙其近親者，遂致狐疑，此則陳龜之由也。

〔三〕單亦盡也。猶書云「謨謀」。孔安國曰：「謨亦謀也。」即是古書之重語。

〔四〕醜，等也，言等類可服也。

〔五〕若夫平原易地，輕車突騎，則匈奴之衆易橈亂也。勁弩長戟，射疎及遠，則匈奴之弓不能格也。堅甲利刃，長短相雜，游弩往來，什伍俱前，〔則〕匈奴之兵不能當也。材官騶發，矢道同的，則匈奴之革笥木薦不能支也。下馬地鬭，劍戟相接，去就相薄，則匈奴之足不能給也。此中國之長技也。以此觀之，匈奴之長技三，中國之長技五。並具朝錯三章之兵體。因梁商論其長短，故備錄之。此乃兵家之要。

秋，句龍吾斯等立句龍王車紐爲單于。東引烏桓，西收羌戎及諸胡等數萬人，攻破京兆虎牙營，〔一〕殺上郡都尉及軍司馬，遂寇掠并、涼、幽、冀四州。乃徙西河治離石，〔二〕上郡治夏陽，朔方治五原。〔三〕冬，遣中郎將張耽將幽州烏桓諸郡營兵，擊畔虜車紐等，戰於馬邑，斬首三千級，獲生口及兵器牛羊甚衆。車紐等將諸豪帥骨都侯乞降，而吾斯猶率其部曲與烏桓寇鈔。六年春，馬續率鮮卑五千騎到穀城擊之，斬首數百級。張耽性勇銳，而善撫士卒，軍中皆爲用命。遂繩索相懸，上通天山，大破烏桓，悉斬其渠帥，還得漢民，獲其畜生財物。夏，馬續復免，以城門校尉吳武代爲將軍。

〔一〕虎牙營即京兆虎牙都尉也。西羌傳云：「置虎牙都尉於長安，扶風都尉於雍。」漢官儀曰「涼州近羌，數犯三輔，京兆虎牙、扶風都尉將兵衞護園陵」也。

〔二〕離石即西河之屬縣也。

〔三〕移朔方就五原郡。

漢安元年〔一〕秋，吾斯與薁鞮臺耆、且渠伯德等復掠并部。〔二〕

〔一〕順帝永和七年改爲漢安元年也。

〔二〕薁鞮或作「薁鞬」，前書兩字通，今依前書不改也。

呼蘭若尸逐就單于兜樓儲先在京師，漢安二年立之。天子臨軒，大鴻臚持節拜授璽綬，引上殿。賜青蓋駕駟、鼓車、安車、駙馬騎、玉具刀劍、什物，〔一〕給綵布二千匹。賜單于閼氏以下金錦錯雜具，軿車馬二乘。遣行中郎將持節護送單于歸南庭。詔太常、大鴻臚與諸國侍子於廣陽城門外〔二〕祖會，饗賜作樂，角抵百戲。〔三〕順帝幸胡桃宮臨觀之。冬，中郎將馬寔募刺殺句龍吾斯，送首洛陽。建康元年，〔四〕進擊餘黨，斬首千二百級。烏桓七十萬餘口皆詣寔降，車重牛羊不可勝數。

〔一〕玉具，摽首鐔衞盡用玉爲之。

〔二〕廣陽，洛陽城西面南頭門。

〔三〕角抵之戲則魚龍爵馬之屬。言兩兩相當，亦角而爲抵對，即今之鬭（用）〔朋〕，古之角抵也。

〔四〕漢安三年改爲建康元年。

單于兜樓儲立五年薨。

伊陵尸逐就單于居車兒，建和元年立。〔一〕至永壽元年，〔二〕匈奴左薁鞮臺耆、且渠伯德等復畔，寇鈔美稷、安定，屬國都尉張奐擊破降之。事已具奐傳。

〔一〕桓帝即位之年。

〔二〕桓帝永興三年改爲永壽元年。

延熹元年，〔一〕南單于諸部並畔，遂與烏桓、鮮卑寇緣邊九郡，以張奐爲北中郎將討之，單于諸部悉降。奐以單于不能統理國事，乃拘之，上立左谷蠡王。〔二〕桓帝詔曰：「春秋大居正，〔三〕居車兒一心向化，何罪而黜！其遣還庭。」

〔一〕桓帝之年。

〔二〕張奐上書請立左谷蠡王爲單于也。

〔三〕春秋法五始之要，故經曰「元年春王正月」。言王者即位之年，宜大開恩宥。其居車兒即是桓帝即位之建和元年立，自立以來，一心向化，宜寬宥之。

單于居車兒立二十五年薨，子某立。〔一〕

〔一〕凡言「某」者，史失其名，故稱「某」以記之。夷狄無字，既無典誥，故某者即是其名。

屠特若尸逐就單于某，熹平元年立。〔一〕六年，單于與中郎將臧旻出鴈門擊鮮卑檀石槐，大敗而還。是歲，單于薨，子呼徵立。

〔一〕熹平，靈帝之元年。

單于呼徵，光和元年〔一〕立。二年，中郎將張脩與單于不相能，脩擅斬之，更立右賢王羌渠爲單于。脩以不先請而擅誅殺，檻車徵詣廷尉抵罪。〔二〕

〔一〕靈帝熹平七年改爲光和元年。

〔二〕前書注曰：「抵，至也。」殺人者死。張脩擅斬單于呼徵，故至其罪也。

單于羌渠，光和二年立。中平四年，〔一〕前中山太守張純反畔，遂率鮮卑寇邊郡。靈帝詔發南匈奴兵，配幽州牧劉虞討之。單于遣左賢王將騎詣幽州。國人恐單于發兵無已，五年，右部醯落與休著各胡白馬銅等十餘萬人反，攻殺單于。

〔一〕靈帝光和七年改爲中平。

單于羌渠立十年，子右賢王於扶羅立。〔一〕

〔一〕於扶羅即是前趙劉元海之祖也。其元海爲亂晉之首。

持至尸逐侯單于於扶羅，中平五年立。國人殺其父者遂畔，共立須卜骨都侯爲單于，而於扶羅詣闕自訟。會靈帝崩，天下大亂，單于將數千騎與白波賊合兵寇河內諸郡。時民皆保聚，鈔掠無利，而兵遂挫傷。復欲歸國，國人不受，乃止河東。〔一〕須卜骨都侯爲單于一年而死，南庭遂虛其位，以老王行國事。

〔一〕遂止河東平陽也。

單于於扶羅立七年死，弟呼廚泉立。〔一〕

〔一〕於扶羅即劉元海之祖。呼廚泉即元海之叔祖。

單于呼廚泉，興平二年〔一〕立。以兄被逐，不得歸國，數爲鮮卑所鈔。建安元年，獻帝自長安東歸，右賢王去卑與白波賊帥韓暹等侍衞天子，拒擊李傕、郭汜。及車駕還洛陽，又徙遷許，然後歸國。〔二〕二十一年，單于來朝，曹操因留於鄴，〔三〕而遣去卑歸監其國焉。

〔一〕獻帝初平五年改爲興平元年。

〔二〕謂歸河東平陽也。

〔三〕留呼廚泉於鄴，而遣去卑歸平陽，監其五部國。

論曰：漢初遭冒頓凶黠，種衆強熾。高祖威加四海，而窘平城之圍。〔一〕太宗政鄰刑措，不雪憤辱之恥。〔二〕逮孝武亟興邊略，有志匈奴，赫然命將，戎旗星屬，〔三〕候列郊甸，火通甘泉，〔四〕而猶鳴鏑揚塵，出入畿內，〔五〕至於窮竭武力，單用天財，〔六〕歷紀歲以攘之。寇雖頗折，而漢之疲耗略相當矣。〔七〕宣帝值虜庭分爭，呼韓邪來臣，乃權納懷柔，因爲邊衞，〔八〕罷關徼之儆，息兵民之勞。〔九〕龍駕帝服，鳴鍾傳鼓於清渭之上，〔一〇〕南面而朝單于，朔、易無復匹馬之蹤，〔一一〕六十餘年矣。後王莽陵篡，擾動戎夷，〔一二〕續以更始之亂，方夏幅裂。〔一三〕自是匈奴得志，狼心復生，乘閒侵佚，害流傍境。及中興之初，更通舊好，〔一四〕報命連屬，金幣載道，〔一五〕而單于驕踞益橫，內暴滋深。〔一六〕世祖以用事諸華，未遑沙塞之外，〔一七〕忍愧思難，徒報謝而已。〔一八〕因徙幽、并之民，增邊屯之卒。〔一九〕及關東稍定，隴、蜀已清，其猛夫扞將，莫不頓足攘手，爭言衞、霍之事。〔二〇〕帝方厭兵，閒脩文政，未之許也。〔二一〕其後匈奴爭立，日逐來奔，願脩呼韓之好，以禦北狄之衝，〔二二〕奉藩稱臣，永爲外扞。天子總攬羣策，和而納焉。〔二三〕乃詔有司開北鄙，擇肥美之地，量水草以處之。馳中郎之使，盡法度以臨之。制衣裳，備文物，加璽紱之綬，正單于之名。於是匈奴分破，始有南北二庭焉。讎釁既深，互伺便隙，控弦抗戈，覘望風塵，雲屯鳥散，更相馳突，至於陷潰創傷者，靡歲或寧，而漢之塞地晏然矣。〔二四〕後亦頗爲出師，并兵窮討，命竇憲、耿夔之徒，前後並進，皆用果譎，設奇數，異道同會，究掩其窟穴，躡北追奔〔二五〕三千餘里，〔二六〕遂破龍祠，焚罽幕，阬十角，梏閼氏，〔二七〕銘功封石，倡呼而還。〔二八〕單于震慴屏氣，蒙氈遁走於烏孫之地，而漠北空矣。〔二九〕若因其時埶，及其虛曠，還南虜於陰山，歸(河)西〔河〕於內地，〔三〇〕上申光武權宜之略，下防戎羯亂華之變，〔三一〕使耿國之筭不謬於當世，〔三二〕袁安之議見從於後王，〔三三〕平易正直，若此其弘也。〔三四〕而竇憲矜三捷之効，忽經世之規，狠戾不端，專行威惠。〔三五〕遂復更立北虜，反其故庭，〔三六〕並恩兩護，以私己福，棄蔑天公，〔三七〕坐樹大鯁。永言前載，何恨憤之深乎！〔三八〕自後經綸失方，畔服不一，其爲疢毒，胡可單言！〔三九〕降及後世，翫爲常俗，終於吞噬神鄉，丘墟帝宅。嗚呼！千里之差，興自毫端，失得之源，百世不磨矣。〔四〇〕

〔一〕前書云，高祖自將兵三十二萬擊韓王信，先至平城，冒頓縱兵三十萬騎圍帝於白登，七日，漢兵中外不得相救餉。故歌曰：「平城之事甚大苦，七日不得食，不能彎弓弩。」得陳平祕計，然後得免也。

〔二〕前書贊曰：「斷獄四百，幾致刑措。」幾，近也。今言「政鄰刑措」，鄰亦近也。

〔三〕如衆星之相連屬，言其多。

〔四〕列置候兵於近郊畿，天子在甘泉宮，而烽火時到甘泉宮也。

〔五〕鳴鏑即匈奴之箭也。謂匈奴、白羊、樓煩王在河南，去京師一千餘里，古者王畿千里，言匈奴寇邊即出入畿內。世宗逐樓煩、白羊，始得河南之地以築朔方，今夏州是也。按夏州去京師一千二百里。

〔六〕單，盡也。言盡用天下之財。

〔七〕漢武好征，戶口減半，即是死亡與殺匈奴相當也。

〔八〕虜庭分爭謂五單于〔爭〕國，呼韓邪遂來臣服，因請款關，永為邊衞。前書云日逐王薄胥堂為屠耆單于，呼揭王為呼揭單于，薁鞮王為車犂單于，烏籍都尉為烏籍單于，并呼韓邪凡五單于也。

〔九〕匈奴既降，北庭不儆備，勞者並得休息也。

〔一〇〕案前書，宣帝甘露二年正月，呼韓邪朝甘泉宮，漢寵以殊禮，位在諸侯王上。贊謁（者）稱臣而不名。禮畢，使者導單于宿長平。上自甘泉宿池陽宮，詔單于毋謁。左右當戶及羣臣皆列觀，及諸蠻夷君長〔王〕侯數萬人，咸迎於渭橋下，夾道陳。上登渭橋，咸稱萬歲。

〔一一〕匈奴既降，朔方、易水之地更無匈奴匹馬之蹤也。

〔一二〕自宣帝甘露二年至平帝末年，北邊無匈奴之盜。王莽陵篡之後，狼心復生。前書贊曰：「三世稱〔藩〕，賓於漢庭。是時邊城晏閉，牛馬布野，三世無犬吠之警，黎庶忘干戈之役。後六十餘歲之閒，遭王莽篡位，始開邊隙。」三世謂元帝、成帝各為一世，哀平二帝皆元帝之孫，共為一世，故三世也。王莽執政，始開邊隙也。

〔一三〕更始無道，擾亂方內，諸夏如布帛之裂也。

〔一四〕及光武中興，更通宣、元之舊好。

〔一五〕報命相屬，言其往來不絕。金帛常載於道，言其賞遺常行。

〔一六〕世祖二年，令中郎將韓統報命，賂遺金帛以通舊好。而單于驕踞，自比冒頓，對使者辭語悖慢也。

〔一七〕遑，暇也。

〔一八〕雖得驕踞悖慢之詞，而忍其羞愧，思其患難，但以善言報謝而已。徒，但也。

〔一九〕移徙幽、并之人，增益邊屯之戍卒。

〔二〇〕爭言衞青、霍去病，世宗之代北伐匈奴之事也。

〔二一〕帝厭其用兵，欲脩文政，未許猛夫扞將之事。

〔二二〕比季父孝單于輿以比爲右薁鞬日逐王，日逐卽南匈奴單于比也。

〔二三〕總覽羣臣之策，善均從衆，與之和同，而納其降款也。

〔二四〕由南北二庭自相馳突，而漢之塞地晏然無事矣。

〔二五〕軍走曰北也。

〔二六〕北虜（烏孫）遂奔〔烏孫〕，漢北乃空，其地三千餘里也。

〔二七〕械在手曰梏，音古督反。

〔二八〕爲刻石立銘於燕然山，猶前書霍去病登臨瀚海，封狼居胥山也。

〔二九〕漢北既空，宜卽還南虜以居之。

〔三〇〕河西虜衆居之，于時遂爲邊境，若還南虜於陰山，卽爲內地也。

〔三一〕戎羯之亂，興於永嘉之年；卽勒燕然，乃居永元之歲。中人以上，始可預其將來；竇憲庸才，寧可責其謀慮。

〔三二〕建武二十四年，八部大人共立比爲呼韓邪單于，款五原塞，願永爲蕃蔽，扞禦北方。帝用五官中郎將耿國議，乃許之也。

〔三三〕竇憲欲立北單于，安議不許也。

〔三四〕若從耿國、袁安之議，卽言平易正直之道如此之弘遠也。

〔三五〕三捷言勝也。自矜功伐，專行威惠，爲臣不忠，卽其人也。又章和二年，竇太后臨朝。單于屯屠何上言：「宜及北虜分爭，出兵討伐，破北成南，并爲一國，令漢家長無北念。」旣威北邊，卽宜獎成南部，更請存立，其何惑哉。

〔三六〕永元三年，將軍竇憲上書，請立於除鞬爲北單于，朝廷從之。四年卽授璽綬，方欲輔歸北庭，會竇憲被誅。五年，於除鞬自畔還北，帝遣將兵長史王輔誘誅之。

〔三七〕言竇憲斬日逐，刊石紀功，卽宜滅其北庭，以資南部。重存胤緒，滋生孽栽。南北俱存，卽是並恩兩護。以私己禍，乃招其禍。斯則弃蔑天公之事也。天公謂天子也。前書云「共禿翁何爲首鼠兩端」，禿翁卽乃翁也。高祖云「幾敗乃公事」，乃公卽汝公也。惇史直筆，時復存其質言也。

〔三八〕由竇憲請立北庭，遂使匈奴滋蔓，卽是坐樹大鯁，永言前事，深可恨哉。載，事也。

〔三九〕單，盡也。單與殫同也。

〔四〇〕旣勒燕然之後，若復南虜於漠北，引侍子於京師，混并匈奴之區，使得專爲一部，則荒服無忿爭之跡，邊服息征戍之勤。此之不行，遂爲巨蠹。自單于比入居西河美稷之後，種類繁昌，難以驅逼。魏武雖分其衆爲五部，然大率皆居晉陽。暨乎左賢王豹之子劉元海，假稱天號，縱盜中原，吞噬神鄉，丘墟帝宅。愍懷二帝沈沒虜庭，差之毫端，一至於此。百代無滅，誠可痛心也。

贊曰：匈奴既分，〔一〕羽書稀聞。〔二〕野心難悔，終亦紛紜。〔三〕

〔一〕謂分爲南北庭也。

〔二〕檄書有急，即插鳥羽其上也。

〔三〕紛紜之事，具如上解。

校勘記

二九三九頁六行　至比季父孝單于輿時　汲本、殿本無「孝」字。按前書匈奴傳云：「單于咸立五歲，天鳳五年死，弟左賢王輿立，爲呼都而尸道皋若鞮單于。匈奴謂孝曰若鞮。」范書意譯爲「孝單于」，後人不曉，滅去此「孝」字耳。下「以禦北狄之衝」注亦稱「孝單于」。

二九三九頁九行　虛閭權渠單于〔子〕也　據汲本、殿本補。

二九三九頁一二行　以單于相傳乃十八代也　按：李慈銘謂「相傳」上當脫「兄弟」二字。

二九四〇頁四行　賂遺金幣　汲本「幣」作「帛」。按：通志亦作「帛」。

二九四〇頁一〇行　殺略鈔掠甚衆　按：校補謂掠卽略，不當殺略鈔掠並言，通志無「鈔掠」二字可證，二字當衍。

二九四二頁九行　以次當〔爲〕左賢王　據校補引錢大昭說補。按：通志有「爲」字。

二九四二頁七行　時比弟漸將王在單于帳下　殿本改「漸」作「斬」。按：通鑑胡注謂「漸」當作「斬」，傳寫誤加水旁耳。校補謂匈奴言語文字不與華同，其王號非譯不曉，漸將亦未嘗無義。觀晉書作「左漸尚王」、「右漸尚王」，將尚一音之轉，安知「斬」不正當作「漸」耶？

二九四四頁一行　令中郎將置安集掾（吏）〔史〕　據汲本、殿本改。

二九四四頁二行　單于歲盡輒遣奉奏　按：刊誤謂案文少一「使」字。

二九四四頁一四行　且渠　按：集解引惠棟說，謂史記作「且居」。

二九四五頁九行　及悉復緣邊八郡　按：張森楷校勘記謂「及」字於此義無所施，蓋當爲「又」。

二九四七頁八行　願復裁（賜）　據汲本、殿本補。

二九四七頁九行　遣驛以聞　按：殿本「驛」作「譯」。

二九四七頁一三行　矢十二曰發見漢書音義　按：汲本、殿本作「發四矢曰發，見儀禮也」。

二九四八頁四行　中郎將段郴　按：「郴」原譌「彬」，逕據汲本、殿本改正。

二九四九頁一行　胡邪尸逐侯鞮單于長　按：「胡」原作「湖」，逕據汲本、殿本改。

二九四九頁五行　中郎將吳棠　按：校補謂袁紀「棠」作「常」。

二九四九頁一〇行　隨太僕祭肜　按：「肜」原作「彤」，逕據汲本、殿本改。

二九四九頁一一行　皐林溫禺犢王　按：丁謙南匈奴傳地理考證謂「溫禺犢王」前書作「溫偶駼王」，上加

「皋林」字者，似分數部也，故下有右溫禺犢王。

二九四九頁一三行　北匈奴入雲中遂至漁陽太守廉范擊卻之　按：集解引錢大昕說，謂范爲雲中太守，「太守」上當有「雲中」二字。

二九四九頁一四行　征西(大)將軍耿秉　刊誤謂案秉傳不爲大將軍，此多一「大」字。今據刪。

二九五〇頁四行　詔書聽雲遣驛使迎呼慰納之　按：刊誤謂「驛」當作「譯」。

二九五〇頁五行　大且渠伊莫訾王　按：「大」原譌「夫」，逕改正。

二九五一頁五行　薁鞬日逐王　按：汲本、殿本「鞬」作「韃」。

二九五二頁六行　又聞取降者歲數千人　按：王先謙謂語氣不了，疑奪文。

二九五二頁九行　荼苦也　殿本「荼」作「塗」，集解本從之，然塗不訓苦。張森楷校勘記謂疑本作「塗炭言苦也」，「塗」下脫「炭言」二字。按：張說亦言之成理。此殆後人以塗不訓苦，遂改「塗」爲「荼」耳。又按：注與正文不相應。校補謂此傳之注複沓紕繆，至於不可究詰，疑章懷本皆無注，而妄人附益之，且又不出一手也。

二九五二頁一三行　取其匈奴皮而還　按：刊誤謂匈奴一種，安能盡取其皮，明多「匈奴」二字，或云取其胷皮。

二九五二頁一四行　屈蘭儲卑胡都須等　按：集解引錢大昕說，謂章帝紀「屈」作「屋」。

二九五二頁五行　依安侯河西　按：校補引錢大昭說，謂魯恭傳作「史侯河西」，安侯史侯未知孰是。

二九五二頁一〇行　慙無報効之（義）〔地〕　據殿本改。　按：錢大昭謂閩本作「地」。校補謂通志亦作「地」。

二九五三頁三行　威鎮（西）〔四〕夷　據殿本改。

二九五三頁四行　秉因自陳〔受〕恩　據汲本、殿本補。

二九五三頁九行　首虜二十餘萬人　按：刊誤謂案文多一「人」字。

二九五三頁一二行　匈奴河　刊誤謂「奴」字衍。　按：匈奴河或省稱匈河耳，「奴」字非衍，參閱竇融傳校記。

二九五三頁一三行　夜圍北單于〔單于〕大驚　據刊誤補。

二九五三頁一四行　獲閼氏　按：校補謂據和紀，此閼氏，單于母也。紀亦言「獲」，而耿秉傳獨言「斬」。

二九五四頁一行　故（從）事中郎將置從事二人　刊誤謂案文多一「從」字，言故事如此。今據刪。

二九五四頁四行　右校尉耿夔　按：集解引錢大昕說，謂「右」當作「左」。

二九五四頁六行　賜玉劔四具羽蓋一駟　按：刊誤謂當云「玉具劔四」，又衍一「駟」字。

二九五四頁一二行　而不附安國〔安國〕由是疾師子　據通志補。

二九五七頁一五行　副中郎〔將〕龐雄　據刊誤補。

二九五八頁五行　安帝卽位之二年也　按：安帝於殤帝延平元年卽位，至永初三年，卽位已四年矣，「二」乃「四」之譌。

二九五八頁二一行　安帝永初(六)〔八〕年　據集解引洪亮吉說改。

二九五八頁二五行　諸降胡餘萬人　按：汲本、殿本「餘萬人」作「萬餘人」。

二九五八頁二五行　部衆分散　按：「散」原譌「明」，逕改正。

二九五九頁一行　溫禺犢王呼尤徽　按：校補謂通志「徽」作「徵」，下並同。

二九五九頁六行　弟拔立　集解引惠棟說，謂凡單于立皆載號謚。下云「烏稽侯尸逐鞮單于」，乃拔號謚也。「弟拔立」已下當接此文，今錯出「耿夔復免」以下十五字，未知所屬，當有脫誤。按：校補謂案通志「耿夔復免」以下十五字在「烏稽侯尸逐鞮單于拔延光三年立」下，「耿夔」上並有「是歲」二字，知今本皆涉上「立」字誤倒，又脫二字也。

二九五九頁六行　以太原太守法度代爲將軍　按：刊誤謂一傳中處處皆云「度遼將軍」，惟三處沒「度遼」字，以後又復舉之，明此三處脫漏也。

二九五九頁七行　新降一部大人阿族等遂反畔　按：集解引錢大昕說，謂安帝紀云南匈奴左日逐王叛。

二九六〇頁九行　句龍王　按：順帝紀作「句龍大人」。錢大昕謂王與大人皆匈奴尊稱，譯語小異。

二九六二頁五行　中國之所長(也)　據殿本刪。按：校補謂錢校本據閩本亦無「也」字，通志同。

二九六二頁九行　此則陳龜之由也　按：據張元濟校勘記「由」原作「同」，然今商務影印本亦作「由」，殆依殿本描改。又按：「同」字當誤。「之由」上疑脫「獲罪」二字。

二九六一頁一〇行　猶書云謨謀　汲本「謨謀」作「謀謨」。按：校補謂今案尚書，無「謀謨」「謨謀」連文之處，疑皆「謀猷」之誤，猷本亦訓謀也。注或涉下文「謀謨」而誤。又按：注「猶書云」至「古書之重語」應在正文「馬續素有謀謨」句下，然各本皆同，故不改。

二九六一頁一三行　〔則〕匈奴之兵不能當也　據殿本補。

二九六一頁一三行　下馬地鬬　按：殿本「地」作「步」。

二九六一頁一四行　去就相簿　汲本、殿本「簿」作「薄」。按：薄簿通。

二九六二頁一三行　薁鞮或作薁鞬　按：沈家本謂順帝紀作「薁鞬」。

二九六三頁七行　卽今之鬭〔用〕〔朋〕　據刊誤改。

二九六三頁一四行　延熹元年　按：「元」原譌「九」，逕改正。

二九六四頁七行　夷狄無字　按：刊誤謂此上當有「一說」二字。

二九六四頁一〇行　熹平靈帝之元年　按：校補引柳從辰說，謂應作「靈帝建寧五年改爲熹平元年」。

二九六四頁一一行　單于呼徵　按：集解引惠棟說，謂袁紀作「呼演」。

二九六四頁一五行　單于羌渠　按：集解引惠棟說，謂袁紀作「羌深」。

二九六五頁一行　休著各　按：集解引錢大昕說，謂靈帝紀作「休屠各」。屠音儲，而著亦音直慮切，譯語有重輕，其實一也。烏桓鮮卑傳俱云「休著屠各」，此必讀范史者音著爲屠，後遂攙入正文耳。

二九六五頁一三行　又徙遷許　按：張森楷校勘記謂「徙」當作「從」。

二九六七頁四行　究掩其窟穴　按：校補謂究掩二字各一義，不能連文，疑衍一字。

二九六七頁六行　歸(河)西〔河〕於內地　集解引陳景雲說，謂「河西」當作「西河」，時南單于屯西河美稷縣也，正與上句「南虜」相對。今據改。

二九六八頁六行　虜庭分(爭)謂五單于〔爭〕國　據校補補。

二九六八頁九行　贊謁(者)稱臣而不名　據刊誤刪。

二九六八頁一〇行　及諸蠻夷君長〔王〕侯數萬人　據汲本、殿本補。

二九六八頁一二行　匈奴旣降　按：「旣」原譌「卽」，逕改正。

二九六八頁一三行　三世稱〔藩〕　據前書贊補。

二九六八頁一四行　是時邊城晏閉　汲本「閉」作「閑」。按：校補謂晏閑卽安閒，以後文「塞地晏然」證之，說亦可通。

二九六九頁二行　世祖二年令中郎將韓統報命　按：沈家本謂韓統報命乃六年事，云「二年」，誤。

二九六九頁一三行　北虜(烏孫)遂奔〔烏孫〕　據校補改。

二九六九頁一七行　卽勒燕然　汲本、殿本「卽」作「績」。按：疑原作「旣勒燕然」，「旣」與「卽」形近而譌，下文注有「既勒燕然之後」云云，可證也。

二九七〇頁六行　卽宜獎成南部　按：汲本「獎」作「權」，殿本作「搆」。

二九七〇頁九行　滋生孽栽　按：「栽」原作「裁」，逕據汲本、殿本改。

二九七〇頁一〇行　共禿翁何爲首鼠兩端　汲本、殿本「共」作「老」。今按：前書云「與長孺共一禿翁，何爲首鼠兩端」，史記則作「與長孺共一老禿翁，何爲首鼠兩端」，此注「共」下脫一「一」字，而「共」作「老」，或後人依史記改也。

二九七〇頁一〇行　禿翁卽乃翁也　殿本、集解本「乃翁」作「天翁」。按：王應麟困學紀聞卷十三，略謂劉贛父東漢刊誤謂列傳第七十九注最淺陋，章懷注書，分與諸臣，疑其將終篇，故特草草耳。今觀注引前書，謂禿翁卽天翁，其謬甚矣。是王氏所見本亦作「天翁」也。

後漢書卷九十

烏桓鮮卑列傳第八十

烏桓者，本東胡也。漢初，匈奴冒頓滅其國，餘類保烏桓山，因以爲號焉。俗善騎射，弋獵禽獸爲事。隨水草放牧，居無常處。以穹廬爲舍，東開向日。食肉飲酪，以毛毳爲衣。〔一〕貴少而賤老，其性悍塞。〔二〕怒則殺父兄，而終不害其母，以母有族類，父兄無相仇報故也。有勇健能理決鬬訟者，推爲大人，無世業相繼。邑落各有小帥，數百千落自爲一部。大人有所召呼，則刻木爲信，雖無文字，而部衆不敢違犯。氏姓無常，以大人健者名字爲姓。大人以下，各自畜牧營產，不相傜役。其嫁娶則先略女通情，〔三〕或半歲百日，然後送牛馬羊畜，以爲娉幣。壻隨妻還家，妻家無尊卑，旦旦拜之，而不拜其父母。爲妻家僕役，一二年閒，妻家乃厚遣送女，居處財物一皆爲辦。其俗妻後母，報寡嫂，死則歸其故夫。計謀從用婦人，唯鬬戰之事乃自決之。父子男女相對踞蹲。以髡頭爲輕便。婦人至嫁時乃養髮，分爲髻，著句決，飾以金碧，猶中國有簂步搖。〔四〕婦人能刺韋作文繡，織氀毼。〔五〕

男子能作弓矢鞍勒，〔六〕鍛金鐵爲兵器。其土地宜穄及東牆。東牆似蓬草，實如穄子，至十月而熟。見鳥獸孕乳，以別四節。

〔一〕鄭玄注周禮曰：「毛之縟細者爲毳也。」

〔二〕說文曰：「悍，勇也。」塞讀不通。

〔三〕杜預注左傳曰：「不以道取爲略。」

〔四〕𡡉音（吉）〔古〕誨反。字或爲「幗」，婦人首飾也。續漢輿服志曰：「公卿列侯夫人紺繒幗。」釋名云「皇后首飾，上有垂珠，步則搖之」也。

〔五〕廣雅曰：「氀毼，罽也。」氀音力于反。毼音胡達反。

〔六〕勒，馬銜也。

俗貴兵死，斂屍以棺，有哭泣之哀，至葬則歌舞相送。肥養一犬，以彩繩纓牽，幷取死者所乘馬衣物，皆燒而送之，言以屬累犬，〔一〕使護死者神靈歸赤山。赤山在遼東西北數千里，如中國人死者魂神歸岱山也。〔二〕敬鬼神，祠天地日月星辰山川及先大人有健名者。祠用牛羊，畢皆燒之。其約法：違大人言者，罪至死；若相賊殺者，令部落自相報，不止，詣大人告之，聽出馬牛羊以贖死；其自殺父兄則無罪；若亡畔爲大人所捕者，邑落不得受之，皆徙逐於雍狂之地，沙漠之中。其土多蝮蛇，在丁令西南，烏孫東北焉。〔三〕

〔一〕厲累猶付託也。厲音之欲反。累音力瑞反。
〔二〕博物志：「泰山，天帝孫也，主召人魂。東方萬物始，故知人生命。」
〔三〕前書音義曰：「丁令，匈奴別種也。令音零。」

烏桓自爲冒頓所破，衆遂孤弱，常臣伏匈奴，歲輸牛馬羊皮，過時不具，輒沒其妻子。及武帝遣驃騎將軍霍去病擊破匈奴左地，因徙烏桓於上谷、漁陽、右北平、遼西、遼東五郡塞外，爲漢偵察匈奴動靜。〔一〕其大人歲一朝見，於是始置護烏桓校尉，秩二千石，擁節監領之，使不得與匈奴交通。

〔一〕偵，覘也，音丑政反。

昭帝時，烏桓漸強，乃發匈奴單于冢墓，以報冒頓之怨。匈奴大怒，乃東擊破烏桓。大將軍霍光聞之，因遣度遼將軍范明友將二萬騎出遼東邀匈奴，而虜已引去。明友乘烏桓新敗，遂進擊之，斬首六千餘級，獲其三王首而還。由是烏桓復寇幽州，明友輒破之。宣帝時，乃稍保塞降附。

及王莽篡位，欲擊匈奴，興十二部軍，使東域將嚴尤領烏桓、丁令兵屯代郡，皆質其妻子於郡縣。烏桓不便水土，懼久屯不休，數求謁去。莽不肯遣，遂自亡畔，還爲抄盜，而諸郡盡殺其質，由是結怨於莽。匈奴因誘其豪帥以爲吏，餘者皆羈縻屬之。

光武初，烏桓與匈奴連兵為寇，代郡以東尤被其害。居止近塞，朝發穹廬，暮至城郭，五郡民庶，家受其辜，至於郡縣損壞，百姓流亡。其在上谷塞外白山者，最為強富。

建武二十一年，遣伏波將軍馬援將三千騎出五阮關掩擊之。〔一〕烏桓逆知，悉相率逃走，追斬百級而還。烏桓復尾擊援後，援遂晨夜奔歸，比入塞，馬死者千餘匹。

〔一〕關在代郡。

二十二年，匈奴國亂，烏桓乘弱擊破之，匈奴轉北徙數千里，漠南地空，帝乃以幣帛賂烏桓。二十五年，遼西烏桓大人郝旦等九百二十二人率衆向化，詣闕朝貢，獻奴婢牛馬及弓虎豹貂皮。

是時四夷朝賀，絡驛而至，天子乃命大會勞饗，賜以珍寶。烏桓或願留宿衞，於是封其渠帥為侯王君長者八十一人，皆居塞內，布於緣邊諸郡，令招來種人，給其衣食，遂為漢偵候，助擊匈奴、鮮卑。時司徒掾班彪上言：「烏桓天性輕黠，好為寇賊，若久放縱而無總領者，必復侵掠居人，但委主降掾史，〔一〕恐非所能制。臣愚以為宜復置烏桓校尉，誠有益於附集，省國家之邊慮。」帝從之。於是始復置校尉於上谷甯城，〔二〕開營府，并領鮮卑，賞賜質子，歲時互市焉。

〔一〕蓋當時權置也。下兵馬掾亦同也。

〔三〕甯城，縣名。前書甯縣作「寧」，史記甯城亦作「寧」，寧甯兩字通也。

及明、章、和三世，皆保塞無事。安帝永初三年夏，漁陽烏桓與右北平胡千餘寇代郡、上谷。秋，鴈門烏桓率衆王無何（允），與鮮卑大人丘倫等，及南匈奴骨都侯，合七千騎寇五原，與太守戰於九原高渠谷，〔一〕漢兵大敗，殺郡長吏。乃遣車騎將軍何熙、度遼將軍梁慬等擊，大破之。無何乞降，鮮卑走還塞外。是後烏桓稍復親附，拜其大人戎朱廆爲親漢都尉。〔二〕

〔一〕九原，縣名，屬五原郡。

〔二〕廆音胡罪反。

順帝陽嘉四年冬，烏桓寇雲中，遮截道上商賈車牛千餘兩，度遼將軍耿曄率二千餘人追擊，不利，又戰於沙南，斬首五百級。〔一〕烏桓遂圍曄於蘭池城，於是發積射士二千人，度遼營千人，配上郡屯，以討烏桓，烏桓乃退。永和五年，烏桓大人阿堅、羌渠等與南匈奴左部句龍吾斯反畔，中郎將張耽擊破斬之，餘衆悉降。桓帝永壽中，朔方烏桓與休著屠各並畔，中郎將張奐擊平之。延熹九年夏，烏桓復與鮮卑及南匈奴（鮮卑）寇緣邊九郡，俱反，張奐討之，皆出塞去。

〔一〕沙南，縣，屬雲中郡，有蘭池城。

靈帝初，烏桓大人上谷有難樓者，衆九千餘落，遼西有丘力居者，衆五千餘落，皆自稱王；又遼東蘇僕延，衆千餘落，自稱峭王；〔一〕右北平烏延，衆八百餘落，自稱汗魯王：並勇健而多計策。中平四年，前中山太守張純畔，入丘力居衆中，自號彌天安定王，遂爲諸郡烏桓元帥，寇掠青、徐、幽、冀四州。五年，以劉虞爲幽州牧，虞購募斬純首，北州乃定。

〔一〕峭音七笑反。

獻帝初平中，丘力居死，子樓班年少，從子蹋頓有武略，代立，〔一〕總攝三郡，衆皆從其號令。建安初，冀州牧袁紹與前將軍公孫瓚相持不決，蹋頓遣使詣紹求和親，遂遣兵助擊瓚，破之。紹矯制賜蹋頓、難樓、蘇僕延、烏延等，皆以單于印綬。後難樓、蘇僕延率其部衆奉樓班爲單于，蹋頓爲王，然蹋頓猶秉計策。廣陽人閻柔，少沒烏桓、鮮卑中，爲其種人所歸信，柔乃因鮮卑衆，殺烏桓校尉邢舉而代之。袁紹因寵慰柔，以安北邊。及紹子尚敗，奔蹋頓。時幽、冀吏人奔烏桓者十萬餘戶，尚欲憑其兵力，復圖中國。會曹操平河北，閻柔率鮮卑、烏桓歸附，操卽以柔爲校尉。建安十二年，曹操自征烏桓，大破蹋頓於柳城，斬之，首虜二十餘萬人。袁尚與樓班、烏延等皆走遼東，遼東太守公孫康並斬送之。其餘衆萬餘落，悉徙居中國云。

〔一〕蹋音大蠟反。

鮮卑者，亦東胡之支也，別依鮮卑山，故因號焉。其言語習俗與烏桓同。唯婚姻先髡頭，以季春月大會於饒樂水上，〔一〕飲讌畢，然後配合。又禽獸異於中國者，野馬、原羊、角端牛，以角爲弓，俗謂之角端弓者。〔二〕又有貂、豽、鼲子，皮毛柔蝡，〔三〕故天下以爲名裘。

〔一〕水在今營州北。

〔二〕郭璞注爾雅曰：「原羊似吳羊而大角，出西方。」前書音義曰：「角端似牛，角可爲弓。」

〔三〕豽音女滑反。鼲音胡昆反。貂、鼲並鼠屬。豽，猴屬也。

漢初，亦爲冒頓所破，遠竄遼東塞外，與烏桓相接，未常通中國焉。光武初，匈奴強盛，率鮮卑與烏桓寇抄北邊，殺略吏人，無有寧歲。建武二十一年，鮮卑與匈奴入遼東，遼東太守祭肜擊破之，斬獲殆盡，事已具肜傳，由是震怖。及南單于附漢，北虜孤弱，二十五年，鮮卑始通驛使。

其後都護偏何等詣祭肜求自効功，因令擊北匈奴左伊育訾部，斬首二千餘級。其後偏何連歲出兵擊北虜，還輒持首級詣遼東受賞賜。三十年，鮮卑大人於仇賁、滿頭等率種人詣闕朝賀，慕義內屬。帝封於仇賁爲王，滿頭爲侯。時漁陽赤山烏桓歆志賁等數寇上谷。

永平元年，祭肜復賂偏何擊歆志賁，破斬之，於是鮮卑大人皆來歸附，並詣遼東受賞賜，青徐二州給錢歲二億七千萬爲常。明章二世，保塞無事。

和帝永元中，大將軍竇憲遣右校尉耿夔擊破匈奴，北單于逃走，鮮卑因此轉徙據其地。匈奴餘種留者尚有十餘萬落，皆自號鮮卑，鮮卑由此漸盛。九年，遼東鮮卑攻肥如縣，〔一〕太守祭參坐沮敗，下獄死。十三年，遼東鮮卑寇右北平，因入漁陽，漁陽太守擊破之。延平元年，鮮卑復寇漁陽，太守張顯率數百人出塞追之。兵馬掾嚴授諫曰：「前道險阻，賊埶難量，宜且結營，先令輕騎偵視之。」顯意甚銳，怒欲斬之。因復進兵，遇虜伏發，士卒悉走，唯授力戰，身被十創，手殺數人而死。顯中流矢，主簿衞福、功曹徐咸皆自投赴顯，俱歿於陣。鄧太后策書褒歎，賜顯錢六十萬，以家二人爲郎；授、福、咸各錢十萬，除一子爲郎。

〔一〕肥如縣，故城在今平州也。

安帝永初中，鮮卑大人燕荔陽詣闕朝賀，鄧太后賜燕荔陽王印綬，赤車參駕，令止烏桓校尉所居甯城下，通胡市，因築南北兩部質館。〔一〕鮮卑邑落百二十部，各遣入質。是後或降或畔，與匈奴、烏桓更相攻擊。

〔一〕築館以受降質。

元初二年秋，遼東鮮卑圍無慮縣，〔一〕州郡合兵固保清野，鮮卑無所得。〔二〕復攻扶黎營，殺長吏。〔三〕四年，遼西鮮卑連休等遂燒塞門，寇百姓。烏桓大人於秩居等與連休有宿怨，共郡兵奔擊，大破之，斬首千三百級，悉獲其生口牛馬財物。五年秋，代郡鮮卑萬餘騎遂穿塞入寇，分攻城邑，燒官寺，殺長吏而去。乃發緣邊甲卒、黎陽營兵，屯上谷以備之。冬，鮮卑入上谷，攻居庸關，復發緣邊諸郡、黎陽營兵、積射士步騎二萬人，屯列衝要。六年秋，鮮卑入馬城塞，殺長吏，〔四〕度遼將軍鄧遵發積射士三千人，及中郎將馬續率南單于，與遼西、右北平兵馬會，出塞追擊鮮卑，大破之，獲生口及牛羊財物甚衆。又發積射士三千人，馬三千匹，詣度遼營屯守。

〔一〕無慮縣屬遼東郡。

〔二〕清野謂收斂積聚，不令寇得之也。

〔三〕扶黎，縣，屬遼東屬國，故城在今營州東〔南〕。

〔四〕馬城，縣名，屬代郡也。

永寧元年，遼西鮮卑大人烏倫、其至鞬率衆詣鄧遵降，奉貢獻。詔封烏倫爲率衆王，其至鞬爲率衆侯，賜綵繒各有差。

建光元年秋，其至鞬復畔，寇居庸，雲中太守成嚴擊之，兵敗，功曹楊穆以身捍嚴，與俱戰歿。鮮卑於是圍烏桓校尉徐常於馬城。度遼將軍耿夔與幽州刺史龐參發廣陽、漁陽、涿郡甲卒，分爲兩道救之；常夜得潛出，與夔等幷力並進，攻賊圍，解之。鮮卑既累殺郡守，膽意轉盛，控弦數萬騎。延光元年冬，復寇鴈門、定襄，遂攻太原，掠殺百姓。二年冬，其至鞬自將萬餘騎入東領候，分爲數道，攻南匈奴於曼柏，〔一〕薁鞬日逐王戰死，殺千餘人。三年秋，復寇高柳，擊破南匈奴，殺漸將王。

〔一〕縣名，屬五原郡也。

順帝永建元年秋，鮮卑其至鞬寇代郡，太守李超戰死。明年春，中郎將張國遣從事將南單于兵步騎萬餘人出塞，擊破之，獲其資重二千餘種。時遼東鮮卑六千餘騎亦寇遼東玄菟，烏桓校尉耿曄發緣邊諸郡兵及烏桓率衆王出塞擊之，斬首數百級，大獲其生口牛馬什物，鮮卑乃率種衆三萬人詣遼東乞降。三年，四年，鮮卑頻寇漁陽、朔方。六年秋，耿曄遣司馬將胡兵數千人，出塞擊破之。冬，漁陽太守又遣烏桓兵擊之，斬首八百級，獲牛馬生口。烏桓豪人扶漱官勇健，〔一〕每與鮮卑戰，輒陷敵，詔賜號「率衆君」。

〔一〕漱音所救反。

陽嘉元年冬，耿曄遣烏桓親漢都尉戎朱廆率衆王侯咄歸等，出塞抄擊鮮卑，大斬獲而還，賜咄歸等已下爲率衆王、侯、長，賜綵繒各有差。鮮卑後寇遼東屬國，於是耿曄乃移屯遼東無慮城拒之。二年春，匈奴中郎將趙稠遣從事將南匈奴骨都侯夫沈等，出塞擊鮮卑，破之，斬獲甚衆，詔賜夫沈金印紫綬及縑綵各有差。秋，鮮卑穿塞入馬城，代郡太守擊之，不能克。後其至鞬死，鮮卑抄盜差稀。

桓帝時，鮮卑檀石槐者，其父投鹿侯，初從匈奴軍三年，其妻在家生子。投鹿侯歸，怪欲殺之。妻言嘗晝行聞雷震，仰天視而雹入其口，因吞之，遂妊身，十月而產，此子必有奇異，且宜長視。投鹿侯不聽，遂棄之。妻私語家令收養焉，名檀石槐。年十四五，勇健有智略。異部大人抄取其外家牛羊，檀石槐單騎追擊之，所向無前，悉還得所亡者，由是部落畏服。乃施法禁，平曲直，無敢犯者，遂推以爲大人。檀石槐乃立庭於彈汗山歠仇水上，〔一〕去高柳北三百餘里，兵馬甚盛，東西部大人皆歸焉。因南抄緣邊，北拒丁零，東卻夫餘，西擊烏孫，盡據匈奴故地，東西萬四千餘里，南北七千餘里，網羅山川水澤鹽池。

〔一〕歠音昌悅反。

永壽二年秋，檀石槐遂將三四千騎寇雲中。延熹元年，鮮卑寇北邊。冬，使匈奴中郎將張奐率南單于出塞擊之，斬首二百級。二年，復入鴈門，殺數百人，大抄掠而去。六年夏，千餘騎寇遼東屬國。九年夏，遂分騎數萬人入緣邊九郡，並殺掠吏人，於是復遣張奐擊之，鮮卑乃出塞去。朝廷積患之，而不能制，遂遣使持印綬封檀石槐爲王，欲與和親。檀石槐不肯受，而寇抄滋甚。乃自分其地爲三部，從右北平以東至遼東，接夫餘、濊貊二十餘邑爲東部，從右北平以西至上谷十餘邑爲中部，從上谷以西至敦煌、烏孫二十餘邑爲西部，各置大人主領之，皆屬檀石槐。

靈帝立，幽、并、涼三州緣邊諸郡無歲不被鮮卑寇抄，殺略不可勝數。熹平三年冬，鮮卑入北地，太守夏育率休著屠各追擊破之。遷育爲護烏桓校尉。五年，鮮卑寇幽州。六年夏，鮮卑寇三邊。秋，夏育上言：「鮮卑寇邊，自春以來，三十餘發，請徵幽州諸郡兵出塞擊之，一冬二春，必能禽滅。」朝廷未許。先是護羌校尉田晏坐事論刑被原，欲立功自効，乃請中常侍王甫求得爲將，甫因此議遣兵與育并力討賊。帝乃拜晏爲破鮮卑中郎將。大臣多有不同，乃召百官議朝堂。議郎蔡邕議曰：

書戒猾夏，易伐鬼方，〔一〕周有獫狁、蠻荆之師，〔二〕漢有闐顏、瀚海之事。〔三〕征討殊類，所由尚矣。然而時有同異，埶有可否，故謀有得失，事有成敗，不可齊也。

〔一〕尚書舜典曰：「蠻夷猾夏，寇賊姦宄。」猾，亂也。易既濟九三爻辭曰：「高宗伐鬼方，三年而克之。」前書淮南王安曰：「鬼方，小蠻夷也。」音義曰：「鬼方，遠方也。」

〔二〕詩小雅曰：「顯允方叔，征伐獫狁，蠻荆來威。」

〔三〕武帝使大將軍衞青擊匈奴，至闐顏山，斬首萬餘級。使霍去病擊匈奴，封狼居胥山，登臨瀚海也。

武帝情存遠略，志闢四方，南誅百越，北討強胡，西伐大宛，東并朝鮮。因文、景之蓄，藉天下之饒，數十年閒，官民俱匱。乃興鹽鐵酒榷之利，設告緡重稅之令，〔一〕民不堪命，起爲盜賊，關東紛擾，道路不通。〔二〕繡衣直指之使，奮鈇鉞而並出。〔三〕既而覺悟，乃息兵罷役，〔封〕丞相爲富民侯。〔四〕故主父偃曰：「夫務戰勝，窮武事，未有不悔者也。」〔五〕夫以世宗神武，將相良猛，財賦充實，所拓廣遠，猶有悔焉。況今人財並乏，事劣昔時乎！

〔一〕武帝使東郭咸陽等領天下鹽鐵，敢私鑄錢賣鹽者鈦左趾。榷，專也。官自賣酒，人不得賣也。又筭緡錢，率緡錢二千而筭一，令各以其物自占。占不悉，聽人告緡，以半與之。音義曰：「緡，絲也。用以貫錢，故曰緡錢。一筭百二十也。」

〔二〕武帝天漢二年，泰山、琅邪羣賊徐勃等阻山攻城，道路不通。

〔三〕武帝使直指使者暴勝之等衣繡仗斧，分部逐捕也。

〔四〕封丞相車千秋爲富民侯，以明休息，思富養人。

〔五〕武帝時，齊相主父偃諫伐匈奴之辭。

自匈奴遁逃，鮮卑強盛，據其故地，稱兵十萬，才力勁健，意智益生。加以關塞不嚴，禁網多漏，精金良鐵，皆爲賊有；漢人逋逃，爲之謀主，兵利馬疾，過於匈奴。昔段熲良將，習兵善戰，有事西羌，猶十餘年。今育、晏才策，未必過熲，鮮卑種衆，不弱于曩時。而虛計二載，自許有成，若禍結兵連，豈得中休？當復徵發衆人，轉運無已，是爲耗竭諸夏，并力蠻夷。夫邊垂之患，手足之蚧搔；中國之困，胷背之瘭疽。〔一〕方今郡縣盜賊尚不能禁，況此醜虜而可伏乎！

〔一〕蚧音介。搔音新到反。埤蒼曰：「瘭音必燒反。」杜預注左傳曰：「疽，惡創也。」

昔高祖忍平城之恥，呂后弃慢書之詬，〔一〕方之於今，何者爲甚？

〔一〕詬，恥也，音許豆反。

天設山河，秦築長城，漢起塞垣，所以別內外，異殊俗也。苟無蹙國內侮之患則可矣，〔一〕豈與蟲螘(校)〔狡〕寇計爭往來哉！雖或破之，豈可殄盡，而方(今)〔令〕本朝爲之旰食乎？〔二〕

〔一〕蹙國，解見西域傳。

〔二〕旰，晚也。左傳伍子胥曰：「楚君大夫，其旰食乎！」

夫專勝者未必克，挾疑者未必敗，衆所謂危，聖人不任，朝議有嫌，明主不行也。昔淮南王安諫伐越曰：「天子之兵，有征無戰。言其莫敢校也。〔一〕如使越人蒙死以逆執事廝輿之卒，〔二〕有一不備而歸者，雖得越王之首，而猶爲大漢羞之。」而欲以齊民易醜虜，皇威辱外夷，就如其言，猶已危矣，況乎得失不可量邪！昔珠崖郡反，孝元皇帝納賈捐之言，而下詔曰：「珠崖背畔，今議者或曰可討，或曰弃之。朕日夜惟思，羞威不行，則欲誅之；通于時變，復憂萬民。夫萬民之飢與遠蠻之不討，何者爲大？宗廟之祭，凶年猶有不備，況避不嫌之辱哉！今關東大困，無以相贍，又當動兵，非但勞民而已。其罷珠崖郡。」此元帝所以發德音也。夫卹民救急，雖成郡列縣，尚猶弃之，況障塞之外，未嘗爲民居者乎！守邊之術，李牧善其略，〔三〕保塞之論，嚴尤申其要，〔四〕遺業猶在，文章具存，循二子之策，守先帝之規，臣曰可矣。

〔一〕校，報也。

〔二〕前書音義曰：「斷，微也。興，衆也。」

〔三〕史記曰，李牧，趙之北邊良將也。常居代、鴈門備匈奴，以便宜置吏，市租不入幕府，爲士卒費，謹烽火，邊無失亡也。

〔四〕前書王莽發三十萬衆，十道出擊匈奴。莽將嚴尤諫曰：「匈奴爲害，所從來久，未聞上代有征之者也。後世三家周、秦、漢征之，然皆未有得上策者也。周宣王時獫狁內侵，至于涇陽，命將出征之，盡境而還，是得中策。武帝選將練兵，深入遠戍，兵連禍結三十餘年，是爲下策。秦始皇不忍小恥，築長城之固，以喪社稷，是爲無策。」班固曰：「若乃征伐之功，秦、漢行事，嚴尤論之當也。」

帝不從。〔一〕遂遣夏育出高柳，田晏出雲中，匈奴中郎將臧旻率南單于出鴈門，各將萬騎，三道出塞二千餘里。檀石槐命三部大人各帥衆逆戰，育等大敗，喪其節傳輜重，各將數十騎奔還，死者十七八。三將檻車徵下獄，贖爲庶人。冬，鮮卑寇遼西。光和元年冬，又寇酒泉，緣邊莫不被毒。種衆日多，田畜射獵不足給食，檀石槐乃自徇行，見烏侯秦水廣從數百里，水停不流，〔二〕其中有魚，不能得之。聞倭人善網捕，於是東擊倭人國，得千餘家，徙置秦水上，令捕魚以助糧食。

〔一〕左傳曰，楚大夫薳啓彊對楚靈王曰：「晉之事君，臣曰可矣。」

〔二〕從音子用反。

光和中，檀石槐死，時年四十五，子和連代立。和連才力不及父，亦數爲寇抄，性貪淫，斷法不平，衆畔者半。後出攻北地，廉人善弩射者〔一〕射中和連，即死。其子騫曼年小，兄子魁頭立。後騫曼長大，與魁頭爭國，衆遂離散。魁頭死，弟步度根立。自檀石槐後，諸大人遂世相傳襲。

〔一〕廉，縣名，屬北地郡。

論曰：四夷之暴，其埶互彊矣。匈奴熾於隆漢，西羌猛於中興。而靈獻之閒，二虜迭盛，石槐驍猛，盡有單于之地，蹋頓凶桀，公據遼西之土。其陵跨中國，結患生人者，靡世而寧焉。然制御上略，歷世無聞；周、漢之策，僅得中下。將天之冥數，以至於是乎？

贊曰：二虜首施，鯁我北垂。道暢則馴，時薄先離。

校勘記

二九七九頁三行　烏桓者本東胡也　按：魏志「桓」皆作「丸」。

二九七九頁五行　其性悍塞　按：集解引惠棟說，謂魏書「悍塞」作「悍驁」。

二九七九頁一三行　簂步搖　按：三國志注引魏書作「冠步搖」。

二九八〇頁一行　實如穄子　按：三國志注引魏書「穄」作「葵」。

二九八〇頁六行　簂音（吉）〔古〕誨反　按：張森楷校勘記謂吉簂不同母，不得用爲反切。據廣韻古對切，集韻古獲切，疑此「吉」字亦「古」字之誤。今據改。

二九八一頁一四行　遂自亡畔　「自」原作「皆」，逕據汲本、殿本改。按：通志亦作「自」。

二九八二頁七行　郝旦等九百二十二人率衆向化詣闕朝貢至於是封其渠帥爲侯王君長者八十一人　按：魏志烏丸傳注引魏書，云「烏丸大人郝旦等九千餘人，率衆詣闕，封其渠帥爲侯王者八十餘人」，與此異。「郝旦」作「郝且」，旦且形近，未知孰是。

二九八三頁三行　鴈門烏桓率衆王無何（允）　據刊誤刪。按：校補謂通志亦無「允」字。

二九八三頁五行　拜其大人戎朱廆爲親漢都尉　集解引惠棟說，謂續漢書及魏書「朱」作「末」。按：校補謂通志亦作「末」。

二九八三頁一三行　朔方烏桓與休著屠各並畔　按：「休著屠各」靈帝紀作「休屠各」，南匈奴傳作「休著各」，此作「休著屠各」者，錢大昕謂乃讀范史者音著爲屠，後遂攙入正文耳。參閱南匈奴傳校勘記。

二九八三頁一三行　延熹九年夏烏桓復與鮮卑及南匈奴（鮮卑）寇緣邊九郡　按：校補引錢大昭說，謂下「鮮卑」二字疑衍。本紀是年六月南匈奴及烏桓、鮮卑寇緣邊九郡。今删。

二九八四頁一三行　建安十二年曹操自征烏桓　集解引惠棟說，謂魏書作「十一年」。今按魏志武紀在建安十二年夏，魏志烏丸傳作「十一年」，誤。

二九八五頁二行　原羊　按：殿本考證謂何焯校本「原」改「羱」。

二九八五頁九行　鮮卑始通驛使　按：刊誤謂「驛」當作「譯」。

二九八五頁一一行　北匈奴左伊育訾部　按：集解引惠棟說，謂祭肜傳「育」作「秩」。

二九八五頁一三行　三十年　按：集解引惠棟說，謂袁紀作「三十一年」。

二九八五頁一三行　歆志賁　按：殿本考證謂魏志注「歆」作「欽」。

二九八六頁五行　延平元年　按：集解引王補說，謂「延平」上應有「殤帝」二字。

二九八七頁一〇行　故城在今營州東（南）　據汲本、殿本補。

二九八六頁四行　殺漸將王　按：殿本「漸」作「斬」。參閱南匈奴傳校勘記。

二九八六頁七行　獲其資重二千餘種　按：校補謂「種」疑當作「輛」。

二九八八頁八行　牛馬什物　按：殿本作「牛羊財物」。

二九八八頁一三行　耿曄遣烏桓親漢都尉戎朱廆率衆王侯咄歸等　按：刊誤謂魏志此「衆」字作「將」字，言率將胡王等出塞，後乃封爲率衆王侯長也。

二九八八頁一五行　匈奴中郎將趙稠　按：沈家本謂「趙稠」紀作「王稠」。「匈奴」上奪「使」字。

二九八九頁七行　彈汗山　按：集解引惠棟說，謂「汗」通鑑作「汙」。

二九九一頁三行　〔封〕丞相爲富民侯　據汲本、殿本補。

二九九一頁四行　夫以世宗神武　張森楷校勘記謂羣書治要「世宗」作「武帝」，是知范書原文作「武帝」，後人妄以武帝本是世宗，唐避諱改，遂回改爲「世宗」，而不知非也。今按：邕集作「世宗」。

二九九一頁四行　將相良猛　按：汲本、殿本「相」作「帥」。

二九九一頁六行　釱左趾　按：「釱」原作「鈦」，逕據殿本、集解本改。

二九九二頁七行　天設山河　按：校補謂通志「山河」作「沙漠」。

二九九二頁八行　豈與蟲螘（校）〔狡〕寇計爭往來哉　校補謂「校」爲「狡」之譌。並引柳從辰說，謂蔡邕集

「校」作「狡」。今據改。

二九九二頁八行　而方(今)〔令〕本朝爲之旰食乎　刊誤謂「今」當作「令」。張森楷校勘記謂治要作「令」。今據改。

二九九三頁三行　況避不嫌之辱哉　按：校補謂柳從辰云蔡邕集「嫌」作「遜」，今案前書本作「嫌」。

二九九三頁三行　又當動兵　集解引惠棟說，謂邕集「當」作「議」。今按：前書作「以」。

二九九三頁五行　守邊之術李牧善其略　按：校補謂通志「守」作「備」，「略」作「宜」。

二九九三頁一六行　各將數十騎奔還　汲本、殿本「數十」作「數千」。按：殿本考證謂「數千」通鑑作「數十」爲是。

二九九四頁三行　聞倭人善網捕於是東擊倭人國　按：魏志鮮卑傳注引魏書「倭」作「汗」。